U0668443

梵高：向日葵画家

—— 从巴黎到阿尔

森晓炅　著

江苏人民出版社

图书在版编目（CIP）数据

梵高 ：向日葵画家 ：从巴黎到阿尔 ／ 森晓炅著
. —— 南京 ：江苏人民出版社，2022.6
ISBN 978-7-214-27181-5

Ⅰ．①梵… Ⅱ．①森… Ⅲ．①传记文学－中国－当代
Ⅳ．①I25

中国版本图书馆CIP数据核字(2022)第075852号

书　　　名　梵高：向日葵画家——从巴黎到阿尔

著　　　者　森晓炅
项 目 策 划　李　佳　孙　闻
责 任 编 辑　赵　婼　刘　焱
特 约 编 辑　李　佳　孙　闻
出 版 发 行　江苏人民出版社
出版社地址　南京市湖南路1号A楼，邮编：210009
总 经 销　天津凤凰空间文化传媒有限公司
总经销网址　http://www.ifengspace.cn
印　　　刷　北京博海升彩色印刷有限公司
开　　　本　710 mm×1 000 mm　1/16
印　　　张　20
版　　　次　2022年6月第1版　2022年6月第1次印刷
标 准 书 号　ISBN 978-7-214-27181-5
定　　　价　98.00元

（江苏人民出版社图书凡印装错误可向承印厂调换）

吃大苦者，
方知众生之苦！
方知，
万物之美！

——致梵高，以及所有像他一样的人

■ van Gogh 有几个中文名

　　van Gogh 这个名字本是荷兰语。但是按照英语发音，目前最常用的中文名是"梵高"。不过它的英语音译实际上有三种中文译法："梵高""凡高"或"梵谷"。此三者虽然在读音上都没有什么问题，但是从大师的整个生平来看，"梵高"和"梵谷"比"凡高"要更准确。

　　首先，"凡高"这个中文名翻译得很励志，平凡的"凡"与高尚、高远、高贵的"高"组合在一起有一种反差，表现"一个平凡的人志存高远"，纵然此生不一定成功！其实梵高在1888年夏天画向日葵的时候对这种结果就有断言。而且，他属牛，一头勤勤恳恳的老黄牛！

　　而"梵高"与"梵谷"则充满了宗教意味。"梵"字带有强烈的佛教气息，意为"清净、寂静"。梵高曾了解过日本佛教；在阿尔时期，他也确实想做一个类似日本佛教徒一样的隐士。而他的一生也真的像一个苦行者：亲缘疏离，居无定所；历尽磨难，四大皆空。

　　再者，"高"与"谷"各有深意。梵高的"高"，让人联想到天空。无论是早期想成为一名牧师，还是在阿尔想做一个佛教的隐者，他始终有一个念头：利益他人——心念如此清澈高远，宛如基督教的天堂之光和佛教的极乐梵音。而梵谷的"谷"，则让人联想到大地、丰收和农民——这些既是 van Gogh 艺术创作的重要内容，也是他的创作状态。对于艺术，van Gogh 像农民一样不辞劳苦；他的画作，像丰收的大地一样厚重、朴实、灿烂；他的作品与事迹，像谷物一样滋养着后人。作为一个真正的艺术家，van Gogh 其人没有什么优雅的绅士派头，他浑身上下散发着泥土的气息。"梵谷"是指一个修行者的世间所行。

　　"梵高"与"梵谷"，一个仰望星空，一个扎根大地。二者皆有"修行"之意，但我们不必纠结：他是信仰释迦牟尼还是上帝。因为无论如何，他的一生都在苦行；而无论如何，他的灵魂都得到了永生！

■ 究竟有多少幅《向日葵》

有人把梵高称为"向日葵画家"。也有人说："向日葵"就是梵高的一张名片,如同《蒙娜丽莎》之于达·芬奇。不言而喻,"向日葵"对梵高来讲有着特殊的意义。那么,他究竟画了多少幅油画《向日葵》呢?

那要看怎么算。就目前来说,如果粗算,是15幅:不管室内户外、"瓶装"(画中带有花瓶的向日葵作品)、"散装"(画中不带有花瓶的向日葵作品)、向日葵"独秀"还是跟别的花一起"秀"。

如果细算,是11幅:向日葵"独秀"、室内系列、"散装"和"瓶装"。

如果精算,是7幅:向日葵"独秀"的室内"瓶装"系列。这个系列是梵高在法国普罗旺斯地区的小镇阿尔完成的,大家常说的"梵高的《向日葵》"一般就是指这7幅中的作品。这7幅也被称为"阿尔的《向日葵》",它是梵高所有《向日葵》画作中的巅峰之作,离开阿尔之后,梵高再也没有《向日葵》作品问世。所以阿尔,不光是《向日葵》的"顶点",同时也是"终点"。

除了7幅阿尔的《向日葵》,梵高其他的《向日葵》画作都是在巴黎完成的。他去巴黎在先,到阿尔在后,所以巴黎是《向日葵》的起点。

但是巴黎对梵高的意义又绝对不止于此:

是它让梵高看到了世界,看到了理想!

也是它让梵高的艺术从此走向辉煌……

巴黎,是大师梦开始的地方。

而阿尔——

金色的《向日葵》终于盛放!

目 录

■ 阿尔时期
1888 年 2 月 20 日——1889 年 5 月 8 日

巴黎时期

1886 年 2 月 28 日——1888 年 2 月 19 日

第一章　**来得早不如来得巧** —— 印象派火爆大洋两岸

1886年2月28日，梵高来到了巴黎。当时他即将33岁。

虽说大师一生穷困潦倒、生不逢时，但是在这个时候来巴黎却是来对了：若是他早生个三五十年，要么根本不会来，要么即便来了也不会搞艺术。

巴黎现在是全球的时尚之都、艺术之都、浪漫之都和花都，而第二次世界大战前，它是世界之都——1935年被"欧洲最后一位文人"、犹太学者瓦尔特·本雅明（1892—1940）称为"19世纪的首都"。

一个城市能成为"世纪之都"，起码得在文化艺术和城市规划方面拿得出手。巴黎在这些方面实质性的建设和发展是从19世纪下半叶拿破仑三世（1808—1873）时期开始的，包括举世闻名的卢浮宫和巴黎圣母院也是在这个时期才彻底竣工。尤其是卢浮宫——拿破仑三世堪称它的"史上最大投资人"，几年中新建的比之前六个半世纪还要多。巴黎圣母院倒没有新建什么——主要是修缮，因为在法国大革命中被严重破坏：从1789年到1848年，法国就一直在革命……其实当时整个西方世界都是这样，所以英国著名历史学家、左翼近代史大师艾瑞克·霍布斯鲍姆（1917—2012）把这段时间称为"革命的年代"。

但是，革命的成本是巨大的。到19世纪40年代，首都巴黎已经被弄得破烂不堪，加上适逢"工业1.0"时代末期：低端工厂遍地开花，打工大军汹涌而至，整个城市人满为患，那个年代也没有环保意识——工业污水、垃圾、马粪、人粪都往河里倒……如此不堪的环境和生活，再配合当时的全国形势：从1845年开始的粮食歉收引发了物价飞涨和工人下岗，抢粮暴动在全国此起彼伏，一些地方甚至出现了"丐帮"……本着"肚子饿要吃饭"的伟大目标，首都人民再燃热血，挺身而战——仅1848年上半年就有两次：二月革命和六月起义。无产阶级求解放当然是正义的，但一座千年古都总被"革"来"革"去，肯定越来越稀巴烂。恰好此时，一位"二代"出现了……

1848 年 12 月，"战神"拿破仑一世的侄子——路易-拿破仑·波拿巴当选为法国总统。1852 年，路易总统称帝为"拿破仑三世"。为复兴先帝伟业，拿破仑三世对巴黎做了两个大动作：巴黎大改造和巴黎世博会。此二举绝对具有重大历史意义：前者——大约 20 年的市政工程，全面奠定了现代巴黎的城市格局和基础设施；后者——1867 年巴黎世博会，使这个全新的千年帝都以"世界之都"和"艺术之都"的双重身份闪亮登场。

拿破仑三世

但是平心而论，当时的巴黎被称为"全球艺术之都"其实是有点心虚的。因为不管是 1867 年还是之后的十几年里，巴黎乃至法国以及整个欧洲艺术圈一直没有什么事能真正震动大西洋对面——少了西半球，怎么能说全球呢？ 而 1886 年，终于出了件大事。这件事就如惊雷一般震动大洋两岸，使巴黎——"全球艺术之都"的身份实至名归……这颗惊雷，就是印象派。

保罗·杜兰 - 鲁埃

1886 年 4 月 10 日，"巴黎印象派画家油画和粉彩画展"在纽约开幕，约 300 幅作品跨越大西洋，流光溢彩，惊艳美利坚，克劳德·莫奈（1840—1926）一下在美国人民心中成了大师……12 年艰苦卓绝的努力啊！印象派——墙里开花墙外香，不是猛龙不过江……终于火了！

其实，真正的"猛龙"应该是那位把画带过去的人：时年 55 岁的法国大画商，保罗·杜兰 - 鲁埃（1831—1922）。

　　现在说起"印象派之父"，有人说是库尔贝，有人说是马奈，还有人说是莫奈的老师、"天空之王"欧仁·布丹——其实这要分怎么看：从专业和学术层面上看，这些说法都各有道理；但若是从推广的角度来看，杜兰－鲁埃才是真正意义上的"印象派之父"。此人一生经手的印象派画作超过12 000幅，到1886年与印象派的合作已长达15年之久。杜兰－鲁埃堪称"西方现代艺术经纪人之祖"，他是印象派市场地位最重要的缔造者。

　　不然你画得再好，谁知道？

　　还记得当年那个画展吗？

莫奈《日出·印象》
1872年，48厘米×63厘米，法国巴黎马尔莫丹艺术馆藏

1874 年 4 月 15 日，"无名艺术家、油画家、雕塑家、版画家协会"展览在巴黎的卡皮西纳大街 35 号开幕。当时这个展览震惊朝野，遭到巴黎官民的一致抵制。一个记者这样调侃现场的一幅画："印象？刚抹上浆糊的墙纸都比这精美得多！"

这幅画就是莫奈最重要的代表作《日出·印象》。

那个记者名叫路易·勒鲁瓦。当时他还说："如果用黑色和白色涂满一块画布的四分之三，用黄色涂饰其余部分，再随意画上一些红色和蓝色的斑点，您就能完成一件印象派作品。"

印象派由此得名，也由此真的开始了艰难的"旭日初升"。

对于一帮热血沸腾的文艺青年来讲，弄出个噱头或者制造一个话题新闻并不难，难的是真的一腔热血洒在那里——而且是可持续性的。因为作为艺术家首先要对抗的还不是偏见，而是贫穷。拿印象派里财运最好的莫奈来说：在 19 世纪 70 年代，他的一幅油画均价也就在 200 法郎左右（最低的时候卖到过二三十法郎一幅）。贫穷，有些时候是艺术的营养，但更多的时候是艺术家的杀手。1879 年，莫奈的第一任妻子卡米尔·汤希尔因长期营养不良和没钱看病死于盆腔癌，年仅 32 岁。她是莫奈的一生所爱……

1882 年底，印象派画家卡米耶·毕沙罗（1830—1903）这样感叹："我在精疲力竭地画了 30 年之后才积累了一些经验，现在多少有些成就。然而至今却囊空如洗，一直在拮据窘迫的生活中挣扎。但愿年轻人都能清楚地看到这一点，艺术之路没有你曾拥有的荣华富贵，你除了在艺术上的热情之外，还会与贫穷为伍、以饥饿为伴……人是靠命运，而不是靠才气的。"

年轻的莫奈

卡米尔·汤希尔

卡米耶·毕沙罗

保罗·塞尚

　　毕沙罗是印象派里最年长的人。相比而言，之后莫奈的运气不知要比他好多少倍。但这份好运的背后，除了艺术家自己的努力，还有作为经纪人的杜兰－鲁埃付出的巨大而惨痛的代价：为了推广印象派，他在 10 年中破产 9 次！

　　当历史走到 1900 年，早已功成名就的莫奈回首前尘往事："在长达 15 年的时间里，我、雷诺阿、西斯莱还有毕沙罗——我们这些人的作品，都只有他这一个出口。杜兰－鲁埃是我们的救命恩人。"这话说得还算有良心！可是当初，莫奈却在火爆美利坚的第二年（1887 年）就与这位大恩人兼老东家一拍两散，另投他人（那个新东家与梵高密切相关）。难怪后印象派三杰里的保罗·塞尚（1839—1906）非常鄙视他的人品："莫奈就知道赚钱！"

　　当然，塞尚也极其肯定莫奈的才华："莫奈只是一双眼睛。可是我的天，那是一双多么了不起的眼睛啊！"

　　1886 年的春天，莫奈因这双眼睛使印象派火爆大西洋两岸：4 月在美利坚，5 月、6 月在欧洲。到 6 月中旬，印象派第八届画展在巴黎隆重闭幕，随后这个组织彻底解散；与此同时，新印象派在巴黎艺术圈正式崛起。

　　今天谈起印象派绘画，一般都大说特说其学术价值，比如：它解放了色彩、开创了"外光派"……偶尔也会有人谈及它的人文价值，比如：印象派倡导"自然之中无贫贱、阳光底下众生平等"……不错，在西方美术史上，这些都是这个画派做出的划时代的伟大贡献。但是长期以来，它还有一个绝对划时代的贡献却被严重忽视——这个贡献就是市场价值：

1886 年春天印象派画展在美国的成功，标志着西方现代艺术市场的初步形成——这是另一种巨大而重大的"解放"；对于艺术家而言，它是一种更本质的"解放"，因为关乎生存。

说到艺术家的生存，早在 18 世纪 30 年代，法国波旁王朝路易十五（1710—1774）的政府就确立了一项制度：凡境内的画家和雕塑家务必要通过官方沙龙获得从业资格；如作品入选，则可以公开地办展览、接订单和招收学生做培训……这就是法兰西著名的"（官方）沙龙体制"。显然，成为一名沙龙艺术家是一件极有面子而且实惠的事——生活是有保障的，地位是有优越感的，但美中不足的是没有创作自由：因为作品必须要执行官方标准。

可是，一个没有创作自由的艺术家搞的还是艺术吗？艺术，难道不应该是最真实的自我表达吗？

从 19 世纪中叶开始，某些自命不凡的艺术家们严肃地思考着这些问题。他们极其不安分，为了艺术、为了自由，更为了生存，前赴后继地与官方沙龙展开了对抗……其中最后一批、也是声势最大的一批就是印象派。而法国沙龙体制虽然是盛于 18 世纪，但是从 1789 年法国大革命爆发到 1871 年巴黎公社建立，将近 100 年来，法兰西风云变幻、政局不稳。到 19 世纪 80 年代，这个由官方确立的艺术体制终于江河日落——而正当此时，非主流艺术群体印象派在 1886 年 4 月"火爆美利坚"！

这对当时的巴黎艺术圈乃至整个欧洲艺术圈来讲，真好比：春雷响，万物生。一批体制外的穷画家们终于看到了曙光：从今以后，我们要以莫奈为榜样——放眼全球！走向世界！ 于是从 1886 年到 20 世纪上半叶，西方艺术的发展明显提速、势如井喷：新印象派、后印象派、纳比派、野兽派、表现主义、立体主义、达达主义、超现实主义……一时间，大师辈出！

所以印象派不管在学术方面还是市场方面，都堪称西方现代艺术的先驱和领航者，而 1886 年带给人们的启示是：

搞艺术，能活好！团结起来会更好！

这句话对巴黎时期的梵高产生了无比巨大的影响，包括"向日葵"系列的诞生。所以他此番前来（其实是归来）当真是：来得早不如来得巧！

因为这并不是梵高第一次来巴黎。

第二章　**文森特的宿世情缘** —— 苦人儿成长记

1886—1887 年的提奥

1886 年 2 月 28 日梵高到达巴黎后径直去了卢浮宫。在这座布满艺术珍品的昔日皇宫内，他穿梭流连于历代名作之间，除了仰望伦勃朗、德拉克洛瓦、米勒这些大师，剩下的时间基本都在想一个人：二弟。

他有个非常了不起的二弟——当时巴黎艺术圈的知名画商：28 岁，风华正茂，事业高尚，每天都"谈笑有鸿儒"，和印象派、新印象派一干人等都很熟。就是这位二弟后来在 1887 年签下了全球艺术新星莫奈，他的名字叫：提奥·梵高（1857—1891）。

其实提奥年轻有为，很大程度上是因为他的工作单位：波索－瓦拉东及西公司（也译为"布索与法拉东公司"）。这个公司也许名不见经传，但它的前身可是大名鼎鼎：其总部在法国巴黎，分部遍及荷兰海牙、比利时布鲁塞尔以及英国伦敦和美国纽约。它是当时欧洲乃至全球最著名的艺术品交易公司之一，这个艺术品商业帝国的名字就是"古庇尔画廊"。虽然 1884 年，这个超级国际画廊因创始人阿道夫·古庇尔的退休而被重组和更名，但无论当时还是今日，人们依然习惯把它称为"古庇尔"——尤其在涉及梵高和提奥的时候。而 1886 年，提奥已经是巴黎古庇尔画廊蒙马特分店的资深经理。

说起古庇尔，其实与梵高家族缘分颇深。不光是提奥，梵高当初也在那儿工作——这兄弟俩都是十五六岁就在古庇尔当学徒。之所以年纪轻轻就能进入这样一个业内一线公司，是因为他俩有一位非比寻常的四大伯——此人是古庇尔的重要股东：40 岁那年在古庇尔持股 30%；47 岁时因古庇尔的产品在巴黎世博会上荣获金奖而被荷兰国王威廉三世授予骑士爵位，一时间名震巴黎与荷兰。

那一年正好是 1867 年，而梵高的这位四大伯正好也叫文森特（昵称：森特），这是"文森特·梵高"这个名字与巴黎所结的一次缘分。而更早的缘分要追溯到 18 世纪 40 年代：当时梵高家族有一位艺术家来到了巴黎。他一生坎坷，无儿无女，奋斗终生，未曾扬名。他是梵高家族里的第一位艺术家，也是如今这位名满天下的梵高大师的高祖父（即爷爷的爷爷），他的名字同样叫"文森特·梵高"。

文森特·梵高，也许巴黎与这个名字真的有着某种不解之缘，也许艺术与这个名字真的是一场宿世情缘……

只是，这段缘分太苦太苦。而 1886 年来到巴黎的这位文森特·梵高，正是一个确确实实的苦人儿。

提起梵高大师，相信很多人都对他不陌生：他的人生疯狂热烈、癫狂错乱……但是若论家族背景，以今天我等俗人的眼光来看，他的命运似乎不该如此也不必如此，因为他并不算是出身寒门。

在梵高的家族中，除了二弟和四大伯是业内资深人士，其他的亲戚中也不乏"圈里人"。比如他的大伯和六叔都是书商兼画商——虽然没有提奥和四大伯那么优秀和成功；还有他的一个表妹夫安东·莫夫也是画家，而且是 19 世纪下半叶荷兰海牙画派的代表人物，其作品被多家博物馆收藏并远销美国……所以梵高的家族资源当真是非比寻常！

但为何他的那些"圈里"的亲戚们不进行资源整合——把他打造成一个家族里的艺术明星呢？很多人都知道：梵高生前穷困潦倒，一生只卖出过一幅油画。

此事说来话长。

梵高的父亲

梵高的母亲

1853 年 3 月 30 日，梵高出生在荷兰南部北布拉班特省的一个边境小镇津德尔特——那是异常偏远和贫瘠的农村：树木稀少，沼泽遍地，满目荒野，风沙漫天……那里的"人民"是衣衫褴褛的农民、随处可见的乞丐以及时常出没的走私贩。津德尔特离比利时国境线不足 5 千米，而比利时在 1830 年的独立导致了与荷兰之间的九年战火……所以到 19 世纪中叶，这个小镇依然笼罩着一股暴戾之气。

身处这样一个穷山恶水之地，梵高的父母自然不希望他们俩的孩子将来也窝在这么个鬼地方，尤其是他的母亲，因为她原本是个海牙人，而海牙是一座皇城：荷兰国王和皇室成员的官邸坐落于此；从 13 世纪到今天，那里一直是荷兰的政治中心——虽然不是首都。

梵高的母亲安娜·科妮莉娅·卡本特斯（1819—1907）家境不错，在海牙市中心有商铺，而且长相还可以，但是却将近 32 岁才解决了婚姻大事。而梵高的父亲提奥多洛斯·梵高（1822—1885）本来也是城里人，论家庭条件比他的妻子还要好：家中的几个弟兄个个都是体面人。老大和老六是书商兼画商；老二、老三是军人，老二是荷兰海军上将，老三也是个军官；老四不用说——绝对的成功人士。提奥多洛斯在兄弟中行五，是个牧师。

说起"牧师"这个职业和身份，梵高的家族可谓"源远流长"：早在 15 世纪，他们家就是牧师家族；16 世纪，梵高家族在尼德兰低地国传教；到了 17 世纪，家族里的一支在海牙定居。在荷兰的"黄金年代"，梵高家族里不光有人在教会工作，还有一个人成了裁缝大师。到 17 世纪末，那位裁缝大师的独生子又做上了贵金属生意——这位富豪前辈就是大师梵高的直系先祖，很巧，他也叫文森特·梵高。不过后来，这位文森特·梵高的重孙在继承了家族的贵金属生意后，又开始做起了牧师——这位牧师就是梵高大师的曾祖父约翰内斯，而约翰内斯的亲大伯就是 18 世纪 40 年代去过巴黎的那位艺术家：文森特·梵高。后来约翰内斯把这个名字取给了自己的独生子——此人就是梵高大师的爷爷。

梵高的爷爷文森特依然是一名牧师。他一共有 11 个孩子：六男五女。在所有的孩子中，只有梵高的父亲提奥多洛斯大学读的是神学专业——这也算是继承了家族传统。不过当时，这个专业很难找到好工作。因为荷兰很穷：走过了 17 世纪的"黄金年代"，荷兰在 18 世纪末因为英荷战争的彻底失败而变得一贫如洗，再加上 19 世纪初的拿破仑战争以及之后跟比利时燃起的连年战火，到 19 世纪 40 年代，这个昔日纵横四海的"海上马车夫"早已风光不再——而那个时候，提奥多洛斯正好大学毕业。在大城市中，人们一天到晚琢磨的就是怎么获得财富、重回"黄金年代"，谁还有心思每天向上帝忏悔呢？所以大学毕业三年后，提奥多洛斯才在荷兰南部的边陲小镇找到了一份神职工作：当了一名新教牧师。

作为津德尔特新教教会的一把手，提奥多洛斯在村里自然是个有头有脸的人物：有房、有车、有佣人、有厨子、有家庭教师。所谓"房"是津德尔特牧师公馆——还带了个花园；所谓"车"是马车——19 世纪中期，全世界的私车基本都是马车（当然也有别的动物拉的车），因为当时汽车还没有诞生。提奥多洛斯的这些待遇都是他们单位按级别分的，在津德尔特这么个贫困地区绝对是精英人士配置——不过他这个"精英"的日子过得却蛮有压力，因为贫困地区收入低，而且家庭负担重。

提奥多洛斯家里有老婆、孩子、佣人、厨子、家庭教师……这一大家子十来口全靠他一个人养活，而他的妻子——也就是梵高的母亲自打结婚以来就没闲着：一直在生产。他们两口子一共有 6 个孩子，梵高是老大。这些孩子里只有老三提奥和老五威廉·敏娜（家中的三女儿）跟梵高关系还好，其余的跟他都很疏远。尤其老二——大妹安娜，一直与梵高交恶。因为作为家中的长子长兄，这位大哥没有"带一个好头"。

据家里的佣人回忆：梵高从小就顽劣、急躁、脾气臭，说话不招人待见，而且还经常主动挑衅别人。所以他上了学人缘也不好，总是被同学们孤立。于是他开始逃学，不停地逃学……这样上到小学三年级就退学了。之后，梵高在家里学了三年"一对一"。请家教当然花去了家里的很多钱，但梵高的父母煞费苦心、望子成龙，到他11岁的时候又送他去上名校。梵高先后上了两个名校。第一个是普罗维利寄宿学校（离家25千米）——这是一所私立学校，学费不菲，校园里富商和高官子弟云集。第二个名校——蒂尔堡高级市民学校（离家40千米）虽然属于公立，但是学费依然不菲，不过从条件上看却也值得：校区由前荷兰国王威廉二世（威廉三世的父亲）的王宫捐赠改建而成，师资由优质教师和学者构成，课程设置堪比今天国内北上广深的重点中学——荷兰语、代数、几何、历史、地理、植物学、动物学、天文学、美术、体操和军训课，以及三门外语，即英语、法语和德语。

平心而论，能在这样一所学校上学真是一个孩子的幸运。而梵高在初来乍到之时也没有辜负这种幸运：在蒂尔堡中学第一学期的期末考试中，他考了年级第四！看来能当大师的人，智商都不一般。

但是，在一年后的某一天，他却徒步40千米回到了津德尔特，死活再也不去上学了！当时，他即将15岁。

看着孩子这样"归来"，梵高的父母崩溃了！因为在教育上，他们为这个老大花了太多太多的钱！可他们并不知道——也许永远都不知道：梵高之所以辍学回家，是因为太孤独了——在学校里，他一个朋友也没有。

之后，梵高终日在外游荡。在津德尔特的田间地头、旷野山谷，他经常一个人一待就是一天……但一个年轻人，要么上学、要么上班，老窝在家里算怎么回事呢？终于，1869年7月，在那位超凡四大伯的主动帮助下，梵高来到了古庇尔海牙分部。那时他在家里已经待了16个月。当时，他16岁。

想起父母含辛茹苦，自己又身为长子长兄，梵高决心痛改前非。之后三年，他工作勤勉业绩飞升，19岁已经在贵宾室里接待重要客户……但是很不巧也很不幸，上司就是不待见他。

梵高的上司泰斯提格比他年长 8 岁，是个标准的主流社会好青年：白手起家、睿智冷静、英俊儒雅……但是，他却发自肺腑地对梵高感到腻烦，因为这个农村青年身上有着城里人不具备的"土憨轴愣"——看来有些时候，个人习性远比工作能力要重要！所以 1873 年 5 月，梵高被泰斯提格明升暗降地调往古庇尔伦敦分部。而这一年 1 月，年仅 15 周岁的提奥在布鲁塞尔入职古庇尔画廊——这同样是那位超凡四大伯的引荐。这位四大伯对梵高兄弟俩真可谓是恩重如山啊！

19 岁的梵高
（1872 年 8—10 月间拍摄）

在离开古庇尔海牙的分部两年中，梵高因工作原因辗转于英法两地，此间曾三到巴黎：1873 年 5 月、1874 年 10 月和 1875 年 5 月。而他第一次的巴黎之行也是因为那位超凡四大伯：1873 年 6 月，梵高在古庇尔伦敦分部就职；5 月间，他途经巴黎去看望了这位大恩人和大上级（当然也顺便去了卢浮宫）。当时他对巴黎的印象除了繁华以外并没有太多感觉，包括后两次也是这样。

而实际上，1875 年的巴黎并不平静——尤其在艺术圈，因为当时正是印象派的艰难起步之时：在上一年（1874 年），他们因媒体嘲笑而得名；而这一年，这种嘲笑竟升级为一场暴力事件。

1875 年 3 月，印象派的第一次作品拍卖会在巴黎的德鲁欧大厦举行，现场一片哗然、纷乱无比：在场观众对这些穷困潦倒的艺术家们极尽粗野之能事，讥笑谩骂之余居然将一位印象派的支持者打翻在地……直到警察赶来。

革命，总是充满暴力的。或许艺术的革命也不例外。

在这场暴力事件发生两个月后，梵高从古庇尔伦敦分部被调到巴黎，但非常奇怪的是：作为一个艺术市场的从业者，他在给提奥的信中却从未提及此事。也许 1886 年他再度归来之时会猛然醒悟：如今这些名震江湖的前辈艺术家们，在 11 年前居然与他近在咫尺！因为当时他的工作单位和印象派的活动据点都在著名的蒙马特高地。

缘分无处不在，一切似乎早有定数。

但 1875 年，他还没有爱上艺术。

11 年前（1875 年）身在巴黎的梵高苦闷至极。因为他依然"不会说话"，依然不招人待见，依然孤独。在古庇尔巴黎总部，他被客户投诉、被同事嘲笑——在那些"城里人"眼中，他就是个彻头彻尾的"荷兰土鳖乡巴佬"和古怪另类的北欧农村青年！尴尬、愤怒、压抑、挫败感这些负能量终日包围着他、纠缠着他……终于，他爆发了：在年底与上司爆吵了一顿后愤然离去。

梵高归心似箭，回到了故乡荷兰的新家：埃顿（也称"埃腾"）——当时他的父亲提奥多洛斯由于工作原因已经从津德尔特被调到了这个小镇。在埃顿，梵高与家人们一起度过了圣诞节，之后在第二年（1876年）1月4日又回到了公司。但是这时，一张解雇通知书递到了他的面前：限期三个月离职，最后期限是4月1日。

也许是为了证明自己不是一个愚人，梵高没有选择在4月1日离开古庇尔。他选择了愚人节的前一天——1876年3月31日，那天是个周五。而那个"黑色星期五"的前一天正好是他23岁的生日。

在离开古庇尔的当天，梵高也离开了巴黎——此后十年再没有回去过。

之后的他游走在低地国和英伦之间。他当过民办教师、牧师助理、书店导购以及教堂的志愿者，还曾为报考阿姆斯特丹神学院而积极复习——但凡此种种，皆无长性。1878年12月，梵高在比利时南部的博里纳日矿区做了一名实习牧师，但是到1879年7月却被当地教会终止了牧师资格——当时他已经26岁。他的父亲在得知此事后给提奥写了一封信。信中话不多，一句话足以扎心："到明天，你哥从当初离家去海牙古庇尔工作已经十年了。我们太累了。"

十年以来，提奥多洛斯为了这个不争气的大儿子舍尽颜面、四处求人。好在他在家族中尚有威望，所以亲戚们一直对其鼎力相助。比如1877年梵高要报考神学院，阿姆斯特丹的两位亲戚立刻伸出援手：一个提供住处，一个负责考前辅导。提供住处的是梵高的二大伯——那位荷兰海军上将，名叫约翰内斯（昵称：简）；负责考前辅导的是他的姨夫斯特里克——一位神学家。而那位超凡四大伯在这个大侄子被公司解雇后依然不计前嫌——梵高那份书店导购的工作就是他给找的，这也真算是仁至义尽了！

可是，无论亲戚们怎么帮，梵高就是不争气！不光如此，他还总是给人惹麻烦，并且非常疯狂，比如他的恋爱。虽然作为一名艺术家，梵高在爱情方面绝对算是"资历尚浅"，但是巴黎时期之前，他有三场恋爱堪称惊天动地！

凯表姐　　　　　妓女西恩（梵高一位朋友所绘）　　　　邻家女子玛戈特

　　首先是他的初恋（其实准确地说是单恋）。1881年，28岁的梵高爱上了神学家姨父的寡妇女儿凯表姐（全名：凯·沃斯·斯特里克），但是在求爱遭拒后竟以火焚手相威胁……那位姨夫可是他曾经的恩人啊！

　　艺术家都是疯狂的。梵高的初恋很疯狂，而他的第二段爱情更加疯狂。

　　1882年初，他在海牙邂逅了一名风月女子——这个女子就是今天被大众熟知的妓女西恩（全名：克拉西娜·玛利亚·霍尼克）。梵高与西恩相恋一年半——虽然最终分手，但是其间曾郑重其事地对父亲和提奥说要娶她为妻……若不是一个疯人，梵高又怎会做出如此的荒唐事？何况他出生在一个牧师世家。

　　与西恩分手后不久，梵高回到了他在荷兰的第三个故乡：纽南——当时他的父亲再次调动工作，全家已从埃顿迁至此地。1884年的夏天，住在父母家中的梵高爱上了一位邻家女子——此女名为玛戈特·贝格曼，年过40尚未婚配。虽然当时梵高只有31岁，但是他与玛戈特两情相悦，于是不久，二人便谈婚论嫁。但是谁料想：此事却遭到了女方家人的极力反对，玛戈特为此万念俱灰、服毒殉情，幸亏抢救及时才没闹出人命。可是此事一出，梵高在荷兰农村纽南终于臭名昭著。因为在乡亲们眼里，他不光是个不能自食其力的游手好闲之徒，还是一个作风极其不正派的臭流氓！于是：过街之鼠，人人喊打。

纵观梵高的三段恋情，真可谓：疯狂疯狂再疯狂！不光他自己疯狂，还闹得别人也疯狂。这么疯狂的一个人，对于家人和亲戚来讲，谁还愿跟他、谁还敢跟他走得近呢？

所以梵高是一个铁证如山的不孝之子和家族耻辱！

而这，是他心中的"一大苦"。

可是，谁不想做个有尊严的人呢？

何况梵高的疯狂并不完全是因为他的艺术家特质，其实他是个病人，而且病因并非来源于自己。

今天，几乎全世界都知道：梵高患有精神病。但是在他活着的时候，这个病到 1889 年才被确诊，其诊断结果为：癫痫。时至今日究其病因，依然有人认为：是梵高的极端性格导致了他的极端人生——因为无论如何，他都是一个疯子。这种论调与当时梵高身边的人的看法是多么一致啊！而用"性格决定命运"这句话来解释一种病因，又是多么荒谬啊！当然还有人认为：梵高的精神病是梅毒所致。不错，在 1886 年来到巴黎之前他已经被诊断为梅毒二期，但是从病理学的角度讲：梅毒并不会直接诱发精神病。而长久以来，一个可怕的事实被严重忽略了：梵高的父系家族里有三位伯父患有癫痫（其中就包括海军上将二大伯和超凡四大伯），他的母系家族中至少有两位亲戚是精神病患者，而同代人里他也不是唯一患有精神病的人。梵高的一位叔伯兄弟就曾因精神病住院，而他的三妹威廉·敏娜（1862—1941）则是在精神病院里度过了整个后半生——将近 40 年。

梵高的精神病是来自家族遗传！可惜当时没人这么认为。因为在 19 世纪，人类对遗传学的研究还仅仅停留在理论阶段，而"基因"是 20 世纪初才有的概念——可梵高却因此病魔缠身！

他何其不幸又何其可怜，这是他的"又一苦"。

梵高的"第三苦"，是孤独。从小到大、到死，他在亲人眼里几乎是一个没有优点的人，家族记录中满是关于他的负面信息。很多人认为"提奥很了解梵高"，因为他一直支持梵高的艺术。而实际上，提奥这么做也是事出有因。

1879年夏天，梵高在比利时的博里纳日矿区被取消了牧师资格。当时全家人都劝他去学门手艺——不管什么，只要能养活自己就行。而父亲提奥多洛斯建议他画画，因为他觉得梵高的性格太极端，而画画不仅能平静内心、陶冶情操，也许还能养活自己，反正家族里也不缺画商资源——对于这个主意，提奥也非常赞成。于是1880年的春天，梵高正式开始了他的艺术生涯，10月赴布鲁塞尔学习透视和解剖。

于是钱的问题就摆在了提奥多洛斯的面前。他虽然全力支持着梵高画画，但这个大儿子在布鲁塞尔每月仅房租就要50法郎——这个数已经超过了他月收入的一半，而纽南家中还有三个人需要他养活：小儿子科纳利斯还在上中学，小女儿威廉·敏娜也没有工作，而老伴（梵高的母亲）自从结了婚就没有上过班……但是，为了让这个"多事"的大儿子有个正经事干，这位年近六旬的老牧师只能更加精打细算地过日子……这一切，都被一个人看在眼里。就是提奥。看到老父亲操劳一生，人到晚年为了儿女还要如此窘迫地生活……于心不忍之际，提奥在第二年春天主动提出：今后梵高的一切开销由他一人承担。

对于家庭，提奥的确是一个有担当的人！1880年，他23岁——当时已经在古庇尔工作了8年，事业平稳、收入稳定。于是从1881年3月到1890年7月底梵高去世——将近9年半的时间里，一直都是提奥养着这位大哥。但是，这中间有多少无奈啊！因为这个义举原本是出于尽孝，而不是对梵高才华的欣赏。直至梵高去世，提奥也没有为他举办过一次个人画展。虽然这位兄弟对梵高的帮助与支持已经是不遗余力……

但是艺术需要知音，艺术家需要伯乐。依照常理，对梵高来讲，提奥本应是这两种角色的第一人选。但可惜，老天没有为他安排这种缘分——在整个西方美术史上，梵高都是运气最差的画家！搞艺术的固然大多要经

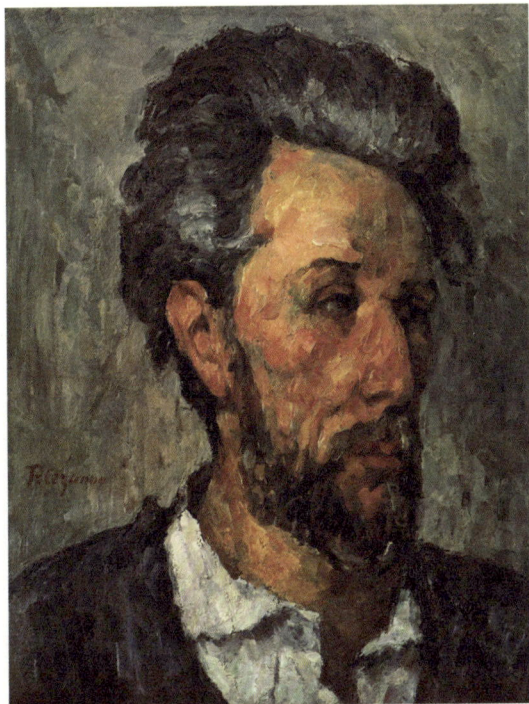

塞尚《维克多·肖克埃的肖像》
1886/1877 年，46 厘米×36 厘米，私人收藏

历穷困潦倒，但其具体方式和程度却并不相同。拿印象派来说，虽然苦战了 12 年，但是自始至终都不缺知音和伯乐。比如大画商杜兰－鲁埃，实力、眼光、理想兼具，为印象派"出生入死"，跨越大西洋、勇闯美利坚！还有 1875 年 3 月印象派第一次作品拍卖会上被打翻在地的那位支持者——此人名叫维克多·肖克埃，是印象派早期作品的重要收藏者之一。当时的肖克埃只是巴黎海关的一名普通职员，他出身平民、生活朴素而低调，但是审美眼光极高，即使省吃俭用也要收藏他认为有价值的作品！雷诺阿因此与他成为一生好友，塞尚因此为他流泪、为他画像……

可惜提奥既不是维克多·肖克埃，更不是杜兰－鲁埃。因为作为一名艺术市场的从业者，他身上缺少三种极其重要的特质：深邃而独到的审美、灵敏而具有前瞻性的市场嗅觉，以及一腔孤勇、"甘洒热血写春秋"的理想主义——此三点不具足，则与"伟大的画商"无缘。当然他的这种状态很大程度上也是来自他们单位的企业文化：古庇尔虽然多年以来名震欧美，但其实它就是一个面向大众卖画挣钱的公司，至于一幅作品在学术和文化层面有多大价值，并不是老板关心的事。所以提奥在巴黎艺术圈只签有市场价值的艺术家，不管价值大小。可是梵高——他的这位大哥，别说市场价值，在整个家族里有过所谓的"价值"吗？提奥怎么可能"冒天下之大不韪"为他"杀出一条血路"呢？亲兄弟尚且如此，其他的画商谁又会注意梵高呢？

所以说到底，提奥就是个普通人——这种人看重职场发展，看重对家庭和亲人的责任，但是他们没有也没必要有什么理想和使命，跟"崇高"二字更是八竿子打不着，因为他们的胆识一般、才华平庸。所以纵然在巴黎艺术圈混得风生水起，但是提奥注定不会在梵高的有生之年成为他生命中的"杜兰 – 鲁埃"。

而梵高作为一个艺术家，其才无人识得，其心无人懂得，其身孤苦无依，而且其貌不扬、性格偏执、行为古怪，再加上家族遗传病缠身……一个人能有这样的苦命和那样的才华，也当真是一个天选的苦人儿啊！

而 1886 年，苦人儿梵高阔别十年回到巴黎，这对于正逢事业高峰的提奥来讲，到底是喜还是忧呢？

第三章　往事并不如烟 —— 山坡上的向日葵

《吃土豆的人》
1885 年 4 月, 82 厘米×114 厘米, 阿姆斯特丹梵高博物馆藏

在 1886 年到巴黎之前, 1885 年——梵高的大部分时间都是待在荷兰的一个农村: 纽南。那一年的 5 月初, 他在那里完成了人生第一幅代表作《吃土豆的人》。

纽南在津德尔特的正东方向, 与津德尔特同属荷兰的北布拉班特省, 但是更加贫瘠闭塞。那个农村不光是梵高第一幅代表作的诞生之地, 也是他最后一个故乡。只是这个故乡, 让他的心伤痕累累: 上一年, 邻家女子玛戈特就是在这里为他殉情 (因抢救及时才幸免于难); 这一年, 他的父亲提奥多洛斯就是在这里去世; 而他, 也是在这里被永远地赶出了家门……

1885 年, 梵高在故乡如丧家之犬。

一个生命要怎样才能活下去？

也许从那时开始，有个声音在不断地向他召唤：

到南方去！

到南方去！

南方有空气和水，

还有自由的阳光！

1885 年 11 月下旬，梵高一路向南来到了比利时最大的港口城市：安特卫普。

这是一个令他着迷的地方！因为这座城市是一个比海牙、伦敦还有巴黎都要历史悠久的国际化艺术名城：早在文艺复兴时期，它就是北欧第一贸易中心和欧洲著名的文化中心——这里记录着 15 世纪勃艮第公国的繁荣和 16 世纪哈布斯堡王朝的辉煌！此外，它还是全球第一个"钻石之都"和巴洛克大画家鲁本斯（1577—1640）的故乡。安特卫普是鲁本斯的祖籍所在地和他一生中停留最久的地方，这里保留着这位大师的绝大部分画作，这些传世名作让梵高如饮醍醐、流连忘返。除了这些，这里让他兴奋的还有人。首先，安特卫普的本地人大多说的是荷兰语；而外地人——这座城市作为一个全球财富和品位的象征之地，每一天都有无数外地人从世界各地赶来：欧洲人、美国人、日本人、中国人、中东人……梵高在遍布全城的酒馆、舞厅、咖啡馆里不停地寻找着模特儿，但是最终模特儿没有找到几个，他自己却染上了梅毒。因为在 19 世纪的欧洲，但凡面向大众卖酒的营业场所基本上都是风月之地。

毫无疑问，这件事彻底激怒了提奥：你大把大把地花钱，原来是在打着艺术的名义鬼混！他勒令梵高：立即回纽南！否则马上停止汇款！（当然提奥的语气没有这么强硬，但他确实希望梵高能暂时回纽南待一阵。）

但梵高怎么可能再回去呢？可又有什么理由能继续留在安特卫普呢？

走投无路之际，他灵机一动：上学去！

于是，梵高来到了安特卫普皇家艺术学院。

安特卫普皇家艺术学院于1663年建校,论资历和水准都堪称"北欧央美"。但是在这所欧洲大名校中,梵高却充满了紧张、压抑、挫败感,因为他依然不能融入群体,依然不会与人相处,就像小学和中学时代一样。另外,学校里的学院派审美和教学也让他感到浑身不自在……于是沮丧之余,他又开始光顾酒馆、舞厅、咖啡馆而且更加频繁。囊中羞涩之时,他的身体也正在垮掉……

梵高恐慌了,他想逃离!

在已经过去的那些岁月里,他大部分的时间都在恐慌和逃离!

除了当初在古庇尔海牙分部的那三年……

可惜,只有三年!

在其他几乎所有的日子里,他的人生都是黑暗的。

而黑暗中,"不孝之子"和"家族耻辱"如同两只巨大的铁手,一直紧紧掐住他的喉咙……

他大口大口地呼吸着,

艺术,成了他的氧气!

但是现在,氧气马上就要消失了……

当世界变得窒息,一个生命要怎样才能活下去?

南方!

到南方去!

而提奥正在南方,

他在巴黎。

梵高1886年一到巴黎就直奔卢浮宫——此事至今都被大肆渲染为"艺术对他的召唤"。其实,他当时去卢浮宫的首要目的并不是为了"看大师",而是为了谈大事:他要跟提奥好好谈谈"艺术与钱的关系"。这件事如果谈不妥,他的艺术、他的未来也就没了着落。因为当时提奥并没有想让他来巴黎——换言之,梵高此番是不请自来。而提奥原本是打算让这位大哥等到夏天的时候再来,因为那时他会租一套更大的房子。所以梵高去卢浮宫其实是为了谈判,他把谈判地点选在了卢浮宫的方庭。

　　方庭，也叫"方形沙龙"。波旁王朝时，它是法国官方沙龙体制的起点；法国大革命时，它随卢浮宫一起更名为"中央艺术博物馆"，它是对人民开放的第一间展厅。自从1830年浪漫主义大师德拉克洛瓦画出了《自由引导人民》，1849年现实主义大师库尔贝画出了《采石工》，1850年巴比松画派的米勒大师画出了《播种者》，"人民"这个形象就越来越多地出现在大师们的作品中。而梵高从1886年来到巴黎的第一天起，他就渴望着、"妄想"着自己能像这些前辈大师一样画出代表着人民的作品，而且悬挂于博物馆之中……若如此，他就永远不再是那个不孝之子和家族耻辱了。

　　梵高的渴望和"妄想"都是对的。今天，他的画作不光挂在了博物馆里，而且遍布全球；他的作品是无数博物馆的镇馆之宝；他的故乡有一个博物馆专门以他的名字命名——阿姆斯特丹梵高博物馆……古往今来，没有多少大师能享有如此殊荣！但是可惜，这一切全都发生在他去世之后，而卢浮宫至今也没有一幅他的作品——这座昔日的皇家宫殿代表的是古典和传统的审美，这种审美永远属于大多数人，包括当时的提奥。

　　没有资料记载兄弟二人在那一天到底是在哪儿见的面以及做了怎样的交流，但无论如何梵高终于不用再回到荷兰农村了！

　　于是，他开始了巴黎时期。

　　从巴黎时期开始，梵高画了大量的油画花卉。而《向日葵》是他的花卉作品中创作周期最长、画幅数量最多的一个系列——从1887年画到了1889年。梵高为什么要画向日葵呢？他为何对这种花如此情有独钟？

　　因为他是一个"人"——向日葵与梵高：画如其人，人如其花。作为一个来自北欧荷兰农村的画家，梵高周身散发着一股泥土的气息，再加上性格极端、命运多舛……这样一个人如果钟情于一种花，那种花的美一定不是娇艳欲滴。所以梵高虽然是一个荷兰画家，但他没有去画荷兰的国花郁金香，因为这个"世界花后"太精致、太优雅、太女性化。他选择了向日葵，是因为这种花朴素而朴实，而且绽放着一股雄性之美！这种美，固然少了作为花的妩媚，却多了作为树的挺拔。而实际上，向日葵在梵高眼中就是树——如战士一般的树！正如他自己的名字——"文森特"在拉丁语中的意思是征服。所以《向日葵》包含着梵高作为一个"人"的最强烈的自我。

再者，从艺术家的生存方式来讲，《向日葵》体现了梵高超强的品牌意识。因为他为这种朴实的花赋予了独一无二的识别性，这是品牌建立的第一要素。梵高虽然一生穷困潦倒，但实际上他很懂营销——这来自于他早年的工作经历以及荷兰民族的特性。

梵高为什么一直怀念在古庇尔海牙分部的时光呢？因为当初他在那里非常享受自己的工作。在古庇尔海牙分部，梵高最初是一名库房管理——"把众多画家的作品分门别类并且对其了如指掌"既是岗位职责，也是他的兴趣所在。所以工作三年，梵高在19岁就能接待大客户，因为他对文艺复兴以来的历代大师、各种流派如数家珍。其实在古庇尔海牙分部，梵高因为工作原因等于自学了一遍欧洲美术史，这个经历、这种积累为他日后做艺术家打下了极为重要的基础：除了在创作上向前辈大师们学习，在作品的营销方面也从美术史上的成功画派中汲取经验，比如荷兰小画派。

维米尔《戴珍珠耳环的少女》
1665 年，44.5 厘米×39 厘米，
荷兰海牙莫瑞泰斯皇家美术馆藏

荷兰小画派出现在 17 世纪荷兰的"黄金年代"——那个时候，荷兰人是全世界最会做生意的人。而 19 世纪之前，这个画派是欧洲美术史上唯一一个以销售为目标的绘画流派。之所以叫"小画派"，是因为那些画都是"小题材"和"小尺寸"——它们没有文艺复兴时期绘画的那种宏大叙事和巨幅规格，因为它们不需要挂在教堂和宫殿里。荷兰小画派的作品主要是供当时的荷兰市民买回家去装饰房间的，所以尺寸既不能太大还要贴近百姓生活。拿 17 世纪荷兰著名的绘画大师约翰内斯·维米尔（1632—1675）来说，他是荷兰"黄金年代"绘画三杰之一，也是荷兰小画派的重要代表。他的作品就是在表现荷兰老百姓过日子，而且画幅的规格从来就没有超过现在国内美院的学生画油画半身像作业的尺寸（100 厘米 ×80 厘米）。所以梵高的油画尺寸也都不算大，以《向日葵》系列为例：固然其中大多数作品看上去并不小，但无论如何也没有莫奈的《睡莲》那么大。之所以这样，道理很简单：小画好卖。

《向日葵》传递着梵高的"自我"和"品牌"意识。但是作为一个艺术家的"人"，这个题材于他而言还有着更深层的情感诉求，就是亲密关系。而梵高一生的亲密关系主要体现在两个人身上：父亲与提奥。

梵高的父亲提奥多洛斯是一位牧师。他兢兢业业，一生都在荷兰的贫困农村传教。而向日葵对于荷兰人尤其是荷兰的基督徒来讲并不是一种普通的花，它象征着坚定不移的信仰和上帝之爱！这种爱代表着光明与富足，能够引导人的灵魂达到最高境界……这不正如提奥多洛斯的一生吗？他严于律己、乐于助人，无论身在何地都堪称道德榜样。而他与梵高之间，虽然多年来一直争吵不断，虽然半生都深受其苦，但是从未放弃！他的内心明亮、朴素而温暖……

梵高是多么怀念父亲啊！ 1885 年 3 月 26 日，这位虔诚的老人永远地走了……他的灵魂一定去了天国，因为他终其一生都坚守着自己的信仰！在梵高心中，"父亲，就如向日葵一般！"而他也永远记得父亲生前说过的一句话："提奥就是我们的向日葵！"

不错，提奥身上确实有着牧师父亲的影子。尤其在父亲去世之后，是他一人独自守护着梵高……就如他们的父亲当年一般。

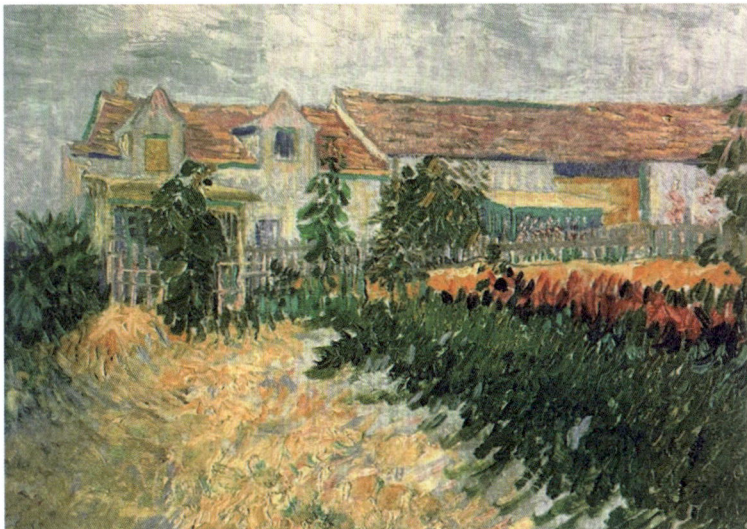

《德布雷花园里的向日葵》
1887 年，32 厘米×41 厘米，私人收藏

因为父亲与提奥，梵高终于有了《向日葵》——那是他的自我救赎。

巴黎时期，梵高与提奥住在著名的蒙马特。那里从 19 世纪上半叶开始，直到今天一直是巴黎的前卫艺术区。它的全称叫"蒙马特高地"，是巴黎北部的一个山丘。每年七八月份，向日葵在山坡盛开。梵高最初创作的《向日葵》其实是个"户外"系列，作于 1887 年七八月份。这个系列并不为人熟知，其中第一幅叫《德布雷花园里的向日葵》。德布雷花园是蒙马特高地的一个家庭农庄，建于 18 世纪。梵高在这幅画中营造了一股浓浓的阖家团圆的氛围。

之后的一幅叫《蒙马特路旁的向日葵》，依然是在德布雷花园附近完成的。画中依然是风和日丽，一座小木屋前，两棵向日葵一高一低茁壮成长——这种"两个一组、一高一低"的配置从巴黎时期开始屡屡出现在梵高的画作中，其中的象征意义不言而喻。

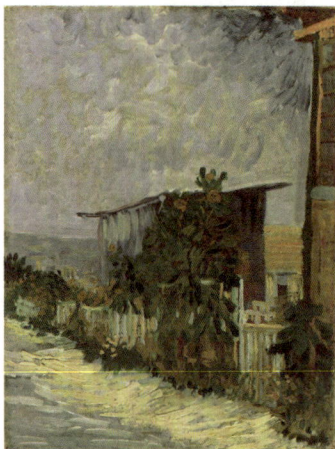

《蒙马特路旁的向日葵》
1887 年，35.6 厘米×27.3 厘米
美国旧金山艺术博物馆藏

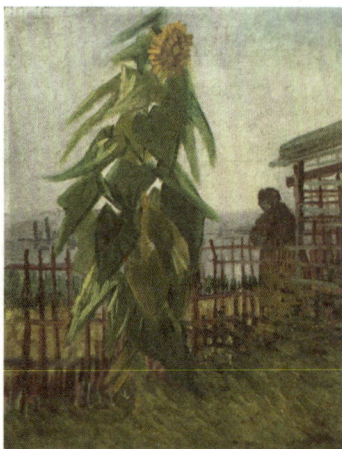

《篱笆旁的向日葵》
1887 年，43.2 厘米×36.2 厘米
荷兰阿姆斯特丹梵高博物馆藏

　　"户外"系列的第三幅叫《篱笆旁的向日葵》，也译为《孤单的向日葵》。
这幅画的最右边露出一截儿小木屋，小木屋前有个深色人影，是个老妇人。
画面的左半部，一棵巨大的向日葵孤零零地戳在那儿：脚下"疾风劲草"，
身上"厉叶如刀"，"顶天立地"之中还捎带一股"宁死不屈"。这棵向日
葵占据了整个构图的一半，与老妇人相向而立。一道篱笆墙隔在中间，使
二者仿佛身处两个世界。整个画面的颜色稍显灰暗，气氛也略带诡异……

　　梵高为什么要这么画？那个老妇人到底是谁？

　　难道，是他的母亲吗？

　　其实，在创作"户外"系列的第二幅油画《蒙马特路旁的向日葵》之前，
梵高还画过一幅构图相同的水彩稿，这幅水彩稿里也有一个老妇人。只不
过在画油画的时候，他没有让这个老妇人出现——看来这是梵高心中的一
个结啊！而这个结与他的母亲安娜·卡本特斯不无关系。

　　在 1885 年提奥多洛斯去世后不久，梵高由于对父亲的愧疚而放弃了遗
产继承权。但是即便如此，他还是被大妹安娜永远地赶出了家门，因为这
位大妹曾坚定地对他说："爸就是你气死的！"

所以 1885 年 5 月初，梵高彻底离开了家，从此再也没有回去过。

而这一年 11 月下旬以后，他也再没有回到过故乡……

所有这一切，包括以前发生的一切，梵高的母亲安娜·卡本特斯全都看在眼里，却从来没有为这个大儿子说过一句话……所以巴黎时期，梵高创作的这幅《篱笆旁的向日葵》，是在表达对母亲的不满吗？

此事不得而知。不过画中的那个老妇人并不是画于 1887 年，因为这幅画其实是在一幅旧作上完成的——梵高因为手头拮据，经常把旧作盖掉重画。但是《篱笆旁的向日葵》却没有把之前的画面完全覆盖，那个老妇人就是旧作中留下的形象，而那幅旧作是画于 1885 年。所以，也许这幅画还有另一种意味：它是梵高对父亲、对家庭的纪念。因为巴黎时期，他有家不能回，而他的父母——提奥多洛斯与安娜·卡本特斯已经阴阳两隔……

回首往事，并不如烟。

梵高 1887 年的户外《向日葵》其实是一个"家"系列，同时也是一组"伤痛之花"，因为其隐含着原生家庭对他的伤害：父亲眼中的"向日葵"、母亲心里的"篱笆墙"是梵高生命中的目标与桎梏——这，是他生命痛苦的真正根源。所以画向日葵就成了梵高生命中的一种必然。

但是，有没有偶然呢？

第四章　**疗愈之花** —— 被折断的向日葵

在北半球，每年 7 月中旬到 9 月中旬是向日葵的花期。

1887 年，在画完户外《向日葵》系列后——8 月底的一天，梵高突然拿着几枝向日葵回到了家里，那是他在蒙马特的路边随手折下的。

当时梵高与提奥住在勒皮克大街 54 号。这是一座刚建好没几年的五层公寓楼，位于蒙马特高地的山腰间。上一年 6 月，兄弟二人从拉法尔大街 25 号乔迁至此。以当时巴黎的平均生活水平来看，他俩的新家堪称豪华：配有暖气、木地板、大理石地砖……最重要的是能洗澡。法国人一般不爱洗澡，但这套房子的卫生间里居然有浴盆。不过梵高拿着这些花回来显然不是为了装饰房间：那些向日葵横躺在桌案上，硕大的花盘、折断的花茎、枯萎的花瓣，还有迅速褪去的光彩——孤独、焦灼、挣扎……1887 年的夏末，巴黎的向日葵散发着死亡的气息！梵高为什么要摆放这么一组死亡之花？

因为他失恋了。

他爱上了一个咖啡馆的老板娘，但是最终遭拒，还被人打了一顿。

这可不是一般的失恋，因为男一号是梵高！于是他再一次从向日葵中看到了自己：那些死亡之花就是他自己！垂垂将死但还继续挣扎……而挣扎，这种感觉是多么熟悉啊！三十多年来，他一直在挣扎……

所以，就有了巴黎的《向日葵》。

1887 年 8 月底到 9 月初，4 幅《被折断的向日葵》在蒙马特诞生——这是梵高真正意义上的《向日葵》主题创作。

第一幅《被折断的两朵向日葵》
1887 年 8—9 月，61 厘米×50 厘米，瑞士伯尔尼艺术博物馆藏

　　这个系列的第一幅一般被称为《被折断的两朵向日葵》。在这幅画中，梵高运用了刮刀技法和点描法：花盘上一道道细密的螺旋纹就是刮刀刮出来的效果，而背景中那密密麻麻的小笔触用的就是点描法。这幅画的精彩之处在于使向日葵这种花呈现出了一种非常强烈的金属感：在画面整体的"金色"调子里，那些亮黄色的花瓣显得"金光闪闪"又颇为"扎人"。如同之前的那幅《篱笆旁的向日葵》，这幅画也是在一幅旧作上完成的，但是这次梵高是把原画完全覆盖。据 X 光显示，原画是一幅拿着酒杯的男子肖像，也许是他以前的一幅自画像。这幅《被折断的两朵向日葵》目前收藏在瑞士伯尔尼艺术博物馆。

　　第二幅和第三幅依然被称为《被折断的两朵向日葵》，两幅作品构图相同、一大一小：大一点的尺寸是 61 厘米×43.2 厘米，左下角有梵高的签名；小的那幅只有 27 厘米×21 厘米，乍一看有些乱七八糟，用笔仓促而混乱，四周还露着很多画布底子，好像没有画完——其实，这幅画应该是另一幅作品的小稿。油画属于长期作业，一般都要先画个小稿来找感觉、研究构图和大的色块关系。这幅"小稿"是四幅中的第二幅，目前收藏在阿姆斯特丹梵高博物馆。

第二幅《被折断的两朵向日葵》
1887 年 8—9 月，27 厘米×21 厘米，阿姆斯特丹梵高博物馆藏

第三幅《被折断的两朵向日葵》
1887 年 8—9 月，61 厘米×43.2 厘米，纽约大都会艺术博物馆藏

　　与前两幅《向日葵》相比，第三幅在色彩方面有了颠覆性的变化，尤其是背景——蓝得清澈如水，向日葵好像"漂浮"在水面上，对角线构图更增强了这种"漂浮感"。这幅画整体看上去有一种平面装饰风的美感——梵高对这种美感的探索来自日本浮世绘的启发；画面左下角"Vincent 87"的签名表示了他对这幅作品的满意度。这幅画是巴黎时期唯一的一幅《向日葵》签名作，也是梵高所有《向日葵》作品中的第一幅签名作。这幅《被折断的两朵向日葵》目前收藏在纽约大都会艺术博物馆。

《被折断的四朵向日葵》
1887 年 8-9 月，60 厘米×100 厘米，荷兰国立库勒-穆勒美术馆藏

  这个系列的第四幅是《被折断的四朵向日葵》，尺寸为 60 厘米 ×100 厘米，它是梵高巴黎时期所有《向日葵》中最大的一幅，同时也是最出彩的一幅。这幅画在动感、光感和细节刻画方面明显超越前三幅。虽然依然是水平构图，但四个花盘因错落有致而"跃跃欲试"；花盘上短短的花瓣好似燃烧的火，却柔软而温柔；几条干枯有力的花茎倔强地翘起，一股充满抗争意味的生命力扑面而来。花盘后面的背景暗如夜间的森林和草丛；左下角的白色前景洒满点点红色，好似雪原上长出了鲜血一般的野草——它们也在燃烧！白色前景的右边是一大片带有超现实味道的亮灰蓝色——那颜色如天空一般通透，花盘和花茎在上面留下了浓重的投影。那些投影剧烈地跳动着，与"清澈的天空"形成强烈对比，宛如"晴空霹雳"！

  声音感，是这幅画的神来之笔：天地轰然巨响，向日葵如烈日一般燃烧……梵高为什么要这么画？

　　1887 年，提奥在巴黎艺术圈的强大影响力使梵高萌生了一个伟大计划：联合那些生存艰难的艺术家们成立一个组织共谋发展——这个信念、这股激情，他一直坚持到 1888 年底割耳之前。所以这幅《被折断的四朵向日葵》象征着他的事业理想：贫穷的艺术家们团结起来！冲破藩篱！扭转乾坤！

　　这幅画雄浑有力，宛如交响乐中的华彩乐章！而这个乐章正是日后名满天下的"阿尔的《向日葵》"的序曲——那股光艳四射的普罗旺斯之火其实是从巴黎的蒙马特开始。这幅画目前收藏在世界第二大梵高艺术博物馆：荷兰国立库勒-穆勒美术馆。

　　1887 年夏天的尾声，巴黎的《向日葵》既是梵高的"失恋之花"也是他的"疗愈之花"：它让梵高从失恋的绝望挣扎中满血复活、涅槃重生！

　　不过既然它的缘起是"因为爱情"，那么这个爱情里的女一号——那位咖啡馆的老板娘又是何方神圣呢？

第五章　**因为爱情** —— 铃鼓咖啡馆的老板娘

柯罗《阿戈斯蒂娜·塞加托丽》
1866 年，132.4 厘米×97.47 厘米，美国华盛顿国立画廊藏

　　19 世纪 60 年代初，蒙马特高地有一位意大利美女很有名。此女二十出头，来自那不勒斯，芳名：阿戈斯蒂娜·塞加托丽。因为她经常给马奈（1832—1883）和巴比松画派的柯罗大师（1796—1875）等人做模特儿，所以被称为"大师们的模特儿"。塞加托丽平时总是手持一把吉卜赛铃鼓；20 多年后，她在蒙马特的克利希大街 62 号开了一家店，取名"铃鼓咖啡馆"。梵高从 1886 年冬天开始频繁地光顾此处，因为这家店离他的住所并不远。

　　1887 年的整个上半年，梵高在铃鼓咖啡馆都享受着特别待遇：无论酒水饭菜还是展出作品一律免单，只要每个月送给塞加托丽几幅画就行，这叫"以画抵账"。在 2—3 月间，他还在那儿举办过一次画展。而塞加托丽当时虽然已经四十五六岁，但依然身材高挑、风韵犹存……她为什么要对梵高那么好？梵高一向是没有女人缘的人啊！

　　提奥，是一个重要因素。作为当时巴黎艺术圈的大红人，提奥在蒙马特几乎无人不晓，而且他待人诚恳、彬彬有礼、满是绅士风度……塞加托丽身为一个低端行业的老板娘，当然愿意结交这样的人；对于梵高，她当然也有"爱屋及乌"的成分在里面，至于有没有爱情就两说了。不过梵高对她可是有爱情的，白纸黑字为证：他在 1887 年夏天的书信里不止一次地提到过此事。

　　那么，这"一段情"究竟是从何而起呢？

　　同是天涯沦落人，相逢何必曾相识。

　　梵高从小到大遭人白眼、命如浮萍自不必说。塞加托丽虽然貌似比他生活得好一些，其实内心深处和梵高一样没有安全感和归属感。因为她是一个来自意大利的吉卜赛人。

　　说起意大利，纵然罗马文明、文艺复兴时期都是欧洲主场，但自从 15 世纪末开始了长达 65 年的意大利战争，这个欧洲古国就江河日落、风光不再……直到梵高的时代——19 世纪下半叶，意大利人在西欧普遍遭受歧视和仇视，尤其在法国。此事究其原因有二：其一，在 1848—1870 年的意大利独立战争中，拿破仑三世为扩张领土曾出兵干涉，其间被意大利民族主义者行刺，两国由此结下"国仇"；其二，统一后的意大利"三高"显著，高文盲率、高死亡率、高失业率，这导致了它在 19 世纪下半叶成为欧洲最大的移民输出国。所以塞加托丽作为一个来自"敌国"和"弱国"的人，在巴黎肯定是生活不易，而她的"吉卜赛"身份更是让这不易的生活愈发艰难。

　　吉卜赛，一个天生流浪的民族，因为大篷车而大名鼎鼎。他们世代流浪、居无定所、不事农桑，也几乎不与外族通婚，在欧洲历史上一直处于社会底层，自 16 世纪以来屡遭驱逐、征兵和屠杀。比如 1589 年在北欧的丹麦和挪威地区，吉卜赛人可以随意被杀死……

　　这个民族自称为"罗姆人"（"吉卜赛"是英国人的叫法），他们和犹太人一样起源于亚洲。而在欧洲，他们的历史同样苦难深重、血泪斑斑。二战期间，纳粹德国不光屠杀犹太人，也屠杀了大约 40 万的罗姆人——当然这是后话。

　　虽然一直以来并没有史料明确记载塞加托丽是吉卜赛人，但是以这个民族的历史背景和当时意大利在欧洲的地位来看，如果这位铃鼓咖啡馆的老板娘不是吉卜赛女郎的话，实在犯不上拿个吉卜赛铃鼓为自己找麻烦。况且蒙马特高地本身的氛围也很能说明问题，虽然 19 世纪上半叶这里还是一个"文艺青年"聚集地，但到了 19 世纪下半叶，此地却发展出了另一项规模性产业——很多咖啡馆和酒吧都提供色情服务，铃鼓咖啡馆也是其中之一。事实上，在当时的巴黎，做模特儿和做这种工作的收入差不多，塞加托丽就曾是从业者之一——正因如此，铃鼓咖啡馆从开业以来一直绯闻不断。

　　当然到了梵高的巴黎时期，塞加托丽早已不再从事旧业。但不管怎样她也是手上"有资源"的人，于是她给梵高介绍了人体模特儿——此举堪称雪中送炭。梵高一直很想画人，无奈一直几乎没人愿意让他画，何况是女人体？于是 1886 年末到 1887 年 3 月，梵高至少完成了三幅油画女人体——这在他的一生中应该是绝无仅有的。塞加托丽能如此出手相助，梵高对她该是怎样的感激之情与永生难忘啊！何况这个意大利女子还有一种"特异功能"：会算命——塔罗牌和读心术是吉卜赛妇女的看家本领。

　　到这一步，梵高还有什么理由不爱上塞加托丽呢？

　　因为从小到大，直到巴黎时期，有谁真正在乎过他想什么吗？

　　没有！

　　纵有万般不是，但他的委屈和理想，有谁可以诉说吗？

　　没有！

　　但是塞加托丽可以，只有塞加托丽可以！

　　因为她的读心术可以抓住一个人的心。

　　何况是一个男人，一个像苦人儿梵高这样的男人！

《铃鼓咖啡馆的阿戈斯蒂娜·塞加托丽》
1887 年 1—3 月，55.5 厘米×47 厘米，荷兰阿姆斯特丹梵高博物馆藏

　　1887 年早春，梵高为塞加托丽画了一幅油画半身像。这幅画的尺寸并不算大，但是却耗时将近 3 个月……看这幅肖像：画中女主长裙小袄、红髻高挽，端坐于铃鼓造型的咖啡桌前（她身边的两个圆凳也是铃鼓造型）。塞加托丽左手夹着烟，面前摆着酒，表情深沉、若有所思……画面背景中（右上方）隐隐显出浮世绘里的美人绘——当时梵高正在铃鼓咖啡馆办画展，那些浮世绘是他临摹的作品。

1956 年版《巴黎圣母院》电影剧照

1875 年巴黎人心中的卡门形象
歌剧《卡门》当时在巴黎首演惨败

　　在塞加托丽的这幅肖像中，梵高对她的刻画与表达是深邃而强烈的——那高高的红色发髻是当时法国风月女子的标志，这暗示着她的过往；而她的表情深沉、复杂，在压抑和痛苦中又隐含着沉着、坚毅、冷漠和神秘……这诸多情绪难道不是吉卜赛人的历史吗？整幅画的色调冷灰凝重，于苦涩之中渗透出一种坚硬而响亮的金属质感——这种质感就是悲剧的力量。而19 世纪，吉卜赛民族的这种悲剧形象不只出现在梵高的画作中：在雨果的《巴黎圣母院》里，她还是美丽纯洁的流浪舞女埃斯梅拉达；在梅里美（1803—1870）与比才（1838—1875）的笔下，她又化身为性感不羁的"恶之花"卡门……吉卜赛女人是多么敢爱敢恨啊！

　　那么眼前的这位吉卜赛女郎阿戈斯蒂娜·塞加托丽到底是谁呢？

　　在梵高的眼中，在他心里，

　　这位铃鼓咖啡馆的老板娘究竟是为了自由不择手段的卡门，

　　还是善良单纯、坚贞不屈的埃斯梅拉达？

　　抑或，是两人的合体？

　　答案已经不重要！

　　梵高开始了疯狂的追求……

1956 年版《巴黎圣母院》
电影剧照

他不停地向塞加托丽送画、送花，一幅幅油画花卉、一束束娇艳欲滴的紫罗兰满载着浓浓的爱恋之情……而紫罗兰的花语是：我在梦中爱上你！

但是，埃斯梅拉达爱上过卡西莫多吗？

而梵高，在他的年代，在当时的大众眼里，难道不是那个相貌丑陋、遭人唾弃的敲钟人吗？

所以他的求爱一定会遭到拒绝。不过对于遭拒这事儿，梵高却很想得开——他认为这是女人的矜持和羞涩，于是依旧痴心不改，不停地送画、送花……直到有一天塞加托丽大喝一声："滚！"

爱情像一只自由的小鸟，谁都无法驯服……

如果你不爱我，我偏偏要爱你；

如果我爱上你，你可要当心。

——歌剧《卡门》

1887 年距当初《卡门》的巴黎首演已有 12 年。想当年，比才为此剧的惨败抑郁而终，时年不到 37 岁……不知梵高是否看过这部伟大的歌剧。不过他当时真的没什么可当心的，因为塞加托丽的那只"鸟"压根就没落在他那里。

梵高，太不了解吉卜赛女人了。

或许，他从来就没有了解过女人。

后来梵高听说铃鼓咖啡馆破产，他的画连同那个店将被一起卖掉，于是就推着一个小推车前去取画，结果和看店的人发生了冲突，最后画没有全部取回，他自己却挂了彩，悻悻而归……

这是 1887 年 7 月的事。

在梵高那个失恋的夏天，正逢提奥回荷兰去看望女友。7 月下旬，他写信对提奥说："我不会再为铃鼓咖啡馆画画了……但是塞加托丽，我依然爱着她！希望她对我也依然眷恋。现在她的处境很艰难，而且还病了。这样的状态下，我无法责怪她……她也并没有伤害我。"

梵高是莽撞的，也是善良的。他的心，刚强而柔软。到了 10 月，他又给三妹威廉·敏娜写了一封信：

我又经历了一场希望渺茫而且极不般配的恋爱。和以前一样，除了羞耻和屈辱，我一无所获。

——1887 年 10 月末致威廉·敏娜

其实梵高并非一无所获。因为正是这位意大利情人、吉卜赛女郎阿戈斯蒂娜·塞加托丽让他终于找到了《向日葵》，虽然这个过程无比痛苦。

巴黎时期是梵高人生和艺术生涯的重要转型期，历时将近两年。这两年里除了爱情，他当然还有很多其他的经历——比如当初来到巴黎，原本是来上学的。

第六章 **巴黎朋友圈** —— 来自同学的画像

自从在 1867 年世博会巴黎以"艺术之都"的身份闪亮登场，艺术文化产业就在法国由星星之火向燎原之势发展开来，到了 19 世纪 80 年代更是形势一片大好：随着印象派苦尽甘来、火爆大洋两岸，巴黎的民办美术培训机构一下呈井喷之势，一时间学美术的年轻人层出不穷……

当时在蒙马特有个美术班很有名，叫"柯尔蒙画室"，离铃鼓咖啡馆只有两条街。梵高还在安特卫普的时候，提奥就建议他到这儿来学画，虽然学费着实不菲，这主要是因为它的举办者兼校长（兼授课教师）在当时的主流界颇有影响：科班出身、在沙龙上获奖，34 岁就获得了法兰西荣誉军团勋章（法国政府颁发的最高荣誉），38 岁又当上了官方沙龙评委，此人就是法国近代著名历史画家费尔南多·安妮·皮耶斯特·柯尔蒙（1845—1924）。客观地讲，虽然在西方美术史上柯尔蒙算不上一位大师，但他真的是一位非常优秀的老师，因为他的学生中大师辈出：除了 19 世纪晚期欧洲的大师，还有 20 世纪中国的徐悲鸿先生和林风眠先生——当年两位青年才俊在留法期间都曾跟随柯尔蒙学习。所以如此说来，梵高大师居然算是徐、林二位先生的大师兄。因为早在 1886 年的 3 月到 6 月，他就在柯尔蒙画室度过了一段学习时光。

作为一个著名的学院派画家兼民办培训机构的校长，柯尔蒙老师写实功力扎实且治学严谨，具有匠人精神，而且还脾气好，所以他的培训班一直是人数爆满——梵高去的时候全班将近 30 人。柯尔蒙画室的生源以法国学生为主，平均年龄在二十几岁，出身基本非富即贵（其中也包括梵高，凭借提奥当时的身份）。按年龄算，梵高无可争议地是班里的老大哥。但这位"老大哥"却显得非常突兀，经常因为别人一句玩笑就嘴唇发抖大喊大叫，然后说出一堆由三种语言组成的话（他会荷兰语、英语、法语）。另外大家怎么也不明白：为什么梵高同学画起来总那么"暴力"？

梵高作画，用笔极快且极其用力。画素描经常把画纸擦出个窟窿，画起油画来就更加剧烈：手舞足蹈，颜料翻飞，如同抄着一把板锹抡起来。而他画的人，尤其是女人，永远是短粗的腿、硕大的屁股、硕大的脚……所以柯尔蒙画室的全体师生一致认为：在艺术上，梵高同学很不"上道"；而生活中，他又是一个十足怪异的人。

这种评价和梵高以往的经历基本是一致的。无论是成年时期的安特卫普皇家艺术学院、布鲁塞尔学院，还是少年时期的蒂尔堡高级市民学校、普罗维利寄宿学校，包括最初的津德尔特公立小学，在这些群体环境里，人们对他的印象永远是这么几个关键词："孤僻""另类""暴躁""怪异""以自我为中心"。对于这些词，不管日后他的同学和老师如何演绎，其实都是在说一句话：文森特·梵高与我们格格不入，一无是处。这种论调跟当时梵高家族的看法何其相似！

好在柯尔蒙画室的同学对梵高的印象还不止于此。据他的一位苏格兰同学 A.S. 哈崔克回忆：梵高的情绪非常紧张，说话也非常直接。很多时候，他完全意识不到自己会伤害到别人，而实际上他对任何人都没有敌意。这也是当时大部分同学对他的印象。所以，他们并没有去孤立梵高。

但"紧张"和"直接"是梵高的一种特质。所以为了避免与人发生冲突，后来他就专找没人的时候去画室。如此一转眼到了夏天，柯尔蒙画室放了暑假，因为柯尔蒙老师要去休闲度假。于是，梵高离开了那里。

尽管梵高一直觉得在柯尔蒙画室没学到什么东西，但无论如何那段经历都是他人生中最美好的一段学习时光——当然，也是唯一一次和最后一次。今天看来，他在那里的收获是无比巨大的。因为柯尔蒙画室绝无仅有地让他的人生拥有了"朋友圈"，比如 A.S. 哈崔克。在梵高离开柯尔蒙画室以后，这位同学还去过他在蒙马特的家——勒皮克大街 54 号。A.S. 哈崔克是迄今为止了解梵高在巴黎时期的最重要的线索之一，"梵高一急了就英法荷三种话一起说"，这个信息就是来自他的记载。A.S. 哈崔克还透露过一件重要的事：梵高当时穿的比其他很多同学都要好。

　　这个信息真是极具颠覆性！因为几乎所有关于梵高的资料都在有意无意地说着一句话：梵高很穷，梵高很苦。而实际上，巴黎时期的梵高若单从外表上看：一不穷，二不苦。因为就衣着而言，他除了自己买还穿提奥的衣服；就长相来说，他也不像自画像里画的那样。梵高是表现主义的先驱，画风不属于写实风格，所以他的自画像与他的真实长相其实是有出入的。

　　1886 年，柯尔蒙画室的一位同学为梵高画过一幅油画肖像。这是一幅带有古典风格意味的写实肖像作品：三角形构图，顶光设计，暗色背景，笔法松动，造型严谨。画中的梵高身板结实，衣着考究，皮肤白净，有着棕红色毛发；他右手执笔抬在胸前，小拇指微微翘起如女人的兰花指，在微微转头的一瞬间两眼侧目——这个狐疑的目光配上右手的姿态，使整个人显得比较滑稽。在这幅画里，梵高不太像个艺术家，倒是有些商人气质。以这幅肖像的造型功力来看，1886 年"混在巴黎"的梵高应该是这个样子。

拉塞尔《文森特·梵高肖像》
1886 年　60.1 厘米×45.6 厘米　荷兰阿姆斯特丹梵高博物馆藏

这幅画的作者叫约翰·彼得·拉塞尔（1858—1930），一个澳大利亚军火商的儿子，比梵高小 5 岁。此人生得英俊潇洒，一副十足的艺术家公子哥派头：周末开派对花天酒地，呼朋唤友结交名流。当时很多名流跟他走得很近，比如西方雕塑史上著名的奥古斯特·罗丹（1840—1917）和卡米尔·克洛岱尔（1864—1943）。1886 年，他们俩正在创作伟大的英雄纪念碑组雕《加莱义民》，当时的罗丹已经被尊为大师。

拉塞尔

而卡米尔·克洛岱尔，冰雪聪明、美貌绝伦，被誉为法国天才女雕塑家。但时至今日，这位奇女子被人记住却不是因为她的艺术，而是因为她是大名鼎鼎的"罗丹的情人"，而且在精神病院度过了人生最后30 年！

命运啊，为何如此不公？！同样是天降奇才，为何有些人生逢其时、飞黄腾达，比如罗丹；而有些人则注定命运多舛、人生悲苦，比如卡米尔，比如梵高！在巴黎时期，无论卡米尔、罗丹还是拉塞尔，梵高的二弟提奥跟他们都很熟。不过对于自己的哥哥，提奥的观点却几乎与圈里人无异：文森特，好像不太适合搞艺术。

奥古斯特·罗丹

但梵高却因为艺术一直和拉塞尔保持着联系，他极为珍视与拉塞尔的友谊。在生命的最后几个月里，他曾特别嘱咐提奥把拉塞尔为他画的那幅肖像保管好。

100 多年后，阿姆斯特丹梵高博物馆的油画修复人员在这幅肖像的画布上发现了一句隐藏很深的话：

For Vincent, in friendship.（给文森特，致友谊。）

卡蜜儿·克洛岱尔

马蒂斯

劳特累克

拉塞尔的一生基本是在欧洲度过，1924 年回到悉尼时已经 66 岁，他在 1930 年去世。这位艺术家的人生非常有意思：谈笑有鸿儒，往来有大师。虽然他自己在艺术上没什么大的造诣，但是能成就别的大师，比如野兽派创始人亨利·马蒂斯（1869—1954）。

1896 年和 1897 年，不到 30 岁的马蒂斯曾经拜访过拉塞尔。当时马蒂斯的画风还偏向古典写实，拉塞尔向他讲起了当年的梵高和印象派……于是这位年轻人茅塞顿开，画风直奔野兽派的方向而去。后来他说："拉塞尔是我的老师，是他告诉了我什么是色彩理论。"

所以，是拉塞尔让马蒂斯认识了梵高。

除了拉塞尔，柯尔蒙画室还有一位同学给梵高画过像。在某种程度上讲，这位同学与梵高有着极大的相似之处：第一，他也是一位苦人儿，虽然他的"苦"不在家庭关系上；第二，他后来也成了一代大师。这位同学、这位大师就是 19 世纪末法国的画坛奇才、近代海报设计与石版画艺术的先驱，被称为"红磨坊画家""蒙马特之魂"的亨利·德·图卢兹－劳特累克（1864—1901）。

一个年轻人的群体总会有"大哥"和"二哥"。在柯尔蒙画室，劳特累克就是"二哥"。当时的"大哥"叫路易·安克坦（梵高离开巴黎后还与他有联系），此人来自诺曼底，其父是个发了迹的屠户。安克坦体格健硕、毛发浓密，25 岁，留着大胡子……劳特累克跟他在一起特别有安全感，经常仰着头对他说：你就是我的巨人！这话听着是恭维，实则是自嘲，糟心而扎心的自嘲！因为劳特累克的身高只有 1.52 米，他是个侏儒（所以不管拍照还是画自画像，他都尽量避免站姿）。

劳特累克 16 岁自画像
1880 年，40 厘米×32 厘米，法国图卢兹劳特累克博物馆藏

　　要是单看外表，劳特累克是绝对的"贵而不高"。能在柯尔蒙画室学画的大都非富即贵，但要真说"贵"，谁也没有劳特累克"贵"：他是正儿八经的贵族出身。在千年以前的"欧洲之父"查理曼时期，他的家族就在法国的图卢兹地区拥有爵位，而他本人就是这个爵位的继承者。作为一名资深贵族，劳特累克性格幽默、才华横溢，举手投足间永远透着一股子优雅和优越感。每个周末他都在蒙马特的家里搞聚会，一边喝着红酒一边聊画、聊诗，聊得高兴了还会唱两嗓子……开始梵高也过去跟大家聊，后来慢慢地就不去了。因为大家一起聊的时候，他不是插不进嘴就是一聊就吵。

劳特累克《文森特·梵高肖像》
1887 年，色粉画，57 厘米×46 厘米，荷兰阿姆斯特丹梵高博物馆藏

　　关于梵高的真实长相，还有一幅画不容错过，就是劳特累克所作的《文森特·梵高肖像》。那是 1887 年秋天，他为梵高画的一幅色粉画侧面像。画中的梵高一袭西装坐在一间咖啡馆里，上身前倾，双手放在桌上，面前放着一杯苦艾酒，看上去很瘦很老的样子，完全不像三十几岁的人，但是很专注。整个人物造型呈现出很强的雕塑感，发型、额头、鼻子包括胡子都很有棱角……一看这人就性格刚毅倔强、善于思考，颇有些老学究和教授的风范，但是性格紧张：他的肩、肘、手好像都在绷着劲儿，整个人透着一股"僵硬感"——为了强调这种僵硬感，劳特累克似乎有意把梵高的手臂画小了一些。

劳特累克写实功力极强，但这幅画并不是写生。那是某天他在蒙马特与梵高小酌之时"笔走龙蛇"般地画了一幅速写，然后回家以那幅速写为基础创作了这幅色粉画肖像。之后，他把这幅肖像当成礼物送给了梵高和提奥。其实他真正的目的是想在提奥面前"露一小手"，因为提奥当时在巴黎艺术圈大名鼎鼎。果然——1888 年 1 月，提奥买了他一幅画。看来劳特累克的才华真是闪光啊！但是此事似乎又显得他有失厚道：因为梵高好像被利用了。

其实，劳特累克对梵高非常厚道，其挚诚之心可称得上肝胆相照！1890 年 1 月，他在一次画展上拍案而起，差点跟人打一架，因为有人公然诋毁梵高的名誉与艺术——这可不易啊！因为当时他与梵高已经将近两年未见，而且就劳特累克那个头是打架的个头吗？

的确，从身高上讲，劳特累克是个侏儒。但是从内心上讲，他是一个贵族。而从品格上讲，他是一名骑士：为了友谊，为了正义，他可以不顾一切地决斗——这是欧洲骑士的传统！所以，人不可貌相，而友谊也不可貌相。

其实当初在柯尔蒙画室的时候，劳特累克对梵高几乎是无感的。一则，梵高的性格不好；二则，当时他也并不觉得梵高有才华。因为梵高的"客观型"画得很不好——就是一般人常说的"画得不像"，这一点也是他受到普遍质疑的重要原因之一。但是梵高当然是有才华的，劳特累克之所以有这样的偏见，是因为他的才华实则在梵高之下，而梵高的才华从来就不在所谓的"画得像"这个层面。

19 世纪 80 年代，照相技术在欧洲已经普及（当然没有今天手机照相这么普及），1885 年底的安特卫普已经是影楼遍地……这种情况下，一个画家如果还是把"画得像"定为终极目标，则难免流于炫技媚俗。而对于所谓的"画得像"——20 世纪初，一位大师曾一语中的：

"准确描绘不等于真实。"

这位大师就是野兽派创始人马蒂斯。

对于一个艺术家而言，真实地表达是多么重要！

它是角度、态度、高度，是思维、思想、感受，是独特的人生经历所造就的个性……它是艺术家的全部，是灵魂和生命！所以以梵高之大才，以梵高之率真，他永远不能也不愿去表现视网膜上的准确，他要表达——

那眼中的世界，

那心中的一切，

那些激荡在生命里的最最真切的感受！

为了这个信念，

他付出了巨大代价！

为了这个信念，

无数艺术家受尽世人的嘲弄与诋毁、命运的袭击与碾压……

但是他们，从未妥协。

因为有一股力量始终牵引着他们，

而蜕变也在不经意中悄然到来。

第七章　**教父与偶像的启示** —— 画室的实验和那些花儿

1886 年 6 月梵高离开柯尔蒙画室以后，到年底一共做了两件事：挣钱和画画。他是先挣钱再画画，准确地说：是没挣着钱才画的画。因为"挣钱"这个目标对于他而言，意义重大、由来已久。远的不说，单说 1885 年上半年梵高在纽南农村画出了《吃土豆的人》——从那时起，他就认为自己铁定有挣钱的能力了。后来他为什么不愿离开安特卫普呢？

就是因为大城市机会多。

而巴黎，让他看到了更多的契机，尤其在 1886 年搬家之后。

梵高"巴黎的《向日葵》"诞生在蒙马特高地勒皮克大街 54 号，但他此番刚到巴黎的时候并不住那儿。1886 年 6 月之前，他和提奥住在蒙马特的另一条街：拉法尔大街。6 月，拉法尔的房子到期，于是兄弟俩乔迁到了勒皮克大街——这是一个黄金地段，大名鼎鼎的"红磨坊"离他俩当时的住所只有一个街区。

今天，蒙马特高地以大师和艺术闻名于世。但 19 世纪 80 年代，令这个地方声名远播的却无关高雅——热辣香艳的康康舞才是大众的最爱，那种舞动辄就把脚尖踢过鼻子尖。梵高在柯尔蒙画室的同学劳特累克后来之所以被称为"蒙马特之魂""红磨坊画家"，就是因为他老在那里画康康舞女。1886 年虽然离康康舞的标杆企业——"红磨坊"歌舞厅的正式开业还有三年，但整个蒙马特高地已经发展为一个集餐饮、休闲、歌舞、风月、美术培训和艺术品交易于一体的、极具特色的全方位立体化娱乐区，此间万头攒动，人满为患！而这些人在梵高眼里：都是商机。于是他捯饬得衣着光鲜，拿着画笔向人群冲了过去……

他奔向那些游客，想为他们画肖像；

奔向咖啡馆和酒吧，想给它们画菜单；

奔向蒙马特街头的地摊小报，想接个插图的活儿……

他的脑海里只有一句话：

"挣钱！挣钱！赶紧挣点钱吧！为了证明我不是一个没有价值的人！"

……

但是没有钱来找他。

每天的收获几乎是一成不变的质疑、蔑视甚至敌意，于是梵高沮丧了。而沮丧之余，他不得不再次重新思考未来。其实平心而论，他也不是一分钱都没挣到。只是——艺术要是做成低端手艺，一天到晚总得对人赔笑脸、点头哈腰……这钱又挣个什么劲？而且从能力上讲，梵高也不具备服务行业的那些基本素质，所以——

也罢！继续画画！

上天安排的最大！

也许当时梵高还不明白：

上天给他的使命，真的就是要他专心画画，

无论如何都要画下去……

纵观梵高十年的艺术人生，巴黎时期是他最重要的一个转型期。因为作为一个无与伦比的色彩大师，他是在这个阶段真正找到了色彩的感觉：实现了"色彩三级跳"。

第一级，是在1886年下半年。这半年梵高主攻静物花卉和蒙马特风景。

蒙马特高地吸引游客的除了康康舞，还有山顶上三座废弃的风车——在风车上可以一览巴黎全景。这三座风车里有一座叫"布吕特翅膀"，它在梵高的画作中反复出现……因为风车总是让他想起故乡。

《蒙马特的采石场与风车》
1886 年，56.2 厘米×62.5 厘米，荷兰阿姆斯特丹梵高博物馆藏

　　与之前在故乡荷兰所作的油画相比，梵高这个时期的色彩明显要亮丽很多——这种变化除了纬度的原因，当时的两个艺术大展也对他影响甚大。第一个就是 1886 年上半年的印象派第八届画展，它在当时堪称欧洲乃至全球艺术圈的顶级油画盛宴！不过这个盛宴里，印象派的两大代表人物却缺席了：莫奈没有参展，而马奈大师在 3 年前已经去世——当然，就是没去世 ，估计他也不会参加。马奈一生都没有参加过印象派的任何展览。影响梵高的第二个大展是"独立沙龙展"——在这个画展上， 梵高一次见到了莫奈的作品，时间是在 1886 年 8 月。

　　不过百年以来，坊间一直传闻"梵高在巴黎时期的色彩变化主要是因为受了印象派的影响"，此话实属谬传！首先，在印象派所有的画家里，梵高看重的其实只有两人：德加与莫奈。而对于这两位前辈，他也并没有达到顶礼膜拜的程度。他只是说德加和莫奈是"极其令人钦佩的画家"。再者，梵高的色彩风格与印象派有着本质的不同，他的色彩更独特也更强烈。那么这种"梵高式"的独特与强烈究竟从何而来呢？

19 世纪法国著名化学家、"色彩理论教父"谢弗勒尔

今天，荷兰阿姆斯特丹梵高博物馆收藏着一个红色的日式木盒，里面装着一些彩色的毛线球。1886年上半年，这个木盒在巴黎的柯尔蒙画室。当时，梵高经常用那些毛线球做一个实验：把它们反复合拢、分开……在这个过程中去观察、感受色彩带给人的刺激。一般人肯定不会像梵高那样去摆弄那些毛线球——尤其是盯着它们看，因为那会让人迅速眼花。可是梵高——一个连初中都没毕业的人，怎么会有"做实验"这种理科生思维呢？

此事缘起当时的一位百岁老人。这位老人生于法国大革命时代，7 岁时曾亲眼目睹政府用断头台砍人，102 岁之后又亲眼看着自己的名字被刻在埃菲尔铁塔的"72 名人录"上，此人就是有机化学的先驱、肌酸的发现者、19 世纪法国伟大的化学家米歇尔·欧仁·谢弗勒尔（1786—1889）。

其实谢弗勒尔的伟大贡献不止在科学方面，他的学术理论还对 19 世纪的欧洲画坛影响巨大。从 38 岁（1824 年）开始，谢弗勒尔出任法国皇家格伯林壁毯厂的染料生产主管一职将近 60 年。在超过半个世纪的时间里，他不光改进了法国的染色技术，还对色彩心理学进行了深入研究：他提出了一个概念——"谢弗勒尔幻觉"，并由此创建了"色彩的半球系统"，53 岁时又发表了一部著作《色彩的和谐和对比原理》。这部著作 700 多页，主要论述了一件事：色彩的视觉融合。简而言之就是：利用视觉暂留、使用色彩并置，让颜色自动融合。比如一个红色的点紧挨着一个黄色的点，这两个点看上去就是一个橙色的点——这不就是新印象派的点描法吗？

实际上不光新印象派——整个 19 世纪，从德拉克洛瓦到莫奈、梵高、马蒂斯……谢弗勒尔的色彩理论著作堪称所有一线绘画大师的"武林秘笈"。所以除了"伟大的科学家"，谢弗勒尔还被称为"色彩理论教父"。

不过梵高最初接触到"教父"的观点并不是在巴黎时期。1885 年还在荷兰纽南画《吃土豆的人》的时候，他就开始研读两本书：《当代艺术家》和《绘画艺术的法则》。这两本书由当时的巴黎美院教授查尔斯·布兰克编写，书中对谢弗勒尔的色彩理论有较为详细的阐述……所以，才有了一年后柯尔蒙画室的彩色毛线球实验。当然，那个实验是梵高的原创。

所以巴黎时期，梵高在艺术上的第一位导师实际上是化学大师兼"色彩理论教父"谢弗勒尔。有了"教父"的理论指导，他在一次次实验中获得了巨大启发，终于对"迅速眼花"有了全新、深刻和极致的认识：

运动中的补色，如光一般旋转放射！如梦亦如电！

这就是梵高的"绝世武功"——炫彩必杀技！

从巴黎时期开始，梵高对这个独门绝技屡试不爽，直至炉火纯青、出神入化。比如他的代表作《星月夜》和多次描绘的"旋转燃烧的"太阳，其惊艳之美大都要归功于此，炫彩必杀技是梵高标志性的油画语言之一。当然，能炼成此功，也是因为受到了新印象派点描法的启发：在 1886 年印象派的第八届画展上，最吸引他的并不是印象派的作品，而是修拉的第一代表作《大碗岛的星期天下午》——在梵高看来，那是谢弗勒尔色彩理论的"最新实操效果"。当时他顿开茅塞、兴奋不已，从此对修拉无限仰望。

不过 1886 年，无论是修拉的点描法还是谢弗勒尔的色彩理论甚至包括彩色毛线球的实验……对于这一切，梵高还处于思考阶段，他的"炫彩必杀技"还没有真正开始修炼。因为那年夏天，他在关注另一个人：此人与印象派颇有渊源，论年龄与毕沙罗是一代人，而且还指导过塞尚——其绘画精髓对塞尚的影响长达十年之久。这个人就是印象派先驱阿道夫-约瑟夫-托马斯·蒙蒂切利（1824—1886），在 1886 年 6 月 29 日刚刚去世。因为提奥既收藏蒙蒂切利的作品，同时也代理他的作品，所以梵高能够一睹这位大师的真迹。而 1886 年的夏天，这些真迹却为他开启了艺术上的一个新方向：油画花卉创作。

《盆中的向日葵、玫瑰和其他花朵》
1886 年秋，50 厘米×61 厘米，德国曼海姆市立美术馆藏

　　梵高对那些花儿无比投入。到了秋天，他完成了一幅非常特别的作品。

　　画中暖色的背景，雅致的桌布；一个敦实的绿色花瓶里，白玫瑰在盛开，旁边点缀着紫丁香……整幅画充满了温馨、甜蜜，流淌着一种"家"的感觉和一股浓浓的女性气息。但是画面上又有四朵花显得很男性化，那是四朵向日葵，处于构图的上方：右边三朵精神抖擞、积极向上，中间那朵最大的俨然有一股"顶梁柱"的气概；而左边一朵，虽然也很挺拔，但看上却似是而非——很明显，它被梵高弱化了。

　　梵高的原生家庭一共有四位男性：他和提奥以及最小的弟弟科纳利斯，还有他们的父亲提奥多洛斯。四位男性，四朵向日葵，难道这只是巧合吗？

　　那朵被弱化的、黯然失色的向日葵究竟是梵高自己还是他一直怀念仰望的父亲？到 1886 年夏天，父亲已经去世一年多了……

　　这幅画的名字叫《盆中的向日葵、玫瑰和其他花朵》。

　　这是梵高的作品中第一次出现向日葵。

蒙蒂切利《花瓶》　提奥于 1886 年购得
约 1875 年，51 厘米×39 厘米，阿姆斯特丹梵高博物馆藏

在梵高的艺术生涯中，巴黎时期既是转型期，也是觉醒期。因为在这个阶段，他的眼界、技艺、观念、思想以及人脉都有了长足发展，当然还包括创作领域。梵高的《向日葵》名留青史、震烁古今，但是在荷兰时期，他几乎没有碰过花卉题材，他的花卉创作始于 1886 年夏天——这种转变以及日后的伟大成就都与一位前辈的影响密不可分。他就是当时刚刚去世的蒙蒂切利：是蒙蒂切利从此唤醒了他对花儿的感受，也是蒙蒂切利让他最终找到了自己的艺术个性——梵高那标志性的厚涂法其实是"师从"蒙蒂切利。另外，他在一年半后奔赴阿尔也与这位前辈大有关系。因为蒙蒂切利的故乡就在普罗旺斯，而且他也患有精神病，据说是酒醉之后发病自杀而死。不过梵高倒不觉得这有什么，因为在他眼里，蒙蒂切利就是一个绝对的偶像——他是一个为色彩而献身的英雄！

于是第二年的春天，梵高终于开启了自己的英雄崛起：在塞纳河畔，他开始正式修炼"独门武功"——炫彩必杀技。

这个时候，他遇到了一位高手……

第八章　**高手相助** —— 点彩塞纳河

克劳德·莫奈

　　巴黎的春天，就是塞纳河的春天。而 1887 年的春天是梵高的"塞纳河写生季"。不过他去那儿写生并不仅仅因为那里春光无限好，更重要的是为了追寻前辈足迹。因为印象派的莫奈和新印象派的修拉都长期在塞纳河写生。

　　我一生都在画塞纳河。每一时刻、每一季节，我从未厌倦。对我来说，塞纳河一直是新鲜的。

——克劳德·莫奈

　　作为巴黎的母亲河，塞纳河全长超过 750 千米。关于这条河的选景，莫奈主要是在吉维尼和阿尔让特伊，而修拉则常去阿涅尔——他的两幅最重要的代表作《大碗岛的星期天下午》和《阿涅尔浴场》画的都是那个地方。

莫奈《吉维尼附近的塞纳河之晨》
1897 年，81.6 厘米×93 厘米，
美国纽约大都会艺术博物馆藏

修拉《大碗岛的星期天下午》
1884—1886 年，207 厘米×308 厘米，美国芝加哥艺术学院博物馆藏

修拉《阿涅尔浴场》
1884—1887 年，201 厘米×300 厘米，英国伦敦国家画廊藏

乔治·修拉

　　大碗岛也叫杰克岛或大杰特岛，是个游乐场，当时巴黎的中产阶层们经常去那儿度周末。修拉在《大碗岛的星期天下午》里画了很多男男女女，这些人貌似很有身份，都是正经人，其实不然——画面最右侧穿黑上衣的那个女一号就不是良家女子，因为她牵着一只猴儿。在19世纪的欧洲，猴儿是风月女子的标志之一。

　　大碗岛的对面就是阿涅尔浴场（也译为"艾涅尔"或"阿尼埃尔"）。那是一个水边公园，在巴黎西北部。现在，那里是重要的冶金工业中心。当时，它是塞纳河边上的一个村儿，大碗岛游乐场是这个村儿的拳头项目。

　　修拉这两幅画都是巨幅作品：《阿涅尔浴场》长301厘米，宽201厘米；而《大碗岛的星期天下午》长308厘米，宽207厘米，它是修拉的第一代表作，完成于1886年，为了这幅作品，修拉耗时2年，画了400多张素描稿和30多幅色彩习作——用点描法！

　　而点描法（点彩技法）那动辄数以百万计的小点啊！它是修拉独创的绘画技法，同时也堪称史上最累画法！

　　但为什么非要画"点"呢？

　　难道，只是为了所谓的风格吗？

　　所有的大师都不是哗众取宠的人。

　　乔治·皮埃尔·修拉（1859—1891）生于巴黎，父亲是一位房地产商。他10岁学画，19岁考入巴黎美院，对伦勃朗、戈雅、安格尔、德拉克洛瓦等前辈大师们有着非常深入的研究。在19世纪科技高速发展的欧洲，修拉重新以达·芬奇的视角看待艺术：用眼睛去探究客观世界的秩序与规律——不过 400 多年前的达·芬奇研究的是形体结构，而他研究的却是光色。

从表面上看，新印象派的点描法是一种色彩技法。但实际上，这种技法首先来自对素描的深入理解和创新。在修拉之前，欧洲各种流派的素描都有一条恒定的法则：线造型——这是自文艺复兴以来的传统。而修拉的素描"不讲线，只讲型"，他把这一点做到了极致：以极其细小的黑白二色点状颗粒"堆积"出画面的一切，使其具有雕塑般的凹凸感和超真实的光影感。

修拉曾说："一些有价值的素描和一些简单的速写在对比和层次上研究得如此深入，以至于人们无需模特儿就可以根据它们画油画。"

这句话不也是在说梵高吗？

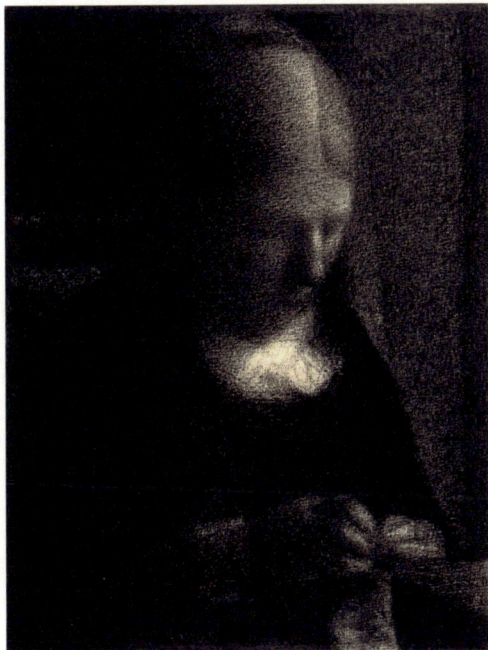

修拉《母亲》
1883 年，铅笔素描，32.4 厘米×24 厘米

　　梵高的创作流程都是从手稿开始，有些还会以素描深入——这两项依靠写生，属于观察和研究层面。待到在画布上动笔，他已无需参照模特儿或实景，从而在色彩上挥洒自如。这种与修拉不谋而合的素描意识，极大地激励着他对艺术的坚持和探索。

　　在旁人看来，修拉的作品总是散发着浓浓诗意。因为无论素描还是色彩，他的画都呈现出一种静谧、恒定的梦幻感。但修拉本人对这种"诗意"却是断然否定的："文学家和批评家认为我的画有诗意，但我只是在运用自己的方法。仅此而已，岂有他哉！"

　　修拉所说的"自己的方法"是基于数学、化学、光学、物理学等规律产生的，比如对谢弗勒尔色彩理论的研究和运用，因为他坚信：艺术来源于科学。而实际上，他在视觉艺术上的思维早就领先于当时的科学。比如今天大众熟悉的 Photoshop 软件是美国 Adobe 公司在 1990 年发布上市的，但早在 19 世纪 80 年代，修拉就已经通过手绘、感性的方式把数码图像技术的基本原理表现了出来：在点描法中，"点"就是一幅画面图像里的最小单位。这不就是"像素"的前身吗？

　　如果没有修拉的点描法，没有他用无数小点堆积而成的那些素描，没有《大碗岛的星期天下午》……Photoshop 和数码图像技术最初的创意原点在哪儿呢？从 100 年前的想象力到 100 年后的高科技，修拉的眼睛就像一台无比精密的感光仪，但是比他所处的时代"快"了 100 年。

　　所以，修拉是绝对的天才！

　　他才华横溢、忧郁儒雅，1886 年在印象派第八届画展上凭一幅《大碗岛的星期天下午》轰动业界，从而成为巴黎艺术圈新的领袖，当时他才 26 岁。但是天才往往过早地耗尽自己：5 年以后——1891 年 3 月，修拉不幸死于白喉，31 岁英年早逝。

　　所谓"天才"，难道真的是天妒英才吗？

再说 1887 年的春天。

虽然当时修拉还健在，但是梵高不好意思去登门拜访，即便他可以通过提奥去结识这位偶像。梵高在书信里提到过很多偶像级大师，比如：伦勃朗、德拉克洛瓦、米勒、蒙蒂切利以及浮世绘大师葛饰北斋……但真要说谁是看得见摸得着的，只有修拉一人。因为他与梵高都是谢弗勒尔的门徒，而在梵高眼里：修拉，是绝对的"大师兄"。

保罗·西涅克

为了掌握"大师兄"的独门绝技点描法，梵高决定"重走修拉路"。他来到了塞纳河畔的阿涅尔，开始尝试这种技法。但是，凭他用尽奇思妙想、方法千变万化，最终还是一头雾水。正当他毫无头绪、晕头转向之时，一位高人出现了……

此人不是别人，正是新印象派的二当家：保罗·维克多·儒略·西涅克（1863—1935）。虽然在今天的大众眼里，新印象派无论与印象派还是后印象派相比都显得"稍逊风骚"，但毋庸置疑的是：梵高成熟画风的形成与修拉和西涅克密不可分。修拉对梵高的影响在于观念，而西涅克则是手把手地教他如何掌握点描法。在梵高的人生过往中，很多人都对他群起而攻之或是避而远之，为何西涅克却对他如此热情而有耐心呢？

因为这个年轻人正能量满满，真的就像早晨八九点钟的太阳。1887 年，西涅克在塞纳河畔结识梵高的时候还不到 24 岁。艺术家文艺男的身上通常会有一股阴柔气质，比如拉斐尔和修拉，但西涅克没有。无论外表还是性格，他都散发着一股优雅勇武的雄性魅力。而且他不只是个艺术家，他的文学功力也很强，同时还热爱科学和政治；他也不只是个文艺男，因为他热爱运动、喜欢冒险，从体格上看更像是一个水手。西涅克的拳击和击剑玩得都很溜儿，还有航海——从28岁开始，他驾船游遍法国、荷兰的沿海港口以及地中海沿岸，最远到达土耳其的伊斯坦布尔。他就像一个少侠：聪明豪爽、技艺超群、充满正义感与行动力以及宅心仁厚、嫉恶如仇……虽然他出身富家。

西涅克原本学的是建筑，十六七岁看了莫奈的画展后马上决定学习绘画，18岁就做了专职画家；两年后结识修拉，为其艺术理论和技法折服，于是放弃"印象派"改学点描法，并大力推广修拉的艺术观念。也是在这一年——1884年5月，年仅20岁的西涅克与修拉、劳特累克等人举办了"第一届独立沙龙展"；同年12月1日，他们联合巴黎市议会主席成立了"独立艺术家沙龙协会"。值得一提的是："独立沙龙展"到今天依然存在——从2006年开始，每年都在法国巴黎大皇宫举行。不过"独立沙龙"这个名字却并非西涅克等人原创，它在太阳王路易十四（1638—1715）的时代就有，其性质基本上就是为官方艺术家举办的个展；而西涅克等人所说的"独立"恰恰是独立于官方的意思，因为他们那帮人的作品都曾被官方沙龙拒之门外。所以为了艺术，也为了生存，大家就得有个组织。从1884年开始，"独立沙龙展"从一诞生就成了巴黎艺术圈最重要的展览之一；1886年梵高就是在这个画展上第一次见到了莫奈的作品；这个展几乎记载了那个时代所有大师的名字——当然，也包括巴黎时期以后的梵高。从1888年到1890年，梵高连续三届参展，"独立沙龙展"是他一生中参加次数最多的大型艺术展，没有之一。而1887年春，梵高能在塞纳河畔偶遇西涅克，是因为当时西涅克的家就在阿涅尔附近——正好他也出来写生。

其实早在上一年（1886年）梵高与西涅克就见过面，因为西涅克在蒙马特也有房子和画室，只不过当时两人互相不认识。不过梵高对西涅克可是久仰大名，因为提奥经常提起这个人，而且一年前他在印象派第八届画展上也见到过西涅克的作品。所以如今得以相见，梵高惊喜万分！他缠着西涅克教他点描法。西涅克说："点描法的法则几个钟头就能学会。"结果梵高学了一个多月。

这一个多月中，他们俩一起在河边写生，一起在阿涅尔的露天咖啡馆吃午饭，有时候还一起走着回蒙马特……

西涅克《阿涅尔的快船》

1887 年春

《阿涅尔的塞纳河大桥》

1887 年夏，52 厘米×65 厘米，瑞士苏黎世毕尔勒基金会藏

　　跟梵高相处是非常考验心理极限的，虽然西涅克表面上看起来是个急性子——身强力壮语速快，但是内心却极其宽厚、温和。后来他回忆这段往事说："文森特是一个滑稽而不太受欢迎的家伙。他穿的那件铅皮工的蓝色工作服，袖子上五颜六色的都是油彩。他经常在我身边指手画脚大嚷大叫，一张30号（92厘米×73厘米）的大画布，刚一画完就拿起来挥舞——这样没干透的油彩就甩在了路人身上，当然他自己也不例外，所以他的衣服就更加五颜六色了。"

　　梵高是疯狂的。1887年的塞纳河畔，他的疯狂让色彩炫动飞舞！

　　梵高的《塞纳河》系列有一幅画特别美——《阿涅尔的塞纳河大桥》。相对于以前的画作，梵高的色彩在这幅画里已经改头换面：动静之中，蓝黄色系，冷暖对比。代表运动的火车、天空、河水以及它在桥身上的投影，还有那个深色的孤舟男子，都是以蓝为主的冷色；而桥墩、河岸、小船则是以黄为主的暖色；暖色的极致为红色，所以岸上的那位佳人是"红衣女子"。画中的桥墩与河水是用无数细小而鲜艳的笔触刻画而成，这是梵高刚学到的点描法在"初显身手"——它让整幅画动感极强，那些笔触和色彩如同一道道光在放射旋转……1886年柯尔蒙画室的实验终于让梵高的色彩开始大放异彩！

　　看着这幅画，你会觉得一切都在动：河水、天空、小船、红衣女子的裙子、桥墩上的投影……一切都是因为太阳在移动，而呼啸而过的火车让时间变得更快……这幅画已经明显有了梵高之后在阿尔时期的影子，只是没有很重的边缘线，颜色也并不算厚——应该是因为"抢光线"的原因画得很快。

　　"桥"也是梵高喜欢的题材之一，他一生画过很多关于桥的画作。不光是因其雄伟壮丽，它更代表着"联系""连接"和"情感沟通"。梵高是多么希望能跟身边的人、跟他在乎的人、跟这个世界好好沟通啊！

　　他一生孤苦，但是1887年的春天，他一定是快乐的！

　　因为那个时候，他的艺术在进步，友情在升温，或许还有爱情：春日里的塞纳河畔，河水清洌，阳光灿烂，有位佳人翘首以盼……

那岸上的红衣女子是他心爱的塞加托丽吗？

那不远处的孤舟男子是他自己吗？

或者，这一男一女是提奥和他热恋之中的女友。

1887 年夏天，提奥回到荷兰向这位女友求婚。那飞驰而过的火车难道不是他的"归心似箭"吗？

从某种意义上讲，结婚也是人生的一次靠岸。

那么梵高的彼岸又在哪里呢？

1887 年从春到夏，梵高点彩塞纳河。那流光溢彩的风景就是他的晴朗心情，而良师益友西涅克也从此与他结下了一生的友谊。西涅克可以说是梵高生命中的一位贵人：在巴黎时期，他是唯一一个对梵高进行过技法指导的人；而阿尔时期，他是唯一一个不远千里去看望过梵高的人。是他让梵高的"炫彩必杀技"初步成型，也是他在梵高最最痛苦无助的时候"从天而降"陪伴在身旁……他不光是梵高的朋友，更是梵高的战友！

其实西涅克与梵高最初的缘分确实跟一位"战友"有关。这位"战友"颇为年长，他拿过枪、打过仗，同时也是印象派诸位大师的一位老友。他虽然不是艺术家，但是在蒙马特同样大名鼎鼎……

大家都亲切地称他为：唐吉老爹。

第九章　**老友记** —— 唐吉老爹

19 世纪 80 年代，蒙马特不光有很多艺术家，还有很多美术班，所以那种地方一定不缺卖画材的。当时蒙马特高地一共有 5 家画材店，其中最著名的一家在克洛泽尔大街 14 号，叫唐吉画材店——1886 年梵高和西涅克就是在那里邂逅，而店老板就是唐吉老爹。

唐吉老爹的全名叫：朱利安·弗朗索瓦·唐吉（1825—1894）。梵高的巴黎时期，他六十出头，他的店在蒙马特相当著名：十年老店（其实是十年以上），规模不大；破破烂烂，高手云集。当时印象派和新印象派的画家们都去他那儿买东西，还在那儿办画展，而且无论谁见了他都会尊称一声"唐吉老爹"——包括莫奈和毕沙罗。莫奈大名鼎鼎自不必说，而毕沙罗其实只比他小 5 岁。唐吉老爹为什么这么有面子呢？

因为他古道热肠，常年资助穷困艺术家。他为那些人赊账，除了印象派画家还有梵高和塞尚——很多资料都把唐吉老爹在蒙马特的"有面儿"归结为这一点。其实，唐吉之所以能在蒙马特成为"老爹"并不只是因为他十几年如一日地做"及时雨宋江"，最重要的是：他是蒙马特的一个"老人儿"。若论资历，他在蒙马特艺术圈就是一位"九袋长老"——早在印象派还没诞生的时候，他就在蒙马特高地真刀真枪地跟敌人战斗……

那是一段弹尽粮绝、腥风血雨的苦难岁月！

那是一个高唱自由、激情燃烧的理想年代！

72 天的巴黎公社，至今英名永存！

时光回到 1870 年，唐吉老爹还不是"老爹"。当时他只有四十五六，是一名资深的巴黎工人。而第二年（1871 年）春天，他成了一个无产阶级革命者：巴黎公社的一名社员和第二后备役国民自卫军的一名战士。他曾亲耳听到 3 月 18 日凌晨在蒙马特高地打响的第一枪，也曾亲眼见到"劳动共和国"的红旗在巴黎市政厅大楼上冉冉升起；当然，他更是亲身经历了震惊世界的"五月流血周"和之后的大屠杀。仅在巴黎公社失败后的几天内，就有大约 25 000 名公社成员被杀害——在拉雪兹公墓、卢森堡花园以及火车站和兵营里，他们成批地倒在机枪扫射之下……

"一条血渠从一个兵营注入塞纳河，几百公尺的河水都被污染，呈现出一道狭长的血流。"

当时一家法国报纸这样说。

大屠杀持续了一个多月才结束。与此同时，巴黎的男女老少——无数人被捕入狱，唐吉老爹就是其中之一。之所以能活下来，而且能继续在巴黎活下来，是因为 4 月初他被编入的那支部队——第二后备役国民自卫军（成员为 40～50 岁的巴黎男子）主要负责后勤工作，并不在前线作战；加之他不是军官，个子又不高，不足以给人造成威胁，所以最终被释放。

后来，他在蒙马特开了一家画材店。

除了生计，或许更是为了纪念。

而蒙马特还有更多人的纪念，比如那些艺术家——他们之中也有人参加过国民自卫军。

国民自卫军原本是个民兵组织，最初始于 1789 年法国大革命。巴黎公社时期，它是唯一的公社部队，不过当时建立这支部队的初衷却并非为了巴黎公社。1870 年 7 月普法战争爆发，拿破仑三世御驾亲征却在 9 月 2 日被俘。法国战败后，普鲁士军长驱直入，兵临城下、炮轰巴黎……于是 30 万巴黎市民为了保家卫国自发成立了国民自卫军——不过唐吉老爹当时并不在其中，因为他年龄超龄，再者——身高应该也是问题。

爱德华·马奈

埃德加·德加

乔治·比才

弗雷德里克·巴齐耶

古斯塔夫·库尔贝

1870 年的国民自卫军主要由巴黎工人构成，但其中也有一些艺术家，比如：38 岁的马奈、36 岁的德加、32 岁新婚燕尔的比才……在和普鲁士军的战斗中，他们失去了共同的朋友和战友巴齐耶（1841—1870），这位莫奈和雷诺阿的同学、印象派里（虽然当时印象派还没有成立）最有才华的阳光才子参加的还不是国民自卫军，而是法国正规军中的朱阿夫兵团（梵高在阿尔时期画过朱阿夫士兵的肖像）。巴齐耶牺牲的时候还不到 29 岁——那一天，是 1870 年 11 月 28 日。

而 4 个月后的 28 日，一位前辈艺术家写下了自己的纪念："此刻，我沉浸于狂喜之中。巴黎成了一座真正的天堂！"

这是 19 世纪现实主义大师库尔贝（1819—1877）写给母亲的信，因为 1871 年 3 月 28 日，巴黎公社成立了！

库尔贝是印象派的前辈和长辈，与马奈、莫奈、雷诺阿交情甚笃。参加巴黎公社的时候他 51 岁，是公社的领导成员之一以及巴黎公社旗帜和徽章的设计者。唐吉老爹当时或许认识他，至少应该听说过这个人。

巴黎公社失败后，库尔贝被捕入狱，到 1873 年才被保释，之后流亡瑞士。1877 年 12 月 31 日，库尔贝在贫病交加中去世——当时，莫奈和雷诺阿守在他的床前……

这些都是在蒙马特不能忘却的纪念。

而真正的纪念又是什么呢？

逝者已矣，生者如斯。1874 年，印象派横空出世。这一片曾经挥洒青春和热血的土地上，依然有理想在燃烧！蒙马特，依然是他们的阵地……

也许就是在那个时候，唐吉老爹在这里开起了画材店，因为他喜欢这帮年轻人。在他眼里，这些年轻人和他当年的那帮公社兄弟没有分别：都是穷人，都是为了生存和自由而战！只不过现在这帮孩子用的是画笔。所以他给他们赊账。印象派穷了很多年，他也赊了很多年。当然，唐吉老爹也不是白赊：印象派可以"以画抵账"或者"寄卖还款"（把作品放在他的店里代售）。所以十年以后，唐吉画材店就宛如一个印象派美术馆。只是这许多年来，他的爱人"唐吉老妈"很不乐意，经常因为赊账的事跟他爆吵……不过吵归吵，唐吉老爹该怎么着还怎么着，因为——谁让蒙马特还有那么多穷艺术家呢？

"如果一个人一天的花费超过半法郎，那他就是个混蛋！"（梵高巴黎时期的半法郎约等于现在的人民币 15 元）这是唐吉老爹常挂在嘴边的一句话，这话足以说明他是个坚定的"暴力革命信仰者"，足以说明当年那段岁月在他心中的分量。在唐吉老爹看来：革命是必须的，无暴力不革命。印象派就是艺术圈的一场暴力革命！因为革命者也都是穷人。

同情穷人！支持穷人！唐吉老爹的这个态度不光体现在说话和赊账上，同样也体现在他的业务上，比如他卖的颜料就比其他店的便宜。虽然锡管颜料在 1841 年就已经诞生，但是为了降低成本，他经常把颜料和锡管分开进货，然后自己往锡管里装颜料——这样就可以降低价格。有时候他还根据画家们的要求自行配制一些不常用的颜色，比如莫奈和雷诺阿就常有这种需求。所以从某种意义上讲，唐吉老爹也堪称"大师们的调色师"。

梵高认识唐吉老爹是在 1886 年上半年——当时他还在柯尔蒙画室。他们俩都喜欢聊，所以一来二去就聊得火热，但是两人又都脾气不好：一聊就吵，一吵就"炸"。当然，梵高跟谁都"炸"。比如柯尔蒙画室的同学就不止一次地在唐吉画材店看见他跟素不相识的顾客聊起来和吵起来……好在唐吉老爹性格够豪爽，不觉得这是个事儿，而梵高也对唐吉老爹心存感激：

第一幅《唐吉老爹》
1887 年 1 月，34 厘米×47 厘米，丹麦哥本哈根新嘉士伯美术馆藏

　　在阿涅尔作画的时候，我有充足的画布，唐吉老爹对我很好。实话实说，他现在也对我很好……

——1887 年 7 月 17 日至 19 日致提奥

　　唐吉老爹为众多穷艺术家赊账，这其中当然也包括梵高。因为巴黎时期的梵高虽然衣食无忧，但是手上的现金很少，大部分消费都是提奥签单结算。要知道，在"钱"这个问题上，十年以来对梵高"好"的人寥寥无几——至少他自己是那么认为的，因为向提奥要钱并不痛快。所以对梵高而言，唐吉老爹此举意味着一种难得而巨大的信任！于是从1887年7月中下旬开始，他就把作品长期交给唐吉老爹出售。在梵高没有出名的年代，唐吉画材店是梵高作品最重要的展出和销售机构之一，而唐吉老爹是世界上第一个展出和卖出梵高阿尔时期《向日葵》的人。当然，他也是梵高一生中为数不多的生命挚友。

　　所以在巴黎时期，虽然梵高很少给别人画像，但却为唐吉老爹画了三幅（当然这也是因为对方愿意，而且有时间）。这三幅中，后两幅广为人知：都是半身像，背景都是浮世绘。但是最像唐吉老爹本人的却是第一幅，它是一幅写实风格的作品，创作于1887年1月。

　　第一幅画的是胸像，相当于一张工作照：狭小的空间里，昏暗破旧的背景前，唐吉老爹系着一条满是油污的围裙……这是他的职业、身份、工作环境和生存状态。整幅画的低明度和土色系调子释放出一种残破的苦涩感，暗示出他的生活艰辛。但是，看唐吉老爹这个人却不是这般苦涩：梵高为他的脸营造了一种暖色的"硬光"，这种光使其越发显得棱角分明。那灰白色的短发稍显凌乱，却如劲草一般不屈，还有那开阔的印堂、粗直的眉毛、明亮有神的双眼以及深深的法令线和紧闭的双唇——这些都传递出战士一般的阳刚和坚毅，而那又短又粗的鼻子却凸显着他身为工人阶级的憨厚与朴实。他的笑容，含蓄而温暖；他的眼神，清澈而感动，还带着一丝羞涩；他的脸是干净的，绽放着一种光彩……这光彩，是岁月磨砺后依然保留的纯净与质朴，是历经生死后依然坚守的信念和希望，是年至花甲却永远洋溢在心的纯真！

　　唐吉老爹有着纯净的人性。他任凭命运起落，但终究人品高洁。

　　所以，梵高将他的白色衬衫衣领画得发亮，甚至闪光！

第二幅《唐吉老爹》是一幅半身像：身着制服，头戴草帽，郑重而坐，背景是浮世绘。从画中可以看出：唐吉老爹身材敦实，个子不高，一双出奇的大手如老树盘根——粗壮而粗糙。这是一双工人阶级的手和敢于斗争的手！但是，他的穿衣打扮却不是巴黎工人阶级的标准形象。

画中的唐吉老爹，穿着一件藏蓝色毛呢制服外套配一条褐色裤子，这个色彩搭配看似普通，但实际上它是法国西北角布列塔尼半岛的服装主色，而且还带有异域风情，因为这个半岛向北与英国的大不列颠岛遥遥相望，而英语里的"布列塔尼"就是小不列颠的意思。布列塔尼人的远祖是凯尔特人。公元五、六世纪时，一批英格兰凯尔特人越过英吉利海峡在南岸登陆，布列塔尼的历史由此开始。那个地方的人有个传统：对天主教异常笃信。不管时局怎么变化、时代怎么变化，他们就是坚守信仰。所以到19世纪80年代，布列塔尼依然原始古朴、没有被工业化。布列塔尼人是坚守精神世界、充满朴素感的"死硬分子"，藏蓝色与褐色的搭配传递着他们的执着、固执和纯粹——这不正是唐吉老爹和梵高身上的某些特质吗？所以，梵高为巴黎的唐吉老爹选了一身布列塔尼的服装色系。

但是梵高一生都没有去过布列塔尼，他的"布列塔尼情结"又是因何而起从何而来呢？

1886年上半年，梵高到柯尔蒙画室的同学——拉塞尔的画室做过一段时间的模特儿，拉塞尔因此完成了那幅弥足珍贵的《文森特·梵高肖像》。一个艺术家的画室不光有画作，还会布满各种新奇有趣的图片和照片。作为一名阳光富二代艺术家，拉塞尔几乎每年夏天都去布列塔尼度假避暑，这也是当时巴黎艺术圈的一种时尚。梵高肯定是从拉塞尔或别的同行那儿获得过一些关于布列塔尼的信息；之后，这些信息就被他用在了画作中。当然，他这么做也是为了让自己的作品能有一些话题。毕竟同行之间，共同的话题越多越好。

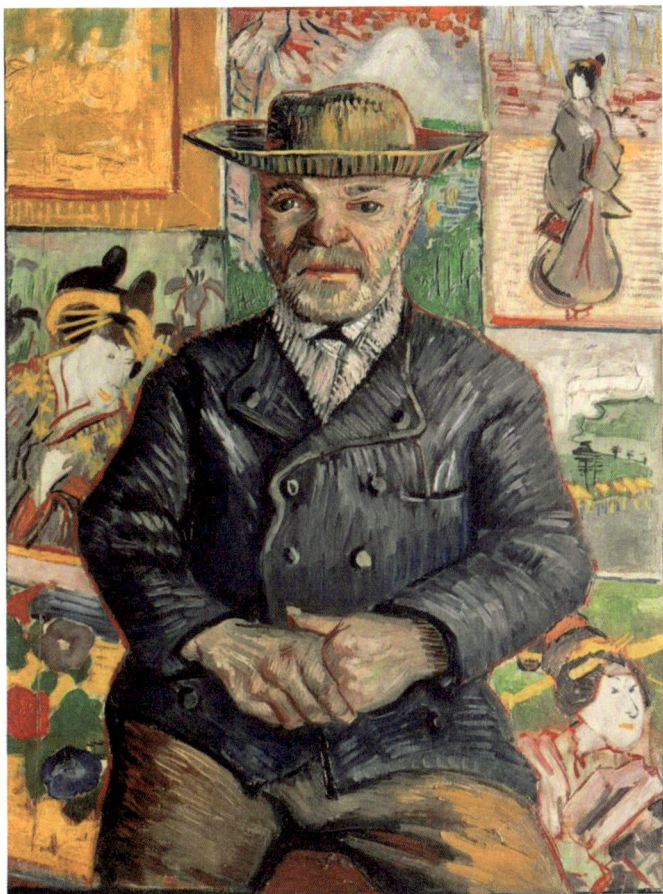

第二幅《唐吉老爹》
1887 年 8—9 月，65 厘米×51 厘米，私人收藏

不过说到话题，从 19 世纪中叶开始巴黎艺术圈长久不衰的话题非浮世绘莫属。1887 年 2—3 月间，梵高在铃鼓咖啡馆举办的那次画展就是浮世绘展——准确地说是梵高用油彩临摹的浮世绘作品展。这第二幅《唐吉老爹》就是在那段时间开始创作的，创作地点应该就是在铃鼓咖啡馆。因为与第一幅《唐吉老爹》相比，这幅画在写生时需要更大的空间，而唐吉画材店的空间很小，况且唐吉老爹跟咖啡馆老板娘塞加托丽也很熟。

　　不过值得注意的是：这幅《唐吉老爹》前后画了两次，第一次在 1887年二三月间，第二次在 1887 年八九月间——到这个时候，他才最终把人物的服装锁定为布列塔尼色系。所以由此可以推断：画中的浮世绘背景应该也是在八九月间才最终定稿，而梵高很可能是把之前的写生背景给覆盖了。

　　这幅画还有一个问题，就是帽子——唐吉老爹为何要戴一顶草帽？

　　虽然戴帽出行是当时欧洲男子正式访友的礼仪，但那指的是礼帽。而唐吉老爹——身为工人阶级就算没有礼帽，找人借一顶也是很容易的事。他为什么要搞一顶草帽戴呢？况且又是冬天。

　　所以，这顶草帽也是梵高有意而为之——他要的就不是礼帽的效果。因为帽子象征着一种仪式感，而梵高要的就是没有被工业化的异域风情的仪式感。作为民族传统，布列塔尼男人出行一般都要戴宽边黑帽，而日本人出行则是戴草帽。所以唐吉老爹的草帽既是对日本浮世绘的呼应，也是对凯尔特人的致敬：在历史上，他们曾经是伟大的战士，即使在手无寸铁的情况下，也会拥有勇气和力量——唐吉老爹的内心就是这样一个战士！

　　不过关于唐吉老爹头上的那顶草帽，应该还有一个解释听上去更为合理：草帽代表着梵高自己，因为他是一个"草帽画家"。

　　梵高的自画像中有好几幅都是草帽造型。在今天的大众眼里，草帽已经成了梵高的一个符号。很多人认为那是他到了阿尔以后，因为那里阳光强烈，所以就为自己配备了这么个物件。其实梵高的草帽造型早在 1887 年春点彩塞纳河就开始了。而草帽对他来讲也不仅仅是为了遮阳挡雨——或者原本就不是为的这个，因为那是对一位前辈的致敬：印象派先驱蒙蒂切利。作为一个常年在户外写生的普罗旺斯画家，蒙蒂切利生前经常戴着一顶草帽。所以梵高并不是史上第一位"草帽画家"，蒙蒂切利比他更符合这个称号。而草帽，体现着这位前辈带给梵高的精神力量。在 1887 年，梵高把这种力量传递给了画中的唐吉老爹。

　　再看草帽下的唐吉老爹——他的目光陷入沉思、充满感动，仿佛在追忆往事而泪光闪闪；那双粗糙的大手，那凝重的表情，都传递着岁月的苦涩与沧桑……但这真的是唐吉老爹吗？

　　那个曾经走过战火的、性格豪爽的老战士？

如果是的话，那浮世绘背景里的女子又是谁呢？

那些女子没有太多的细节，但是却那样夺目！而这幅画最后完成的时间是在 1887 年夏末——之前，梵高刚刚经历了失恋……

难道那画中的女子不是他心中的塞加托丽吗？

她身材婀娜，渐行渐远……所以在画面右上角，梵高没有为她画上五官，却让她穿上了一袭和服……因为在巴黎，她是个异乡人。

啊！异乡人！

梵高又何尝不是？！

所以这幅《唐吉老爹》才有了布列塔尼的色彩和日本风的草帽。

因为画中那个坐在浮世绘前的苦涩男人，就是他自己——

一个对艺术、对生命有着朝圣感的苦难画家，

一个孤独的异乡人。

第三幅《唐吉老爹》
1887 年 9—10 月，92 厘米×75 厘米，法国巴黎罗丹美术馆藏

做一个艺术家是痛苦的，每天都要在剧烈的情绪里体会无数次生与死。而希望之光，一定是历经了死寂的黑暗后才会出现。

比如第三幅《唐吉老爹》，它与第二幅有诸多相似但又全然不同：春风拂面，色彩鲜艳，细节精到，唐吉老爹安详得如同一尊佛。但这幅画并不是写生，它完全是以第二幅为摹本而作，因为它的创作时间是在 1887 年9—10 月。如果是写生，唐吉老爹在巴黎的这个季节不可能穿这么厚的衣服。

　　在人物的塑造和表现上，梵高这次做了比较大的调整。首先在比例和动态方面：他把唐吉老爹的头变小了一些，躯干和两臂则适度加长，人物的整体坐姿也更加端正、挺拔和舒展——这些变化都让唐吉老爹的形象愈发高大庄严，已经不是上一幅画里的五短身材（虽然那很真实）。而且他还削弱了人物本身的明暗对比，让唐吉老爹看上去"皮肤明显好了许多"。在技法层面，梵高则尝试了点描法，比较明显的效果是对草帽和裤子的处理。他还调整了草帽的造型，让它看起来更加平和，也更有东方意味——那顶草帽"托着"背景中的富士山山顶。

　　对于画面背景，梵高这次也下足了功夫。比之前那幅刻画精到自不必说，单说对浮世绘原作的选择就可谓用心良苦——背景中的6幅画出自浮世绘两大门派与一代宗师。两大门派为歌川派和菊川派。日本江户时期，浮世绘异彩纷呈。有歌川、菊川、胜川、北尾等众多流派，其中歌川派为浮世绘业界最大派系；菊川派逊之，位居第二。

　　与第二幅《唐吉老爹》相仿，梵高对此次的背景设计依然是美景配美人——此二者都是浮世绘里的重要题材，前者称为"名所绘"，后者称为"美人绘"。而背景里右下一幅美人，其原作名为《身穿云龙打挂的花魁》，出自菊川派溪斋英泉（1791—1848）之手。梵高对这幅美人绘尤为偏爱，后来还重画了一幅油画。居于背景左中的那幅美人——原作也叫《花魁》，可能还是溪斋英泉所作，也有可能是歌川派的作品。

　　这幅画中的美景有四幅，其中三幅（左上、右上、左下）出自同一个系列：歌川派的《江户百景图》，也称《名所江户百景》，它的作者是被称为"浮世绘三杰"之一的歌川广重（1797—1858）。梵高对歌川广重的名所绘尤为偏爱，他有两幅油画名作是临摹这位大师的作品。

　　美景中最重要的一幅是画中唐吉老爹脑后正中的那座富士山。梵高的这座"山"极有可能是参考了浮世绘最高杰作《富岳三十六景》（实为四十六景）中的《凯风快晴》（又名《赤富士》）；而《富岳三十六景》的作者无门无派却位列"浮世绘三杰"之首，他就是日本浮世绘第一大师葛饰北斋（1760—1849）。北斋大师对印象派影响巨大，对梵高的影响更是深刻，在之后的圣雷米时期堪称他的上师。

歌川广重《（冬）飞鸟山暮雪》
1856—1858 年，选自《名所江户百景》，
第三幅《唐吉老爹》背景左上参考图

葛饰北斋《凯风快晴》（又名《赤富士》，选自《富岳三十六景》）
1831 年末，大英博物馆藏

这幅画中的"日本神山"无疑是一种象征，它代表着梵高的艺术理想。而富士山下的唐吉老爹，放松而挺拔地端坐于前，目光低垂、面带微笑，笑容中充满了平静、淡定和喜悦……如一尊佛一般捍卫、守护着这个理想。

其实，上一幅《唐吉老爹》根本就是这一幅的草稿，而不言而喻的是：梵高在这幅《唐吉老爹》肖像中，通过对人与景的精心处理，力图打造一个完美境界：

四季更替，春夏秋冬；

艺术在我心，美人在我旁；

春日花开之时，

一位睿智安宁的男子守护着岁月静好……

这就是梵高心中的完美理想。

但是，他为什么要把唐吉老爹打造得这么完美呢？

既然上一幅五短身材的《唐吉老爹》都不是老爹其人，那这一幅离模特儿本人就更加相去甚远。况且，虽然唐吉老爹的店里也卖浮世绘，但他对浮世绘的态度是"只卖不夸"。而且无论如何，他也不会在气质上成为慈眉善目的日本高僧——唐吉老爹，永远是一名蒙马特高地的老战士。

所以在这幅《唐吉老爹》肖像里，老爹本人又为梵高当了一回"替身"。但为什么他会屡屡成为梵高笔下的艺术载体呢？

在梵高的一生中，有一种男人的类型是他最愿意亲近的，就是性格豪爽、有英雄气概的年长男子。唐吉老爹和梵高之后在阿尔时期遇到的邮差鲁兰都是这种类型的人。尤其唐吉老爹——那种历经生死后的坦荡、豪爽与纯真，那种毫无阴柔气质的雄性气场，是梵高从小到大从未接触过的。在他的成长中，在他一生中，所有的亲人、亲戚对他的期望和要求无非是：钱、家庭责任和家族荣誉——但是这些，在战火和生死面前又算得了什么呢？

　　世俗的责任，难道必须成为每一个人的终极目标和最高标准吗？

　　如果是这样，那"理想主义"和"英雄主义"又如何解释？

　　梵高，从唐吉老爹身上找到了答案。这位蒙马特高地的老战士，他人性中的光辉弥补和疗愈着梵高内心深处人格缺失的部分。所以，才有了如此美好的《唐吉老爹》肖像。

　　因为，那是梵高理想人格中的自己。

　　作为《唐吉老爹》系列的收官之作，第三幅《唐吉老爹》肖像对于梵高有着极其重要的意义：它是梵高整个艺术生涯的一个分水岭，是他在东西方艺术相融合方面做出的第一次成功尝试。因为在这幅画中，欧洲的点描法与日本的浮世绘被完美地结合在一起——这标志着梵高的"炫彩必杀技"基本大功告成。由此，从 1886 年夏天到 1887 年秋天，梵高顺利完成了一个"色彩三级跳"："印象蒙马特""点彩塞纳河""缤纷浮世绘"。

　　作为最后一幅《唐吉老爹》肖像，这幅画有着非常独特境界和审美意味。它所呈现的华美与温暖、和谐与宁静在梵高全部作品中极为罕见，甚至绝无仅有——它没有梵高一贯表现的那种剧烈感和挣扎感。这幅画在静而不止中充满了平衡、圆融和光明；画中的美人美景只是愿景而非欲望，而端坐之人仿佛在参悟禅意：

　　色之绚烂，亦如空之静寂。智者低眉时，远离颠倒梦想，度一切苦厄。

　　日本佛教后来也一度成为梵高的一个心念。

　　也许，他的日本之缘正是由此开启。

第十章　**日本之缘** —— 匠人精神，武士之心

1888 年的夏天，梵高在阿尔说过这样一句话：

从某种意义上讲，我的一切作品都是以日本艺术为基础。

——1888 年 7 月 15 日致提奥

梵高说的"日本艺术"主要是指浮世绘。实际上，他不光是一名浮世绘的学习者，同时还是一位收藏家。他一生大约收藏了 600 幅浮世绘，最初的收藏始于 1885 年底的安特卫普：当时在他租的房子里，这种日本版画被贴得满墙都是。到了巴黎时期，梵高在 1886 年底或 1887 年初开始用油彩临摹浮世绘——1887 年二三月间，他在铃鼓咖啡馆展出了这些作品。从 1887 年 7 月开始，梵高在浮世绘的临摹创作方面取得了突破性进展。

临摹，是对一个画种或一幅作品最深入的研究方法之一。梵高一生临摹了 30 多幅浮世绘。在临摹时为了"型准"，他采取了"九宫格"放大法，但是这样就出现了一个问题：构图与原图不符。因为油画的画幅比例与浮世绘并不相同，所以梵高画的浮世绘油画经常会露出画布。为了让构图完整，他总是发挥创造性思维：给这些作品配副对联或者加个窗框，而且还配上日文。那些日文通通写得歪七扭八，但遒劲有力。比如他的两幅油画浮世绘名作：《梅花盛开》（也叫《盛开的梅园》）里就有副对联，《大桥骤雨》中就有个窗框。这两幅都是临摹歌川广重的作品（出自《江户百景图》），《梅花盛开》的原作是《龟户梅屋铺》，《大桥骤雨》的原作是《大桥安宅骤雨》。不过梵高这两幅作品中的日文却是出自另外两位浮世绘大师之手——溪斋英泉和歌川芳盛，而且那些话也并非原样照搬也并非是原封照搬——那是梵高自己拼凑而成，所以有些句子并不成句，因为他不懂日文。

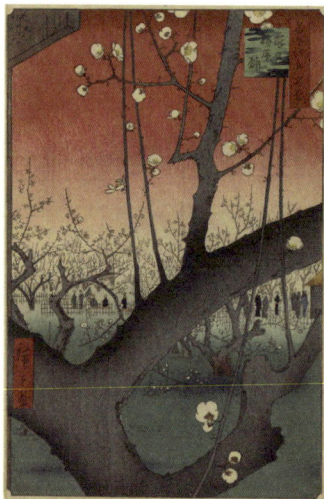

歌川广重《龟户梅屋铺》
1857 年，选自《名所江户百景》，
美国夏威夷檀香山艺术学院藏

梵高《梅花盛开》
1887 年夏秋，55 厘米×46 厘米，
荷兰阿姆斯特丹梵高博物馆藏

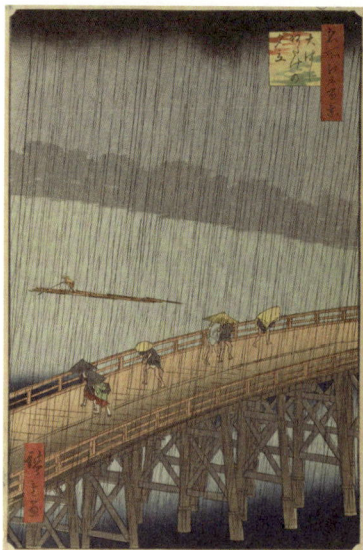

歌川广重《大桥安宅骤雨》
约 1857 年，选自《名所江户百景》，
日本东京国立博物馆藏

梵高《大桥骤雨》
1887 年 10—11 月，73.3 厘米×53.8 厘米，
荷兰阿姆斯特丹梵高博物馆藏

　　在对浮世绘的临摹创作中，梵高不光喜欢画风景，还喜欢画人——正如他对后两幅《唐吉老爹》的背景设计：美景配美人。1887 年秋冬之际，梵高完成了一幅油画浮世绘的美人绘——这幅画在今天非常著名，就是《花魁》。其实这幅画里的形象在第三幅《唐吉老爹》的背景里就出现过（位于画作右下方），其原作是溪斋英泉的《身穿云龙打挂的花魁》。不过，无论是《唐吉老爹》背景中的花魁形象还是梵高这幅《花魁》中的形象，其人物造型在方向上都与溪斋英泉的原作相反，这是因为梵高当时是照着一本旧杂志的封面画的——1886 年 5 月出版的《巴黎画报》日本特刊。而那本杂志的封面上，溪斋英泉的原作就被做了镜像。

　　将一幅画临摹两次——看得出，梵高对这幅《身穿云龙打挂的花魁》甚为偏爱。所以在创作上，他也是煞费苦心——当然这也是没办法，因为原作画幅竖长，而梵高用的画布与原作的比例极为不同，这导致了他把人物画完后，四周的背景还空出了很大一片，于是他就在空的地方画上了竹子、池塘、睡莲、青蛙还有鹤等。梵高应该是不知道这些形象和符号在日本文化和中国文化里都代表美好寓意——象征着吉祥。因为在法语中，鹤与青蛙都代表着风月。

　　在梵高的所有油画作品中，《花魁》无疑是一幅耀眼之作。但说其耀眼，并非是其艺术水准登峰造极，而是因为这幅画在视觉上不是一幅常规的油画作品，因为它更像一张海报，不过这张"海报"却释放了一个超强信号：在对浮世绘的"技术性吸收"和"融合性创新"方面，梵高已经很成熟。那强烈的对比色、平涂的色块，尤其是清晰有力的边缘线，它们都是日后梵高风格的重要特点，巴黎时期之后的很多作品里都有这幅画的影子。

　　那么，究竟是何原因让他开启了日本艺术之门呢？

溪斋英泉
《身穿云龙打灯的花魁》
1820—1830 年，
73.1 厘米×25.8 厘米，
日本千叶市美术馆藏

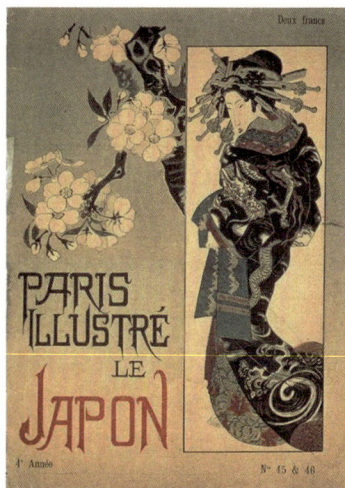

1886 年 5 月《巴黎画报》
日本特刊

梵高《花魁》
1887 年 7—9 月，105.5 厘米×60.5 厘米，
荷兰阿姆斯特丹梵高博物馆藏

劳特累克 21 岁所作的《17 岁的埃米尔·贝尔纳》
1885 年，英国伦敦泰特美术馆藏

　　梵高一生孤独，朋友甚少。但是在巴黎时期，他一下变得人气满满——
"谈笑有鸿儒，往来无白丁"：拉塞尔、西涅克、劳特累克、安克坦……
这些人个个都是青年才俊，而且几乎都与柯尔蒙画室、唐吉画材店和铃鼓
咖啡馆有关——这三个地方简直就是梵高的"三福地"。在巴黎时期认识
的朋友中，有一个对于梵高而言很特别，因为此人与他有着双重缘分：第一，
两人是校友；第二，相识于唐吉画材店。

　　这个人，就是"英才神童"贝尔纳。

埃米尔·亨利·贝尔纳（1868—1941），比梵高小 15 岁，天资聪颖、才华横溢、性格阳光、英俊潇洒，出身富家，来自法国北部最大的城市里尔。他 16 岁就去了柯尔蒙画室。在班里，安克坦是"大哥"，劳特累克是"二哥"，而贝尔纳很快就成了"三哥"。不过等梵高去的时候，这位"三哥"已经离开了——由于年少轻狂，于 1886 年初被校长兼任课教师柯尔蒙开除。但是这件事并不影响同学情谊——在离开柯尔蒙画室之后，贝尔纳依然时不常地回去跟劳特累克和安克坦再聚首。于是那一年的 3 月，他遇见了梵高：

> 唐吉的店如同一个热烈的小教堂，那里的老牧师有一种被误解后真诚和善的微笑。梵高从后面的房间里出现，高个、宽阔的前额，他是如此引人注目，我几乎有点害怕，但不久我们就成了好朋友。
>
> ——贝尔纳对梵高的回忆

其实客观地说，虽然北欧人一般都身材高大，但梵高还算不上高个儿——他是中等偏高的身材，不过身板看着还算结实。贝尔纳真的是梵高的好朋友，而且对他一生很重要：贝尔纳是世界上第一个发表梵高书信的人——当然，那是在梵高去世之后。1886 年初贝尔纳被柯尔蒙画室开除后也没闲着：在上半年无师自通，自己琢磨出了"点描法"；在夏天的时候去了一趟布列塔尼。这个半岛西南部有个小镇叫阿旺桥（也叫蓬塔旺），他在那儿偶遇一高人并与之相聊甚欢，那位高人就是后来跟梵高有着重要缘分的高更。当时他俩聊起欧洲艺术的未来走向，贝尔纳的一番见解让高更听得眼睛发亮：时下，印象派虽如日中天，新印象派也风头正劲，但二者均取法于浮世绘而未得其法，因其表现形式皆繁琐不堪。故我辈若欲在艺术上有长足发展，则绝不可步其后尘。

> 我希望找到一种艺术形式，它极度简约，但可以通向一切。
>
> ——贝尔纳

"绘画应该是装饰性的"，贝尔纳认为：所以要紧紧盯住日本！这个东方小国虽然在科学、商业、军事上落后，但它的艺术没有遭受过工业文明的污染，所以浮世绘更贴近艺术的本质。如果能把这种日本艺术提炼得更彻底，那我们就是明日之星、一代宗师！巨变的年代，新人要出头！

从西方美术史的发展来看，贝尔纳当时的判断绝对正确，虽然听着有些不知天高地厚，因为 1886 年他才 18 岁。但正是这个 18 岁的年轻人启发了两位真正的明日之星和艺术大师：布列塔尼时期的高更和巴黎时期的梵高。1886 年夏天，贝尔纳在阿旺桥说的话让高更坚定了自己的艺术方向。而 1887 年夏天，他在蒙马特说的话对梵高来讲则无异于拯救和导航。因为当时的梵高正与塞加托丽做最后的"纠缠"……在深陷情感纠葛而不能自拔之时，有一天，贝尔纳忽然与他不期而遇，然后两眼放光又是滔滔不绝一番：无论印象派还是新印象派，都是"昨日之日不可留"！今天的艺术，是西方不亮东方亮！所以我们要：

高瞻远瞩看未来，深入研究"日本风"。

艺术、市场一起抓，左手右手一起上；

左手打造新势力，右手狠抓浮世绘。

只要玩转浮世绘，绝对欧洲最前卫！

莫奈、修拉已过时，不要再画大都会！

抓住机会往前冲，人生没有后路退！

必须浮世绘！只有浮世绘！

成功就靠浮世绘！！！

相信我，你行的！

这是多么巨大而又带有蛊惑性的"战略构想"啊！

这又是多么深厚而又掺杂盲目性的信任啊！

从小到大，没有人这么看重过梵高！贝尔纳的话如同"灵光万道出昆仑"——让他醍醐灌顶，义无反顾地奔向日本浮世绘……

于是，就有了巴黎的《向日葵》和成功的《唐吉老爹》肖像。

但是像梵高那么固执的一个人，为什么就会听信贝尔纳的话呢？

因为在整个巴黎时期，这位"英才神童"也许是唯一一个跟梵高往来密切但没有吵过架、红过脸的人；而在 1888 年 10 月之前，在所有的朋友中他也是梵高最看重的人，有三件事为证：

第一，贝尔纳是梵高一生中通信最多的朋友。

第二，他是唯一一个跟梵高单独合过影的人。梵高流传于世的照片极少，确认无疑的只有三张，而其中一张是 1886 年在阿涅尔跟贝尔纳的合影。可惜当时梵高只留下了背影。

第三，他曾单独邀请梵高一人到家中做客。跟西涅克一样，富家子弟贝尔纳在阿涅尔也有套房子。有一次梵高去那儿给他画肖像，边画边聊，不光跟他聊，还跟他的父亲聊——聊自己和贝尔纳将如何搞艺术……但是梵高是个多么不会聊天的人啊！结果，贝尔纳的父亲被他聊得勃然大怒："以后不许再管我儿子的事！"梵高见状，立刻把画一扔夺门而出……

1886 年贝尔纳和梵高在塞纳河畔的阿涅尔
荷兰阿姆斯特丹梵高博物馆藏

虽然后来梵高再也没有去过贝尔纳的家，但那件事并没有影响他与贝尔纳的友谊——两人依然亲密无间……这让梵高感到无比温暖！因为不管是巴黎时期还是他之前的人生中，除了贝尔纳没有谁愿意跟他走这么近。所以，他肯定愿意听这位小兄弟的。

而历史证明：梵高，没有听错。贝尔纳的话虽有撺掇蛊惑之嫌，却像一道光一样为他点亮了一个世界：在西方美术史上，在绘画方面，梵高应该是被浮世绘影响得最深的一位大师。而他本人的命运——他的生前与身后，似乎也像这种日本版画一样，从一文不值到登峰造极！

"你从市场中买回的肉，或许包裹着它的就是一幅精美的浮世绘版画！"20世纪研究印象派和后印象派的权威人物约翰·雷华德（1912—1994）在谈起19世纪的浮世绘时曾经这样说。不错，浮世绘最初在欧洲的用途确实只是一种廉价包装纸，但通常不是用来包肉。从17世纪末开始，它就随着荷兰东印度公司的商船零散地到了欧洲；到了19世纪中叶——从1854年开始，它包裹着（或是作为填充物）日本的茶叶、瓷器、漆器以及其他物件从东瀛漂洋过海批量登陆欧罗巴。最早发现浮世绘价值的人是当时的一位法国版画家，此人叫费利克斯·勃拉克蒙（1833—1914），是马奈的朋友。1856年，他把浮世绘介绍给了马奈；19世纪60年代初，马奈又把浮世绘介绍给了德加。所以马奈和德加都是浮世绘的资深收藏者，而马奈是印象派画家里收藏浮世绘的第一人——虽然那时候还没有"印象派"这个词。

之后的莫奈同样酷爱收藏浮世绘：他一生收藏的这种日本版画超过200幅，其中23幅是葛饰北斋的作品。

印象派画家收藏浮世绘的重要目的之一是研究、学习和借鉴，比如莫奈就经常借鉴北斋大师的《富岳三十六景》——他在1867年完成的《圣阿德雷斯的露台》与北斋大师的《五百罗汉寺荣螺堂》（1831年作）在构图上是何其相似！当然，后来这种事是梵高干得最多。

莫奈《圣阿德雷斯的露台》
1866—1867 年，98.1 厘米×129.9 厘米，美国纽约大都会艺术博物馆藏

葛饰北斋《五百罗汉寺荣螺堂》（选自《富岳三十六景》）
约 1832 年，英国大英博物馆藏

浮世绘充满自然气息的形式美深深吸引着一批欧洲的文艺青年，因为外在美的背后是它的态度：对人与自然的敬意。《富岳三十六景》中的田野乡间、河岸渔船、拱桥夕阳、浪里飞舟以及闲云野鹤……是北斋大师对世间每一个生命的尊重和赞美，虽然这种赞美是对 19 世纪上半期日本农耕社会形态的一种主观态度。

而当时，西方正大步迈向工业 1.0 时代的巅峰时刻，科技发明和机械化生产预示着人类生活将拥有越来越多的舒适与便利。但是，大批的产业工人却日益生存艰难：恶劣的工作环境、超负荷的劳动、极其微薄的薪水还有不断肆虐的自然灾害和瘟疫都在严重威胁他们的生命……而在亚洲，帝国主义的侵略战争席卷而来，无数平民被压迫、被奴役以及生命被战火吞噬……

19 世纪的西方，在科技推动人类发展、工业创造物质财富的同时，人性中的贪婪也飞出了潘多拉的盒子，它让效率和利润变成了没有上限的数字——这些数字让世界越来越快，走向疯狂……

但是对于天地苍生，世界真的需要这么快吗？

当时欧洲文艺界的一批人开始思考这个问题。因为作为工业文明时代的现代人——他们却陶醉于日本版画所展现的农耕时代的"慢生活"，陶醉于北斋大师笔下那种"万物各有节律、人与自然共生"的自在从容之美……于是从 19 世纪中叶开始，浮世绘在英法两地渐成风潮。

维多利亚时代英国著名的艺术评论家、文学编辑和文学家威廉·迈克尔·罗塞蒂（1829—1919）曾在回忆录中写道："从 1863 年的年中开始，我们的伙伴里出现了一股'日本热'。"

在当时的欧洲文青圈里，谁家要是没几幅日本版画，没几个日本的瓷器和漆器，或者少了从日本弄来的和服、扇子以及屏风……那简直是形同土鳖！比如：莫奈的同门师兄惠斯勒（1834—1903）笔下身穿和服的欧洲女子，还有马奈为作家左拉（塞尚中学时期的同学和密友）画的肖像，反映的就是这种时尚生活状态。

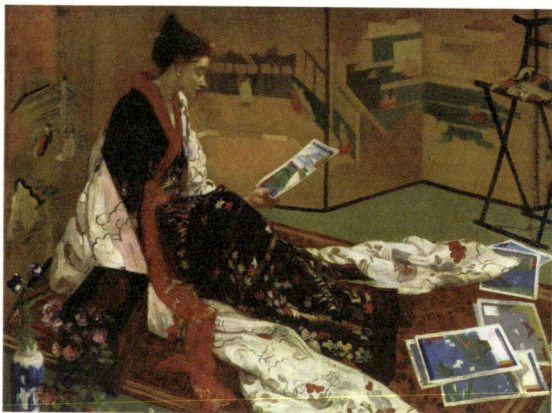

惠斯勒《金色随想曲》
1864 年，50 厘米×68.6 厘米，
美国华盛顿史密斯索尼亚协会弗里尔美术馆藏

马奈《左拉肖像》
1867—1868 年，146.5 厘米×114 厘米，
法国巴黎奥赛博物馆藏

　　不过这种时尚能在欧洲"热"起来并且一直"热"下去并不是靠几个文青小圈子就能做到的，它靠的是大平台：世界博览会。19世纪五六十年代，全球只有英法两国办过世博会；20年间一共办了4届，伦敦、巴黎轮着来。日本浮世绘既参加过伦敦世博会，也参加过巴黎世博会；而1867年的巴黎世博会是最关键的一届——在这届世博会上，浮世绘和日本文化正式扬名立万。

　　但1867年并不是巴黎第一次举办世博会。早在1855年拿破仑三世就办了一次，最后赔了800多万法郎，其实就是办早了。当时巴黎大改造刚开始，全城遍地是工地。但1867年就不一样了：12年光阴似箭，巴黎大改造已接近尾声。这座千年帝都终于彻底告别"脏、乱、差、破、臭"，变身为一座美丽、环保、宜居、时尚的标杆型现代城市！于是拿破仑三世再次宣布：再搞一次大派对！

　　法兰西举国上下群情高涨！大文豪维克多·雨果（1802—1885）特别撰写了《世博会指南》，他说："抛弃战争吧，让我们联手和谐与团结！"1867年，第二届巴黎世界博览会盛大召开，各国的王公贵族们欢聚一堂……这个饕餮盛宴被称为"贵族的芭蕾舞台"。这届世博会最终赢利400多万法郎，梵高的那位四大伯就是在这届世博会上名震巴黎与荷兰。

　　在1867年巴黎世博会上，有两个文化产品拔得头筹。第一个是开幕式神曲——小约翰·施特劳斯（1825—1899）的《蓝色多瑙河》，该曲在参加世博会之前观众寥寥，参加世博会之后去美国公演。第二个就是日本浮世绘。日本人对这次世博会高度重视：官方这边，光代表团就来了三家——德川幕府、佐贺藩和萨摩藩；民间这边也不甘示弱，自费参会，大搞"注意力经济"，推广"体验式消费"。有个叫清水卯三郎的日本个体户在世博会展区的公园里搭了个日本茶室，雇了几个日本艺伎直观而细致地展示日本传统文化，那种充满异域风情的慢生活品味让当时的欧洲人无限向往和陶醉……因为19世纪60年代，欧洲已经从"工业1.0"迈向"工业2.0"。但那时候的"工业"和"现代"都是以"快"为目标的，可平时生活，谁想活得那么"快"呢？

　　当然，世博会最实际的还是卖东西。日本官方代表团精挑细选运过来的瓷器、漆器、和服、扇子、屏风、日本刀等 1356 箱展品被一扫而空；尤其浮世绘，一度卖到脱销，后来又赶紧从日本国内运过来 100 多幅……1867 年，浮世绘火爆巴黎世博会，日本文化一举成为欧洲的"当红炸仔鸡"。

　　想区区岛国之物，一亮相就惊艳欧罗巴、博得满堂彩……看来日本真是撞上了大运啊！

　　凡事蹿红必有运气的成分，但浮世绘火爆世博会——此事却没那么简单。因为日本在当时还是个弱国，时值幕府末期。而一个弱国的文化能在异国受到追捧，必定是经历了不短的时间积累。再说，1867 年并不是浮世绘第一次进入世博会。早在 4 年前——1862 年，这种日本版画就已经出现在伦敦世博会的展厅里。所以要说到浮世绘在欧洲的"缘起"，恐怕要追溯到梵高出生的那年：1853 年。在这一年，黑船事件爆发：美国人把军舰开进了日本的江户湾。而第二年——1854 年，日本被迫与美、英、俄、荷、法五国分别签订了不平等条约。从此，这个岛国国门大开、商门大开——从那时起，一张张浮世绘就作为日本货物的包装纸源源不断地漂洋过海、登录西方……直到 1867 年在巴黎世博会上大放异彩。

　　不过话说 1867 年日本文化虽然在西方世界正式抬头，可与此同时日本国内却出了大事：年初，天皇突然驾崩，随后太子即位。接下来，日本在这年的 12 月 9 日实行"王政复古"，并于次年改元明治——于是 1868 年，明治维新正式开始。

　　明治维新，众所周知：日本近代史上的头等大事——此事之大，对这个岛国的影响堪称天翻地覆。不过"维新"虽然在很多事上都破旧立新，但是有一件事日本人的态度是不变的，就是参会。尤其明治政府，对参会这件事显得特别有瘾：从 1868 年到 1912 年，大大小小的博览会一共参加了大约 40 个……所以日本文化在西方的持续火爆是有其内因的。当然，在促进文化发展这个问题上，除了官方的举措，民间力量也不容小觑——这一点通过日本人在 1867 年巴黎世博会的参会状态就能窥见一斑。不过那一年之后，浮世绘能够在欧洲继续保持旺势并且越来越旺——除了明治政府的积极推广和欧洲文艺界的大力追捧，还要归功于一批有眼光而不懈努力的文化商人，其中最突出的当属欧洲的萨穆尔·宾和日本的林忠正。1867
年11月3日巴黎世博会隆重闭幕，之后，这两人先后在巴黎开起了日本艺
术品商店。

　　日本商人林忠正（1853—906），一生向欧美卖出的浮世绘将近16万
幅之多，而值得一提的是：在把这种日本版画介绍到西方的同时，他也把
印象派的作品带到了日本。不过梵高似乎跟他没什么交集，但萨穆尔·宾
就不同了，他的店就在提奥的公司旁边。

　　萨穆尔·宾（1838—1905），一个法德混血的犹太人。他的店其实是
个全球艺术品商店，梵高 在巴黎时期是这家店的常客。在萨穆尔·宾的店
里，梵高几乎见到了浮世绘的全貌：富士山、艺伎、花卉和武士（包括日
本人画的三国人物和水浒人物）……他收藏的浮世绘大部分都是从这个店
买的——萨穆尔·宾卖给梵高、提奥兄弟俩的浮世绘总共将近400幅。

　　但是这个深谙经商之道的犹太人并不只是一个倒卖艺术品的商人，他
也是一位著名的文化人。19世纪90年代，萨穆尔·宾开启了西方设计史上
著名的"新艺术运动"，那个时候梵高已经去世。不过在生前——梵高看
过萨穆尔·宾于1888年创刊的月刊《日本艺术》——这在当时的欧洲属于
教科书级别。但是巴黎时期——梵高1887年研究浮世绘主要看的是另一本
书：艺术史家路易斯·贡斯（1846—1921）编写的《日本美术》，于1883
年出版。

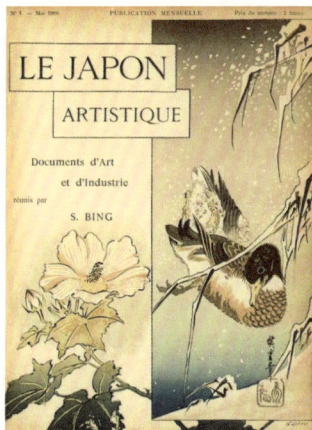

**萨穆尔·宾创办的
《日本艺术》月刊**

　　所以从 19 世纪 60 年代起，浮世绘在多方合力下一路飘红直到 20 世纪初，风靡欧洲近半个世纪！而当初这种日本版画只是一种廉价的包装纸；最初它在日本本土根本就不算是艺术——自诞生后的 200 年间，浮世绘在日本人眼里一直不入流。但 19 世纪的最后十年里，它在日本国内的价格却一路飙升，甚至出现了假货……而 19 世纪的最后十年，梵高已经去世。

　　他为什么那么钟爱浮世绘呢？从 1887 年夏天开始、从巴黎的《向日葵》开始，浮世绘就成了他生命中不可或缺的养料。难道仅仅是因为其线条、构图、平面装饰感吗？

　　如果仅凭这些技术点就能让梵高对日本艺术顶礼膜拜，那他就不是一个大师，也不配作一个大师。因为技术仅仅是技术，并非感受，更非灵魂。

　　艺术是心灵与思维的表达，日本艺术让梵高找到了一种灵魂表达的方式。因为他看到了一个来自遥远东方的智者。

　　如果我们研究日本艺术，就会发现一个人，一位真正的圣贤与哲人。他把时间花在什么上面呢？研究地球与月亮之间的距离？不！研究俾斯麦的政策？不！他研究的是一叶草。

　　而这一叶草指引他去描绘所有的植物、所有的季节，描绘乡村广阔的景象，最终去描绘动物和人。他就这样度过了一生，而生命太过短暂，他无法画完世间万物。

　　让我们想一想：这难道不是那些日本画家教授给我们的一种几乎全新的信仰吗？他们是如此质朴，如同花儿一样居于自然之中。

——1888 年 9 月 23 日或 24 日致提奥

　　这不就是日本人一贯秉承的匠人精神吗？在平静、卑微、平凡和坦然中执着地与生命对话，探寻"道"的奥秘。梵高在画布上动笔之前不正是这种状态吗？

　　他的油画往往是从手稿开始——那些随便抓起一张纸就随手勾勒而出的构图草稿。在画了很多幅"梵高手稿"后，他才开始画素描，之后也许还要画水彩稿……这个过程不就像一个匠人在反复打磨自己的手艺吗？

　　但他的作品又是多么不平静啊！

　　它浓烈扭曲、华彩壮丽，

　　它喷涌而出、刚猛无比……

　　多像一个日本武士！

　　是的！在画布前，

　　梵高胸中跳动着一颗武士之心！

　　所以他激情四射，出手有力，

　　那无数的线条和色彩瞬间喷涌而出……

　　因为他是一个决斗中的武士，

　　出刀于刹那间，不问生死！

　　……

　　梵高一生短暂，

　　他的生命多像是樱花啊！

　　绚烂盛放，瞬间消逝。

　　因为对于生死，他早已想得很明白：

　　我很晚才开始绘画……对于能活多久，我并不关心。

　　……

　　对于这个世界，我还有未尽的责任和义务，我还亏欠它一些可以流传后世的作品作为纪念。活在世间三十载，这是我唯一的顾虑和愿望。我并不刻意而为之，我只想在作品中表达一个人的真实感受——这个心念，让我心无旁骛。

　　　　　　　　　　　　　　　　　　　　　　　——1883 年 8 月致提奥

　　为了艺术向死而生……梵高，难道不是一个樱花武士吗？

　　"匠人的细腻与平凡、武士的隐忍与悲壮"激荡在梵高的艺术生命之中，塑造和决定着他的人生，而这种人生又多像日本浮世绘的成长之路。

　　日本不是一个"聪明"的民族，它的绘画最初来自中国唐朝。从唐绘到日本的大和绘，再到200年间"不是艺术"的浮世绘……时间已过千年。

　　一个"不聪明"的民族，

　　一种"出身"卑贱的绘画，

　　一位有生之年永远失败的艺术家！

　　他们的心，何其相似！

　　所以他们对"平凡"有一种痴迷……

　　梵高笔下的花草树木、星空麦田，

　　浮世绘里的市井坊间、四季山河。

　　还有画作中的那些人——

　　浮世绘里，

　　美人绘妖媚无血色，武者绘气贯人鬼神！

　　而梵高的笔下，

　　一张张苦涩憨直的脸，一副副痛苦扭曲的身躯，

　　还有一个个"目露凶光"的自己……

　　这些灵魂如丝柏一般扭曲升腾，

　　又如向日葵一样耀眼如火、灿烂如光……

　　他们既不完美，更不优美。

　　可这些弥漫在宇宙中的平凡与骄傲、卑微与张狂啊！

　　每一个都是"生与死"的合体，

　　都值得被艺术尊重和表达！

　　虽然他们微不足道。

　　因为他们微不足道！

《丰收》

1888 年 6 月，73.4 厘米×91.8 厘米，荷兰阿姆斯特丹梵高博物馆藏

葛饰北斋《从千住花街眺望富士山》（选自《富岳三十六景》）

约 1833 年，英国大英博物馆藏

浮世绘中的武者绘（歌川国芳作品）　　浮世绘中的美人绘（溪斋英泉作品）

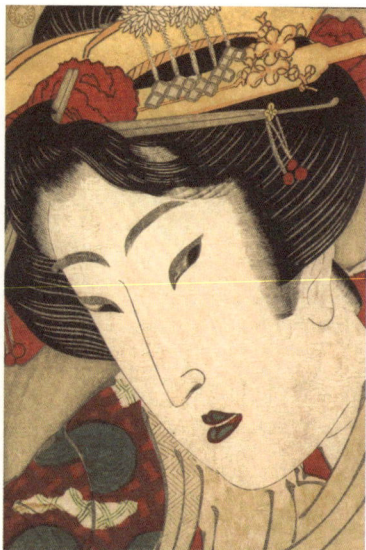

　　早在 1882 年 7 月，梵高还在荷兰海牙的时候曾写信对提奥说："不管是画人像还是画风景，我并不是想表现那种无病呻吟式的伤感，我要表达的是一种深切的悲痛。"

　　这可以说是梵高的一个重要的艺术主张。此后几年，他虽颠沛流离、远走他乡，但依然初心未改。而且从巴黎时期开始，那种"深切的悲痛"在他的画作中日渐张扬、愈发耀眼……那绽放于天地之中的色彩、那游走在生死之间的激情无一不在诉说着一句话：生之绚烂，亦如死之敬意！

　　而这，不正是日本文化中的"物哀"之美吗？

　　但是当初——梵高在初习绘画的时候还没有对浮世绘痴迷，他的心又为何能通往日本这个悲情的民族？

《戴草帽的自画像》
1887 年末—1888 年初，40.6 厘米×31.8 厘米，
美国纽约大都会艺术博物馆藏

或许，是因为他的祖国。

荷兰与日本像一对孪生兄弟。一东一西面朝大海，却很少春暖花开；一个是洪水泛滥之国，一个是火山地震之邦，水深火热、多灾多难是他们共同的命运。但是，当水火无情命如草芥，生命该如何延续⋯⋯

唯奋斗不止，方能生生不息。

日本从 11 世纪开始填海，荷兰从 13 世纪开始造地。

17 世纪，荷兰迅速崛起；18 世纪，日本兰学盛行。

荷兰是日本最初学习的西方，缘起中国的浮世绘其实有着欧洲基因。

也许正因如此，这种日本版画才在散点透视与焦点透视中找到了一种平衡。而 19 世纪，这位荷兰画家在浮世绘里再度寻找着东西方美学上新的平衡⋯⋯

以他 30 年来的破败之旅，

以樱花之国传承的匠人精神和武士之心。

这，是梵高的日本之缘。

梵高的一生，从 1853 年到 1890 年；

日本的新生，从黑船事件到明治维新的尾声；

而浮世绘从漂洋过海到风靡欧洲，则是西方艺术的新生。

所有这一切，也许都像他的《向日葵》一样，

是偶然中的必然。

第十一章　**幻灭中的困兽 —— 巴黎的自画像**

1887 年的春天对于提奥而言也同样是美好的。因为那个时候，他正式成了巴黎艺术圈的风云人物。

长期以来，古庇尔的主打产品一直是学院派风格，就是 19 世纪那些"无限美好"和"有点甜"的古典唯美油画，题材以历史、宗教和表现"法国人民的和谐生活"为主。但是随着 1886 年印象派的火爆，1887 年春古庇尔决定进军"新艺术市场"，而提奥成了这个项目的第一负责人。

提奥果然有经商头脑，不负众望迅速出手：1887 年 4 月签下了莫奈（计划为其举办个展），年底买了他 14 幅作品，同时又以 4000 法郎买了德加一幅油画。这三拳打出，在圈里可谓开天辟地——对于大批穷艺术家而言，这简直是打出了万丈曙光！其实这都是因为莫奈：1887 年，提奥（代表古庇尔）前后给了莫奈 2 万多法郎——这笔钱在今天相当于 60 多万元人民币，年近半百的莫奈因此脱贫致富（当时他 47 岁）。当然，莫奈也因此跟合作了 15 年的杜兰 - 鲁埃彻底分道扬镳，因为提奥当时是巴黎艺术圈的金牌经纪人——在 1887 年堪称"圈内一哥"。于是大家对提奥争相追捧……这种状态无疑会深深地影响到梵高。

1887 年的下半年，在蒙马特的大街上或咖啡馆里，梵高经常能感受到一种从来少有而又莫名其妙的善意、恭敬与重视；在人群中，他总会不时地被一种"四海之内皆兄弟"的热情所淹没……因为他是"一哥"的大哥！而每当这时，他的心里就有一个声音在呐喊：

我们，热爱艺术！

我们，缺少机会！

我们，势单力薄！

但我们还有一腔热血……

所以应该团结在一起，战斗！！！

于是梵高忽然萌生了一个伟大计划：对巴黎艺术圈进行资源整合！号召那些生存艰难的艺术家们团结在一起成立一个"小路印象派"，并与莫奈、德加那些已经成名的"大路印象派"联合——两派合一共谋发展。为了把这个崇高目标昭告天下，梵高当起了策展人。

1887 年 11 月下旬到 12 月初，"第一届小路印象派画展"在蒙马特高地克利希大街 43 号举行。那儿是个饭馆兼旅馆，离 62 号的铃鼓咖啡馆很近。关于它的名字有好几个中文音译：杜沙莱饭店、大布伊隆餐厅、夏洛特饭店。这些名儿虽然听着都不错——很有档次的样子，但其实那儿就是个大众食堂，用贝尔纳的话讲就是"一个大型的工人阶级旅馆"。所以，它还有两个更贴切的名字：大木屋肉汤餐厅和大碗汤餐厅。

可是，在这种地方办画展，很多同行都看不入眼，更别说媒体、观众和买主了。谁让世间大多是庸人呢？庸人只关注名人——哪怕是浪得虚名。所以，画展从一开始就很冷清。不过贝尔纳、西涅克、劳特累克、安克坦等人却送去了作品，贝尔纳和安克坦还帮着梵高一起布展，贝尔纳还联系了媒体……这就是江湖上所谓的"识英雄重英雄"！不管是出于对梵高本人的欣赏还是因为提奥的大名鼎鼎，哥们儿之间的热血和义气总是毋庸置疑。

除了同学和朋友的鼎力相助，还有两件事让梵高欣喜万分。第一，他一直仰望的修拉来到了画展现场，还跟他聊了几句。第二，一位传说中的高人终于露面。此人中等身材、面呈红棕色、目光如炬、气场强大，刚从中美洲的加勒比海归来，他就是贝尔纳一直提及的传奇人物——在艺术素养和江湖虚名上都不缺（但就是缺钱）。与梵高相比，高更算是巴黎艺术圈的资深人士——不缺艺术素养和江湖虚名但就是缺钱，梵高在 1886 年印象派第八届画展上见到过他的作品。在大碗汤餐厅的画展现场，高更被梵高的两幅画作深深吸引——不过当时他并没有多说什么，而是之后通过提奥与梵高交换了那两幅作品。然后在 12 月初的某天傍晚，他再次来到了这个餐厅，于是就有了 1887 年底的"聚义大碗汤"。

1887 年约 12 月初 "聚义大碗汤"
左三为梵高，右一为高更

那一晚，梵高、高更一行人等——喝酒、聊天、拍合影，好不快活！

那张合影弥足珍贵，因为它有可能是梵高从 19 岁到去世前拍过的唯一一张正面照。从照片上可以看出，梵高那天心情极好：稳坐主场，霸气外露！ 1887 年的冬天，他终于做了一回"大哥"——在巴黎！虽然是一生中唯一的一次。

在今天看来，"聚义大碗汤"最重要的意义是开启了两位大师——梵高与高更的旷世之缘。但当时他俩谁都不会想到：这场缘分最终会变成一个传说，被人们谈论至今……

无论如何，1887 年底的"第一届小路印象派画展"有了个"开门红"：好友相助、前辈捧场——年近六旬的毕沙罗也去了画展现场。但是最终，这个画展还是"门前冷落鞍马稀"：参展画家不多，现场一半以上都是梵高自己的作品——足有 100 幅左右。尽管今天看那些画作都是梵高巴黎时期的精品，比如《蒙马特》系列、《塞纳河》系列，包括大名鼎鼎的《唐吉老爹》肖像……但到底还是一张也没卖出去。不过，却有人买了贝尔纳和安克坦的作品。

《餐厅内景》
1887 年秋冬，54×64 厘米，私人收藏

画展最终惨淡收场，准确地说是狼狈收场：餐厅老板认为画展影响了他的生意，勒令梵高提前撤展。梵高与之大吵一架后，用小推车一趟一趟地把那些画运走……

其实这个结果早在提奥的意料之中。当初他就坚决反对梵高办这个画展，准确地说：是反对在这个地方办画展，因为场地决定了受众和价格。大碗汤餐厅是个面向无产阶级劳动人民的餐饮场所，空间拥挤、环境嘈杂，这种地方怎么可能有人欣赏画作？那些画就算有人想买，乱哄哄的怎么谈生意？况且在那儿吃饭的就是一帮法国普通老百姓，以他们的生存状况和品位，怎么可能去关注当代艺术？所以在开画展之前，提奥的意思是让梵高再等等。

但是梵高怎么等得了啊？！混迹于巴黎将近两年，他怎么可能不知道这种地方不适合办画展？可他没有办法：大碗汤餐厅纵有万般不是，但它不需要租金（或者租金极少）；而除此之外，梵高没有任何方式可以展出自己的作品……因为当时提奥对他还没有信心。

1887 年梵高在大碗汤餐厅画过一幅油画《餐厅内景》。画中的联排桌椅、桌上的空酒瓶子、一个着装朴素的服务员以及远景处正在用餐的顾客……所有这些都暗示着他的画展与这个环境的距离，但远景处的几幅油画却于不经意中让人不能忽视：它们稍显凌乱地挂在墙上，每一幅画的都是风景、都配着油画外框——这是梵高的信心和憧憬！因为那次画展所有的参展作品都没有外框，而这幅《餐厅内景》是完成于画展之前。

《画架前的自画像》
1888 年 1 月，65.1 厘米×50 厘米，荷兰阿姆斯特丹梵高博物馆藏

　　大碗汤餐厅的画展无疑是令梵高沮丧的。因为到 1887 年底，他依然是个失败者。巴黎的一切都让他感到失望、茫然、厌倦，甚至厌恶……这些都写在了他的自画像里。1888 年 1 月，他创作了《画架前的自画像》。在这幅画中，梵高粗糙朴实如一个农夫，这个形象暗示了他的未来……

　　如同《向日葵》一样，自画像也是梵高的一张名片。一般来讲，人们会认为梵高大多数自画像是完成于阿尔时期和圣雷米时期，但事实并非如此：巴黎时期才是他自画像的高产期，他的油画自画像系列的绘制正是从巴黎时期开始。在巴黎时期的两年里，梵高创作了一生中大约四分之三的自画像，在 26 幅左右。

　　梵高一直很喜欢画人，但因为很少能找到模特儿，所以只能画自己。巴黎时期的自画像中，他基本上在两种状态里游走：西装革履的主流形象与草帽人。这两种形象是相互抵触的：一个"工业化"，一个"原生态"；一个要融入环境，一个则追求自由。但它们又是统一的，画中人的眼神总是充满了紧张、怀疑、孤独、神经质、攻击性、距离感……这些负能量到底从何处而来？巴黎时期，有提奥负责他的衣食住行，还有贝尔纳、西涅克、唐吉老爹……难道梵高无视他们的善意吗？

　　我有不少于十颗牙齿，或者掉了，或者可能要掉。坏掉的牙齿太多，使我看起来好像一个年过四十的人。

　　　　　　　　　　　　　　　　——1886 年 2 月 2 日致提奥（在安特卫普）

　　梵高巴黎时期的自画像看着真的是有四十好几，其实当时他也就三十三四。但他 32 岁还在安特卫普的时候，他就已经换上了大量的木质假牙。此外他还有胃病、湿疹和梅毒……一个三十几岁的男人日益体会到本该十年后才到来的衰老，那是一种怎样的感觉？在完成自画像的过程中，千万次地端详、揣摩自己的衰老，又是一种怎样的感觉？

　　恐惧！

　　与日俱增的恐惧！

　　并非对于死亡，

　　而是对于未来。

《自画像》
1887 年春夏，41 厘米×32 厘米，美国芝加哥艺术博物馆藏

梵高那"凶狠冷漠"的眼神并不是在看着你、看着这个世界。

他是在看着自己——

那个镜中的自己，

如一头日渐衰老的困兽！

去日苦多前途渺茫，于是梵高爱上了喝酒。巴黎时期，他经常为此夜不归宿，到了1887年底就更加不能自持：红酒、啤酒、白兰地、苦艾酒，一概不拒……他在蒙马特经常喝遍一条街。西涅克说：他好像永远不解渴似的在找酒喝。

因为梵高不明白自己为什么这么失败！在荷兰失败，在巴黎还是失败！画出了满意的作品，画了那么多作品，结果……还是失败！！！

"你记得我们曾多次谈到多产的必要性吗？刚到巴黎的时候，我不是对你说过直到拥有200幅油画的时候，我才可以喘一口气吗？"这段话出自1890年2月梵高写给提奥的一封信中。而巴黎时期，他真的画出了200多幅油画！

但是，依然没有价值。

既然如此，也许真的是时候离开了……

其实梵高迟早都是要离开的，就算没有那个失败的画展。因为巴黎时期和提奥在一起的日子让他愈发对这个兄弟抱有愧疚之心：

> 最重要的是，我想减轻你的负担，从现在开始并非没有可能。我希望有一天你能自信地展示我的作品而无需任何妥协。那个时候，我打算隐退到南方某个地方……
>
> ——1887年7月下旬致提奥

梵高的话中充满了"偿还"，而"南方"是他离开故乡后一直的方向。这封信写在提奥回荷兰去看望女友之际。在信中，梵高还提到了塞加托丽——也许是爱情的失败促使他对情感关系进行全面反思，包括与提奥。

百年以来，几乎所有的资料都在大肆渲染梵高与提奥之间的手足之情，但是巴黎时期这哥俩的关系其实非常糟糕：一直爆吵不断——为了钱吵，为了生活习惯吵，为各种事吵……当然这其中梵高起了决定性的作用，因为他可以和任何人迅速开吵！所以提奥饱受其害又深受其苦——为此，他曾经一个人搬出去住，也曾经身患大病……而梵高也终于因此意识到：原来自己的性格对于别人，是那样的危险。所以他在 1887 年 10 月末给三妹威廉·敏娜的信中再次提到了南方（同时也提到了他的失恋）："我的计划是，只要有条件，就去南方住上一阵，那里有更多的色彩，还有阳光。"

对于梵高来讲：阳光和色彩就是他生命中的氧气。而对于"南方"的渴望，其实早在一年前就开始了——1886 年秋天，他在给安特卫普时期的一个同学（霍勒斯·曼·李文斯）写信时就说："等到了开春，可能是 2 月，也可能更早，我也许会去法国南部……"

终于——在 1888 年 2 月 19 日，梵高登上了开往南方的火车。临行前，他把那 200 多幅油画全部留给了提奥。

巴黎——这座艺术之都，

妖娆喧嚣。

欲望在天空弥漫，

竞争在地面燃烧……

梵高的心，

不属于这里。

到南方去，

到南方去！

南方的普罗旺斯，

有金色耀眼的阳光，

有地中海岸的田园，

还有——

浮世绘梦中的蓝天。

阿尔时期

1888 年 2 月 20 日——1889 年 5 月 8 日

第十二章 "疯子的传说" —— 百岁老人的记忆

1888 年 2 月 20 日至 1889 年 5 月 8 日是梵高艺术生涯的阿尔时期。

阿尔（Arles），也译为"阿尔勒""亚尔"或"阿莱城"，在法国东南部，与地中海相隔不远。阿尔时期是梵高的艺术辉煌期——在这里，他的一幅幅传世名作横空出世，比如阿尔的"向日葵"系列、"吊桥"系列、"麦田"系列、《夜间的露天咖啡座》《黄房子》《卧室》……此地究竟有何等魅力，让大师才如泉涌？

19 世纪末的阿尔虽然只是法国的一个边陲小镇，但是在欧洲历史上却曾是一个不凡之地。早在公元前 46 年，这里就是古罗马退休军人的宜居城市，被誉为"高卢人的小罗马"。从 4 世纪开始，阿尔逐渐发展为一个基督教宗教中心，在 9 世纪后又成为两朝首都：普罗旺斯王国（879—933）和勃艮第第二王国（933—1378），勃艮第第二王国也被称为"阿尔王国"。所以南法普罗旺斯素有"骑士之城"的美誉，而这个美誉首先要归功于阿尔。

2000 年的阿尔古城自带一股雄浑之气，小镇上的古罗马遗迹和中世纪建筑诉说着往日荣光；而湛蓝的天空下，地中海吹来的风拂过向日葵和薰衣草花田，又为这个充满阳刚气质的地方平添了几分柔美与妩媚。而且，这里还是法国葡萄酒的重要产区，如果再有一杯葡萄酒该是何等惬意……南法风情属阿尔！

但是 1888 年梵高到那儿的时候对这些风情全然无感。因为头一天他跟贝尔纳告别的时候实在是喝大了——用他自己的话说都快酒精中毒了，所以一上火车倒头便睡……睡了将近 19 小时。醒了之后，梵高一看火车到站了，迷迷瞪瞪就下了车。其实他原本是打算去马赛的——那里是蒙蒂切利的故乡，而且当时法国开往日本的邮轮就是从马赛港出发。

《雪景》
1888 年 2 月下旬，50 厘米×60 厘米，私人收藏

1888 年 2 月 20 日是个周一。梵高在下午快到 5 点的时候到达了阿尔。按理说普罗旺斯阳光普照本该温暖无限，但是他当时的第一反应是：

冷！太冷了！天寒地冻北风呼啸，而且 3 个小时以后居然下雪了……

阿尔可是地中海式气候！梵高非常不巧而又非常巧地与一场大雪相遇，因为他赶上了普罗旺斯 28 年来最冷的一个冬天。鹅毛大雪漫天飞舞，下了一天一夜，厚可没膝——按梵高的话说：至少有 60 厘米厚。

但是雪，却让他想起了日本。

这儿的土地几乎一马平川……雪中的风景，白色的峰顶，被亮如白雪的天空衬托出来，恰似日本画家笔下的冬景。

——1888 年 2 月 21 日致提奥

那"白色的峰顶"就是梵高眼中的富士山！

虽然无论在 1888 年还是今天，阿尔都绝不可能像日本。但是梵高来自北方，而这个南欧小镇让他见到了前所未见的异域风情，比如朱阿夫兵团（梵高后来为他们画过肖像）。19 世纪 80 年代，阿尔还是法国的一个军事重镇；驻扎在这里的朱阿夫兵团由当时的非裔雇佣兵组成，他们的军装是一种阿拉伯式的制服——这让梵高觉得很"东方"。而日本不就在东方吗？

更何况，爱一个人需要理由吗？

既然爱一个人不需要理由，那爱上一个地方也不需要理由！

所以梵高认定：阿尔，就是他心中的"日本"——在之后的信件中，他屡屡提及这种感觉。这个南欧的"日本"在梵高心中无限美好，但当时他绝不会想到：就是这个地方让他从此正式背上了"疯子"的骂名，而且很多人都以为梵高被人叫成"疯子"是从割耳事件才开始的，其实不然。

1988 年，阿尔举行了一个"纪念梵高"的百年庆典，庆典上有位"神人"现身：一位年过百岁的法国老太太对媒体说她小时候见过梵高。不仅如此，她在 14 岁（1889 年）还见证了埃菲尔铁塔的落成，在 85 岁开始学击剑，到 100 多岁还抽烟喝酒吃巧克力……她说梵高当年总是邋里邋遢、脏了吧唧，说话也不招人待见，而且还特别爱喝酒，所以大家都叫他"疯子"。

这位百岁老人叫雅娜·卡尔芒，1875 年生于阿尔。她所说的一切属实：1888 年她 13 岁，当时梵高经常到她家开的"卡尔芒商店"购买画布。雅娜·卡尔芒的父亲朱尔·卡尔芒不光是个杂货店老板，同时也是一位业余画家。

令雅娜·卡尔芒对梵高印象深刻的还有一个原因：梵高刚到阿尔时住的地方离她家的那个杂货店很近。但当时梵高住的地方并不是大名鼎鼎的黄房子，黄房子是他在 1888 年 5 月 1 日租下的，直到 9 月 16 日才正式入住。梵高 2 月份到阿尔的时候，是住在了一个"旅馆、饭馆二合一"的旅店：卡莱尔旅店，也译为"卡列尔"或"卡雷尔"。那个旅店在一个红灯区里，离火车站不远。但自从住进卡莱尔旅店，梵高就"吵在阿尔"。

首先是因为吃。

　　要是能喝上鲜浓的肉汤就好了，我会立刻扑过去……煮个土豆能有多难啊，可就是没有！

　　　　　　　　　　　　　　　　　　　　——1888 年 5 月 1 日致提奥

　　从梵高对土豆和肉汤的感情来看，估计那时候的北欧人比较爱吃土豆炖肉。尤其土豆在他的老家荷兰还是主食，但是阿尔人不这么吃。当时普罗旺斯地区的饭菜主要是面包和蔬菜水果，外加普罗旺斯鱼汤和橄榄油蒜泥酱；至于土豆，那是用来喂牲口的。所以当他跟店老板强烈要求"土豆"的时候，人家就觉得：这人好奇葩啊！怎么跟牲口吃的一样呢？另外梵高还有胃病，经常向店里提意见："饭菜不利于消化。"但是老板也不搭理他，于是两人很快开吵！

　　从卡莱尔旅店开始，梵高从"吃不爽"发展到"诸事不爽"：除了在旅馆吵，出去也吵。比如他去买东西，跟杂货店老板吵；在外边吃饭，跟饭馆的厨子吵；到邮局寄东西，跟工作人员吵；包括妓院的老鸨、警察……反正衣食住行，能吵的都吵了。为什么会这样呢？他不是很喜欢底层劳动人民吗？

　　除了性格本身的问题，有一点很关键：梵高和阿尔人之间有语言障碍，基本上谁也听不懂谁说话。虽说两边说的都是法语，但是两边都有口音。阿尔人说的是普罗旺斯方言，梵高说的是一口"荷兰味儿"的法语——没准儿还有"英音"的感觉。所以他们谁看谁都是外地人，彼此都对对方充满不待见。

　　不过说起梵高的"不待见"，他在阿尔看不入眼的还不只是阿尔的"人"，还有阿尔的"物"。比如他说这个小镇上的雷阿图博物馆"就是一个天大的笑话，只配待在塔拉斯孔"。塔拉斯孔是个地名——那是一座建于 15 世纪的古堡，完全被罗纳河包围，如今是法国十大城堡之一。那地方离阿尔不远，里边有个监狱。梵高之所以说话这么损，是因为看过一部小说：都德代表作《达拉斯贡城的达达兰》。

　　《达拉斯贡城的达达兰》也译为《塔拉斯孔的塔塔林》，是 19 世纪法国小说家阿尔丰斯·都德（1840—1897）的"达达兰三部曲"的第一部，写的是一个叫达达兰的普罗旺斯男子到非洲猎狮的故事，基本上就是个普罗旺斯版的"鼠胆龙威"。这部小说在 1872 年出版——从那一年开始，普罗旺斯人在法国就成了个笑话：吹牛、撒谎、好大喜功、一捧就飘、胆小如鼠……都德也是普罗旺斯人，之所以这么写，目的是在调侃拿破仑三世。因为在 1870 年的普法战争中，这位"战神"拿破仑的亲侄子亲率 10 万官兵向普鲁士军投降……都德也参加过普法战争——所以，才有了大家熟悉的《最后一课》。

作为"法国的狄更斯"，都德虽然把"达达兰"这个普罗旺斯男人写得令人讨厌，但他笔下的普罗旺斯女人却让当时欧洲的男文青们心驰神往，比如《阿莱城姑娘》。当时有句话在巴黎"文青"圈广为流传：阿莱城美女天下闻名！梵高为这话经常浮想联翩。其实，此话实属道听途说。拿梵高他们那帮人来讲，他们没一个真正见过阿莱城美女的，包括在那部小说里：那个女一号虽然被描述得无限妖艳美丽，但是压根儿就没露过面……不过也许，这才是梵高下错了车的真正原因。

当然，梵高读小说绝对不是只为了猎艳。作为一名艺术家，他的文学修养甚高、阅读量极大，一生至少读过 150 位作家的作品。不过，修养归修养、习惯归习惯，都德笔下的达达兰确实让他对普罗旺斯人有了一种先入为主的偏见：梵高觉得这地方的人没见过啥世面还"傻奸傻奸"的，所以赶上吵架就玩儿命泄私愤包括爆粗口……唉！有时候，梵高也是糙人。而这种糙人模式很快就让他与阿尔人之间形成了一种互斥关系，结果：平时除了点菜和买单，他几乎一整天也不和别人说一句话。

唉！从小到大，梵高就没有形成一种与环境正常相处的能力。所以在阿尔人眼里，他就是个非常讨厌和不可理喻的人，而且还怪——外表古怪、性格古怪、诸事古怪……走在街上连小孩都追着他起哄。再加上梵高又是一个北欧过来的荷兰人，在普罗旺斯这边特别显个儿，而且还毛发泛红、眼神发狠……这些都让阿尔人觉得：这主儿不是"善茬儿"！他就是个疯子，一个十足的北方外地佬！

在南法普罗旺斯被人说成"外地佬"可不是件小事——它的后果远比被骂成"疯子"要严重得多。因为在本地人眼里，这个词代表着一个特殊而危险的群体：异类！非我族类，其心必异！其性乖张，不顾恩义……

可是，今天的阿尔却处处跟这个"异类、疯子、外地佬"扯上关系：梵高咖啡馆、梵高的终点（是个旅店）、梵高吊桥……实际上，除了当年梵高割耳后住的那所医院还是真的（已更名为：梵高空间），其他的都是假的。从前那些"梵高遗址"不是战争的时候被毁了就是搞建设的时候给拆了。但即便如此，这座小镇也永远是全球首屈一指的"梵高之城"！

生前不受善待，死后却利益众生——阿尔，原来是梵高大师修行的一个道场啊！100多年来，他的灵魂之光一直源源不断地为这里的人带去幸运，比如那个曾经见过他的杂货店小女孩雅娜·卡尔芒。

1989年，这个当年13岁的小姑娘已经是一位114岁高龄的老人。作为唯一健在的"梵高目击者"，她因为上一年当着媒体说了几句梵高的"坏话"（当然对于她来讲也是实话实说），这一年居然打入了演艺圈——受邀在加拿大电影《文森特与我》中客串演出自己，雅娜·卡尔芒由此成为史上最年长的演员；之后，她又在120岁拍纪录片、121岁出音乐大碟。能以百岁高龄成功逆袭，雅娜·卡尔芒真的要感谢梵高大师的在天之灵啊！

不过她也确实是命好，从年轻的时候就命好。雅娜·卡尔芒身为女人天生貌美，婚姻幸福、衣食无忧，而且还一生健康。她最终在1997年8月4日去世，享年122岁零164天。

作为一个俗人，有多少人的命能好过雅娜·卡尔芒呢？

而古往今来，又有多少人的命能苦过梵高呢？

可是梵高，不是一个俗人。

因为他是一个真正的艺术家，有着无比强大的"小宇宙"！

在1888年普罗旺斯的春天，

梵高——这头来自巴黎的困兽，

"小宇宙"即将爆发！

第十三章　**故乡的桥** —— 朗卢桥的前世今生

1888 年梵高刚到阿尔的时候，前三周基本都是窝在卡莱尔旅店。因为外边太冷了，主要是风大。

> 好不容易今天稍微暖和点儿了！天空湛蓝，阳光灿烂。我赶紧出去溜达了一圈，还是没法画画。可恶的密斯托拉风吹得我直起鸡皮疙瘩。
>
> ——1888 年 3 月 9 日致提奥

密斯托拉风是普罗旺斯特有的一种西北风，风吹四季；风力强劲时，昼夜不停。到了 3 月中旬，风力渐小，于是梵高来到户外开始了他的写生季：他画了很多果树和果园……但是 1888 年梵高在阿尔时期的开年力作却是一座吊桥。

> 今天我带回来一幅 15 号油画，上面有一座吊桥，一架小马车从桥上走过，背景是一片蓝天——河水也是蓝色的，橘黄色的河岸上草儿已经泛绿，一群穿着罩衫的妇女在洗衣服，她们戴着彩色的帽子……我感觉自己像是到了日本。我说得一点都不夸张，而且，我从来没有见过如此平常却让人异常激动的景色。
>
> ——1888 年 3 月 16 日致提奥

梵高是"行走的画家"。3 月中旬的一天，他在阿尔城南郊外发现了一座吊桥，随即画了一幅油画并给提奥写了这封信（信中的"15 号油画"指的是画布规格，约 65 厘米×50 厘米）。不言而喻，吊桥唤起了他的"日本印象"，因为日本浮世绘里就有很多桥。有桥的地方一定有水，阿尔也是如此。

阿尔（Arles）意为"沼泽旁的小镇"，在罗纳河左岸，位于罗纳河三角洲的顶端。公元前 103 年，这里曾有运河与地中海相连。但千年以来的淤泥堆积使河口堵塞进而形成了沼泽遍地，于是运河、吊桥、风车也就应运而生……这一切很像北欧的荷兰。所以在梵高眼中，阿尔与故乡也并无太大不同——当然，首先除了太阳。

> 普罗旺斯的太阳又大又圆，在世界任何地方都见不到这样大的太阳。它距离大地很近……
>
> ——冯骥才《巴黎，艺术至上》

纬度，使阳光改变着一切。在梵高看来，阿尔与故乡"唯一的区别就是色彩"——他在信中对提奥这样说。

而那座吊桥恰好是一座荷兰风格的吊桥。

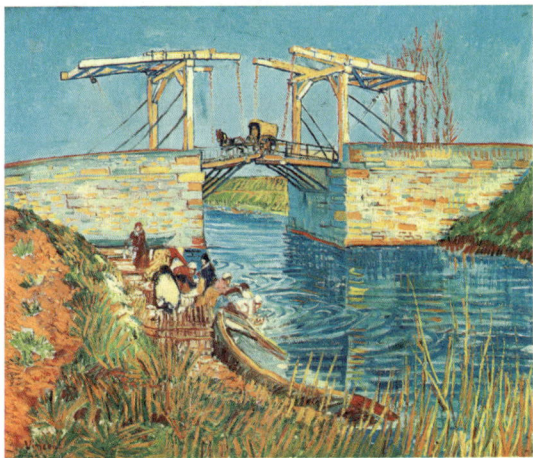

《朗格卢瓦桥和洗衣妇》
1888 年 3 月，54 厘米×65 厘米，荷兰国立库勒-穆勒美术馆藏

在不同版本的梵高资料中，这座桥的名字被译为"瑞奇奈桥""雷金奈耶桥""德·勒西那勒桥"，或许还有更多的叫法，但1888年梵高把它叫作"英国人桥"。而实际上，它最为常见的名字是：朗格卢瓦桥（也译为：朗格洛瓦桥）。这是用一个看桥人的名字来命名的。

19世纪晚期，汽车还没有普及，木质结构的吊桥只能过马车和行人。朗格卢瓦师傅负责看守这座吊桥：有人过，放下来；没人过，收起来。据说他还经常自备小酒请过桥人小酌一番，看来看桥这个工作实在太过寂寞无聊，所以"有朋自远方来，不亦乐乎"？

这何尝不是梵高在阿尔的感受呢？

不然，后来就不会有那座黄房子。

1888年从3月到5月，梵高为这座"爱桥"倾注了大量心血：草图、素描、水彩、油画，加上开始时用尺子和铅笔画的结构图，总共应该不下10幅。而且他不停地向人汇报着创作进度，除了对提奥说，还有贝尔纳：

> 对我而言，这儿的乡村如同日本一样美丽……就像我们在日本版画中看到的一样……这封信开头的那幅速写是我正在构思的一幅画：回家的水手和他的情人在一起，一轮巨大的橘黄色太阳衬托出吊桥独特的轮廓。
>
> 我还有一幅作品，画的是同一座吊桥和旁边洗衣的妇女。
>
> ——1888年3月18日致贝尔纳

梵高在这封信中提到的"同一座吊桥和旁边洗衣的妇女"就是3月16日他跟提奥说起的那幅——全名叫《朗格卢瓦桥和洗衣妇》。关于他正在构思的那幅"回家的水手和他的情人"，这幅画在给贝尔纳写信的当天下午（3月18日）就开始了创作，但是之后……

> 在画那座有人的吊桥和落日的时候，我遇到了麻烦，该死的天气让我不能继续工作！于是我试图在家里完成这幅画，简直累得要死！
>
> ——1888年3月25日致提奥

《朗格卢瓦桥和散步的情侣》素描手稿
1888 年 3 月 18 日致贝尔纳的信中

《朗格卢瓦桥和散步的情侣》
仅存的油画一角

　　事实上，梵高最终亲手毁掉了这幅画。

　　3 月 18 日之后老天变脸，他被迫回到旅馆，本以为还能找到现场作画的那种感觉，但任其千方百计都无济于事！在巨大的焦虑和狂躁中，他把整幅油画割开了……只留下了一个局部。

　　这个游走在狂喜和崩溃边缘的人啊！

　　被毁掉的这幅画是梵高在整个"朗卢桥"系列里最看重的一幅，而那个幸存的局部正是这幅画的主题：回家的水手和他的情人——也被称为"散步的情侣"。

　　这个局部中：梵高把蓝色与黄色给了那个水手，把红色给了他的情人。那水手大步向前，充满自信与活力，但看起来却像是个西部牛仔。而他的情人，一头红发一袭红裙，左手搭着爱人的肩膀，显得依赖而顺从。满头红发说明她是一个荷兰女子，而她的长裙色彩浓烈、质感厚重——这是梵高画作中第二次出现"红衣女子"，上一次是在巴黎时期的塞纳河畔（1887年夏《阿涅尔的塞纳河大桥》），有位佳人在水一方……

　　爱情啊！谁不渴望？

　　它是如此热烈和甜蜜！

　　何况是孤独的艺术家梵高。

所以，他可以毁掉整幅油画，但唯独对"这对情侣"依依不舍，而这幅画作的构思也永远留在了最初的那幅速写中：

夕阳西下，一对热烈甜蜜的情侣相互偎着朝朗卢桥走去，远处是他们的朋友在驻足等候。落日余晖中，美人相伴好友相聚，相逢在故乡的桥……

这是何等的良辰美景！

这又是何等的美好憧憬！

其实，无论美景还是憧憬，这幅梵高手稿都不仅仅是关于一幅油画的构思，因为它与一个宏伟目标和伟大理想息息相关。

还记得上一年年底的那个画展吗？

1887 年 11 月下旬，"第一届小路印象派画展"在巴黎蒙马特高地克利希大街 43 号大碗汤餐厅"隆重"举行——当然，最终惨淡收场。不过那次惨败却终于让梵高明白了一点：光是一帮不出名的画家凑一块儿办个画展，没用！没戏！真要想成功，还是要有个组织，要相信组织的力量。"小路印象派"要想火，就必须联合"大路印象派"。"大路""小路"一起玩，才是一条靠谱的金光大道和星光大道！

其实，这也是那次画展之前他和提奥达成的共识——提奥当时反对的是大碗汤餐厅的那个场地，但他并不反对梵高的计划。所以来到阿尔后，这件事马上被提上了日程。3 月 10 日，梵高在信中明确对提奥说：要成立个协会，会员由大咖、小咖和市场专家三种人组成。小咖就是"小路印象派"的那些人，比如他自己、贝尔纳、高更，还有柯尔蒙画室的一些同学；市场专家当然首选提奥；大咖则是德加、莫奈、雷诺阿、毕沙罗、西斯莱这些印象派的"老人儿"。这个协会的启动资金由这些"老人儿"们每人出 10 张画或者每人拿出价值 10 000 法郎的作品，市场专家也要把自己收藏的画作投到协会中来。然后，由大咖邀请小咖入伙——告诉他们"你们的画经过专家的评估，同样价值不菲"。这样，"小路印象派"的作品就会增值，而"大路印象派"也可以借此保持威望——"旁人就不会再指责他们独占名利"了。

以大带小，以强带弱。梵高这事想得倒是挺好，但关键是：人家为什么要帮你？就因为怕人说闲话？都名利双收了还怕这个？

这样不科学。

其实关于这个"艺术家协会"，梵高与提奥最早的话题可以追溯到1886年2月初——当时梵高还在安特卫普，而且这个话题很可能是由提奥主动提起的。不过那时候兄弟俩聊的不是要成立一个协会，而是要"共同成立画室"（梵高书信中语）。但是之后，随着梵高的南下巴黎不请自来以及两年中哥俩共同生活的磕磕绊绊，提奥对这事也就没再表现出太大的热情。而梵高——巴黎时期除了技艺大增还目睹了什么叫潮流巅峰，到了阿尔之后又满血复活，于是他终于决定：玩一把大的，让梦想再次起飞！当然，对于这个伟大计划，梵高的砝码首先在于提奥。如果不是因为提奥当时在圈里风生水起，他不会动这个念头。而且，他不光把宝押在了提奥身上，他还想到了另一个人：

> 我希望这一设想能付诸实施，泰斯提格和你都成为协会的专家成员。
>
> 如果你们俩一同加入协会，就可以说服波索·瓦拉东拿出一笔可观的贷款……泰斯提格必须加入，成败与否关键在于他。
>
> ——1888年3月10日致提奥

梵高的商业头脑真也不是一般般：居然连融资都想到了！但他怎么就想不明白：跟谁合作也不能跟泰斯提格合作，这位老上司纯粹就是他生命中的克星！15年前他在海牙古庇尔干得好好的，就是泰斯提格主谋把他调到了伦敦；6年前还是在海牙，也是泰斯提格斩钉截铁地怼他："你不是当艺术家的料儿！"有道是：士可杀不可辱！这个泰斯提格也着实欺人太甚了！

其实平心而论，这事还不能这么说。作为海牙艺术圈的资深从业者和顶级大画商，泰斯提格比谁都清楚什么人更适合在这个圈里混。比如他与梵高的表妹夫安东·莫夫就相交甚笃。莫夫是海牙画派的代表人物，也是梵高一生中唯一的恩师（虽然梵高跟他学了一个月都不到）。而泰斯提格是海牙画派的第一力捧者。至于对待梵高，泰斯提格虽说着实是态度刻薄，但也算不上用心险恶。因为当初梵高在海牙跟莫夫学画的时候还向他借过钱，泰斯提格那个时候倒也没吝啬。但是：看不上，就是看不上！这是职业素质问题，没办法。可如今梵高死活要拉这么个人入伙，那他的脑子可就……

人生在世挣钱吃饭，要跟欣赏你的人合作——这是"人在世上混"的基本潜规则之一，不明白这个就是"不会混"。梵高这么异想天开、一厢情愿，势必自讨苦吃！

其实，所有的一切，不都是他在自讨苦吃吗？

包括今天——

他那一幅幅画作惊艳众生，不是依然在宣泄着他的异想天开吗？

他的一封封书信见字如面，不是依旧在诉说着他的一厢情愿吗？

谁让梵高从来就不是一个"会混"的人呢？

因为一个艺术家的心，要永远保持一种强烈的单纯和孤独。

而实际上，除了那些"人的事"，梵高的脑子其实相当灵光，不光在艺术创作上，在品牌营销方面也是如此：他有着非常成熟的品牌策略和非常灵敏的市场嗅觉，比如他的油画主题系列。

梵高的油画主题系列始于巴黎时期，到了阿尔时期就更加明显，比如："朗卢桥"系列、"麦田"系列、阿尔时期的"向日葵"系列，等等。如此批量创作，并非他一兴奋就搂不住笔，梵高的头脑中其实有个非常清晰的营销策略——捆绑式营销：他是想跟印象派"打个配合"。比如同是画风景，印象派画法国巴黎大都会，他这边就画法国农村普罗旺斯；莫奈一画画一个系列，他就一画画一打——梵高在阿尔给提奥寄画经常一寄就是一打，他这么做是经过深思熟虑的。梵高认为：以系列作品的方式打入各个画廊，最容易形成品牌效应。因为只要有一幅火了，其他的就都能跟着沾光。而历史证明，他的这个感觉其实蛮准的，因为他的作品后来确实就是这么火的。比如《向日葵》能成为梵高的第一品牌，就是因为这个系列里最初有一幅成了爆款——虽然，那是在他去世之后。

除了作品与品牌，梵高还考虑到了市场规划和布局。他的想法是：利用古庇尔在欧洲的市场份额与影响力，在英法两国和尼德兰地区同时举办画展；他和提奥全面负责法国市场，而泰斯提格负责比利时、荷兰以及英国市场……所以，为什么一定要拉这个老上司入伙呢？

因为梵高想在欧洲建立一个"金三角"（海牙、伦敦、巴黎、马赛、安特卫普连起来像个枪尖），而泰斯提格在这个"金三角"中占大头——尤其是英国。

"泰斯提格对英国的业务非常内行，可谓如鱼得水……"早在 2 月 27 日，梵高就在信里跟提奥聊起过这事。当时他还给这位老上级写了一封信请提奥过目，信的大体内容是：大赞印象派作品如何有市场价值，而且他把自己也算在了印象派画家内——这明显是在蹭印象派（主要是莫奈）的热度！

泰斯提格最终收到了这封信（由提奥转发）。作为一个成熟精明的资深画商，他虽然一贯不待见梵高，但是没有必要也不可能不待见市场。所以在 3 月下旬，他给提奥回信：挑几幅印象派的精品寄过来。于是提奥马上往海牙寄了一批画，那些画的作者是：莫奈、德加、西斯莱、蒙蒂切利、毕沙罗以及劳特累克和高更等人——其中，居然也有梵高！

从手足之情到两肋插刀！提奥总算是给了大哥一次机会。

于是梵高欣喜万分，决定将"朗卢桥"进行到底！4 月 3 日，他打算（通过提奥）再给泰斯提格寄一幅画——就是 3 月中旬的那幅《朗格卢瓦桥和洗衣妇》；在 8 天以后（4 月 11 日），他又开始重绘这幅作品——这回是送给提奥的。这张复制品与原作在构图上几乎一模一样，但是细节方面深入了很多，在色彩上更是青出于蓝而胜于蓝。4 月 13 日，梵高写信对提奥说："给你画的《朗格卢瓦桥》进展顺利，而且我认为会比原先那幅更好。"

《朗格卢瓦桥和洗衣妇》复制品
1888 年 4 月，60 厘米×65 厘米，德国科隆沃尔拉夫 - 理查兹博物馆藏

　　之所以说"更好"，是因为这张复制品看起来更有"日本的味道"：它削弱了原作中所有的投影、弱化了明暗效果，同时加强了对比色和补色关系——这都是在向浮世绘积极靠拢。与原作相比，这幅画更有平面装饰感，也更加响亮和主次分明：纯黄桥身、白马拉车以及远景处的黄色河岸都是确保画面视觉中心的吸睛术；包括那座桥墩——它是一种略带紫色味道的浅灰色，一块块黄色系的砖石点缀其上，显得精致而斑斓。还有那个车夫，非常耐人寻味：他穿着蓝色上衣，戴一顶黄色的帽子——好像是顶草帽……这人到底是谁？他应该是谁呢？

　　"朗卢桥"系列里只有这两幅有洗衣妇。如果说第一幅表现的是悠闲的"冬雪初融的小清新"，那么这一幅就是浓烈色彩迸发而出的"春天的力量"。在一片生机的画面中，似乎隐约能听到那些阿尔洗衣妇爽朗的笑声……虽然她们从不搭理梵高，只是在背后议论他。

1888 年整个 4 月，梵高在一片憧憬中悬着一颗心：他期盼着泰斯提格的回复……但是日复一日，提奥那边一直没有任何好的反馈。于是 5 月初，他的心情开始低落，在郁闷和失望之中创作了这个系列的最后一幅作品《朗格卢瓦桥和打阳伞的女士》。与之前的几幅相比，这幅画大为不同。

首先，由原来的"马车过桥"变成了"人过桥"：一个黑衣女子打着阳伞正从桥上走过，很有些"黑寡妇"的味道；而原来的马车已经走到了桥的北岸——它已经变成了背景中的一部分，不再是主体。马车渐行渐远，似乎在有意逃离人的视线……

再者是"树"。由原来的 6 棵树变成了现在的两棵，由画右挪到了画左，而且成了画面的另一个主体——画面最右侧，有两座红瓦白墙的小房子与之隔桥相望。这组小房子是新加上去的，之前都没有，它们在画面中不可或缺地、"模糊"地存在着：看似不重要，但一定会被看见，可确实又不值得被重视……真是个诡异的存在！而且似曾相识……

还记得巴黎时期的《蒙马特路旁的向日葵》吗？在那幅画中，是"两棵向日葵和小房子"；而这幅画里，是"两棵树和小房子"。此二者一左一右，遥遥相望……这是否代表着梵高与提奥之间的兄弟情以及二人之间的距离感呢？

实际上，这幅画最大的特点和亮点正是"距离感"。在创作这幅画的时候，梵高改变了作画地点：之前他一直是在桥北岸作画，这回换到了南岸。地点的变化导致了视点的变化，从而在构图上增加了画面的空旷感和心理上的距离感。画面右下角的那道河岸，一条"笔直"的轮廓线将整幅画分成了两个世界，梵高站在岸边望向远方：朗卢桥、马车……最远处是他的故乡。

所以，此画绝非看上去那么神清气爽、宁静致远。稍作凝视，一股可怕的静寂便会爬上心头，凉意直透背脊……一切恍如梦境。

5 月的朗格卢瓦桥已经不是梵高的希望和未来。

或许，它只是一个被遗忘、被遗弃的所在。

《朗格卢瓦桥和打阳伞的女士》
1888 年 5 月，49.5 厘米×64 厘米，德国科隆沃尔拉夫－理查兹博物馆藏

青天白日，朗朗清风，河水灿灿。

桥上的女子，一袭黑衣，一把黑伞。

她到底是谁？

为何那样沉重和羞于见人？

或者，只是孤独，

来自乡愁的孤独……

它幽怨而浓烈，在朗卢桥上弥散开来，漫无边际。

一片静寂中，只有清脆的马蹄声渐行渐远……

附：关于那座梵高吊桥

今天，在阿尔城外向南 3 千米的地方，有一座梵高吊桥——桥头岸边的提示牌上赫然印着梵高《朗卢桥》系列的油画。但稍一对比就会发现：这座吊桥与梵高画中的并不一致。真实的桥身，颜色远没有画中的漂亮；而真实的河距，看起来也比画中的要窄。

其实这座梵高吊桥是个赝品，原版的朗卢桥已经在二战中被炸毁。在梵高那个年代，阿尔地区有很多运河吊桥，但是到了战后只有一座尚存。1962 年，这座唯一幸存的阿尔吊桥被迁址到原朗卢桥向南 3 千米的地方重新搭建，于是就成了今天的"梵高吊桥"，所以与画中不符也就不足为奇了。当然原来的朗卢桥——桥身也不是黄色的，而是浅灰白色的。梵高的"朗卢桥"系列里有一幅看似阴天的作品，那是他在毁掉那幅《朗卢桥和回家的情侣》时马上又创作的。在那幅画中，桥身的颜色比较接近真实。

《朗卢桥和运河旁的路》
1888 年 3 月，59.5 厘米×74 厘米，荷兰阿姆斯特丹梵高博物馆藏

第十四章　**看见地中海** —— 圣玛丽海滩的渔船

从阿尔时期开始，梵高自称是一名风景画家。作为一名风景画家是非常辛苦的，要不停地走走画画。1888 年 5 月末，他去了地中海。

按现在的标准看，地中海离阿尔并不远，最多 50 千米，但是在梵高那个年代却要坐 5 个小时的公车才能到达。所谓公车也叫"驿车"，其实就是邮递马车——连拉人带送快递。19 世纪 80 年代，阿尔人日常出行主要靠走，有钱的会乘坐私人马车或是骑马。

1888 年 5 月 30 日或 31 日梵高起了个大早，坐 6 点钟的早班马车动身，在 11 点左右到达了地中海沿岸的一个渔村。这个渔村叫圣玛利－德拉梅尔，简称"海滨圣玛丽"。

在梵高去之前，那里刚刚举行完一个天主教的朝圣活动：圣莎拉节。这个节日在每年的 5 月 24 日和 25 日举行，主要是吉卜赛人参加。法国大革命以后，很多吉卜赛人在地中海沿岸定居，圣莎拉是吉卜赛天主教徒的守护神。当时的海滨圣玛丽是一个穷困渔村，全村人口不到千人。每年除了 5 月下旬的圣莎拉节和夏天的游泳季，平时鲜有游客。梵高到达那里的时候，一片安静。在海滨圣玛丽，他看到了地中海的色彩。

> 地中海的颜色就像鲭鱼，瞬息万变。你无法确定它是绿色、紫色或者蓝色，也许在一秒钟之后，它的波光又增加了一点粉色或灰色。
>
> ——1888 年 6 月 3 日或 4 日致提奥

鲭鱼并不是一种会变色的鱼。梵高在信中说的"地中海的颜色就像鲭鱼，瞬息万变"其实是指那些被打捞上来的鲭鱼——在阳光的照射下，它们的鳞片变化万千。梵高对这些鱼的印象深刻而美好，因为他特别爱吃当地渔民卖的炸鲭鱼。

《海上渔船》
1888 年 6 月初，54 厘米×61 厘米，荷兰阿姆斯特丹梵高博物馆藏

作为一个 19 世纪的欧洲"南漂"，地中海是梵高一生中去过的最远的地方。在今天的阿姆斯特丹梵高博物馆里，有一幅油画的颜料中至今仍残留着当年地中海海滩上的沙粒。这幅画名为《海上渔船》，是梵高地中海之行的第一幅海景写生，最迟完成于 1888 年 6 月 3 日或 4 日。画作里的沙粒可能是因为当时风大吹落的，也有可能是他画的时候笔掉到了沙滩上。为了与后来的一幅同名作品相区别，有的资料将此画称为《圣玛丽海景》。

据梵高书信记载：他的地中海之行一共是一周时间——但也有人考证实际上是 5 天。不过他在那儿的大部分时间并不是在海边写生，而是在村里溜达。海滨圣玛丽是个古村落，那里的房子很原始，都是茅草顶，被人称为"漂白了的屋子"。这些屋子让梵高很有感觉，他画了大量素描（当时他只带了三张画布，没有条件多画油画），回到阿尔后又根据这些素描创作了油画——其中一幅广为人知：《圣玛丽一排农舍》。

《圣玛丽一排农舍》
1888 年 6 月，38 厘米×46 厘米，私人收藏

这幅画中，所有的屋顶上——烟囱都在冒烟，但是没有一个人：

阳光很好，

时间很慢，

世界很安静……

它的尽头，是大海。

这幅作品有一种童话感，梵高小时候最爱看的书就是《安徒生童话选》。
在童年和少年时代，他经常一个人游荡在荷兰家乡的旷野山谷……

梵高，一个天生孤独的艺术家。

虽然，也许他原本不愿这样。

1888 年仲夏，梵高创作了"地中海"系列。但是如今这个系列里最著名的不是地中海的海景，不是那些"漂白了的屋子"，而是渔船。《圣玛丽海滩的渔船》是梵高地中海归来后的第一幅油画作品，其构图与造型来自这幅画的同名素描。那幅素描是梵高在地中海完成的最后一幅画，不过准确地说它应该叫《纪念圣玛丽 / 地中海》，这个名字是梵高亲自起的，就写在那幅画的左上角。此外，梵高还在画面上做了很多色彩标注，以便回去后油画创作之用。

在地中海之行的最后一天——6 月 5 日，梵高在回阿尔之前一大早就赶到了海边，以超快的速度完成了这幅渔船的素描。他对这幅画相当满意，当天就给提奥写信说："日本画家画得很快，非常快，就像迅雷闪电！因为他们的神经更敏感，情感更淳朴。我来这里不过几个月，但是——告诉我，要是在巴黎，我可能在一小时内画完这幅素描吗？这么多船。"

这封信是梵高回到阿尔以后写的——当时，《圣玛丽海滩的渔船》的油画创作已经开始。与早上画的那幅素描相比，这幅油画在完成后显得尤为惊艳：开阔的构图、流畅有力的长线条以及船身和桅杆的色彩都展示着更加成熟的"梵高式"浮世绘画风；画中作为主体物的四条渔船精致而饱满，它们"躺平"在沙滩上，好不悠闲！

但是，梵高真的是在表现悠闲吗？如果是的话，那天空为何一片阴郁？难道他忘记了普罗旺斯的清澈蓝天了吗？

梵高一生都不会忘记普罗旺斯的蔚蓝天空。但是在这个 6 月，他的心情怎么也晴朗不起来。因为他心心念念的那个艺术家协会到现在还是一点着落都没有：提奥那边没有任何消息和举动，而老上司泰斯提格也是音信全无……所以画中海滩上的那些渔船虽然看似悠闲，但实则"闲"而不"悠"，因为它们是被闲置、搁浅在沙滩上的——支楞八叉的桅杆说明它们既没有目标，也没有方向。虽然每条船看着都是那么精致、饱满、充满力量，但整体却涣散懈怠以至于毫无用武之地，而海面上风平浪静、船只甚少——这是多好的出海机会啊！可惜，错失良机！

《圣玛丽海滩的渔船》素描（《纪念圣玛丽／地中海》）
1888 年 6 月，纸本墨水，40 厘米×54 厘米，私人收藏

《圣玛丽海滩的渔船》
1888 年 6 月，65 厘米×81.5 厘米，荷兰阿姆斯特丹梵高博物馆藏

梵高哪里是在画什么圣玛丽海滩上的渔船？

他分明是在画他们那帮人的现状：高更、贝尔纳包括他自己，人人才高八斗，个个单打独斗，整体一盘散沙，未来毫无规划……长此以往，怎么在圈里混？何时才能混出头啊？船不下海就像鱼离了水，迟早变成海滩上的鱼干！

不过《圣玛丽海滩的渔船》这幅画里真的有一条"鱼"，就是那艘红船：那船头的白色图案其实就是个鱼头。而红船的桅杆就像一个大大的"十字架"——在海滨圣玛丽这样一个天主教的朝圣之地，它无疑象征着信念，但这个信念看着却稍显单薄……所以这艘红船、这条"红鱼"很焦虑，因为它很无力！

但是，它代表的却不是梵高，而是高更。

自去年 12 月大碗汤餐厅一别，高更在 1888 年 1 月 26 日就离开了巴黎直奔布列塔尼。但是之后的整个上半年，他贫病交加，从 3 月开始已经穷得靠借钱度日。梵高从他的来信以及提奥那里得知了这个情况（因为提奥当时是高更作品的代理商之一），于是便合计邀他入伙：在 5 月底和 6 月初一共给他写了两封信，第二封是写于 6 月 5 日——其实之前还有一封草稿被提奥给毙了。而 6 月 5 日，梵高不光在那一天从地中海归来，不光在早晨画了那幅渔船的素描、最迟在下午就开始了《圣玛丽海滩的渔船》的油画创作，重要的是：他在那一天给高更的信中正式对其发出了邀请——到阿尔共举大计……所以除了高更，还有谁会是画中的那艘红船与"红鱼"呢？借物抒怀是梵高作品的重要特点之一。

一个组织一定要有一个"老大"。在梵高心中：对于他的艺术家协会而言，高更就是这个"老大"的不二人选。所以在《圣玛丽海滩的渔船》中，那艘红船不光最大，它的桅杆也最扎眼——之所以把它画成黄色，是因为到 6 月 5 日梵高已经租下了黄房子一个月有余。

黄房子不只是一栋简单的房子，它是梵高的理想、信念和未来。所以《圣玛丽海滩的渔船》也不只是一道海边的风景，它是梵高的现状、规划与目标——其艺术家协会的基本成员全在这幅画中。海滩上的四条船：红船是高更，绿船是梵高，两艘蓝色渔船分别是提奥和泰斯提格——蓝色代表着他们的荷兰身份，同时也是大海的颜色；作为 17 世纪"海上马车夫"的后代，大海即是商海。

这幅画里最耐人寻味的是那艘有字母的蓝色渔船。它象征着提奥，在绿船旁边，船尾处写着 6 个大写字母"A、M、I、T、I、E"——这是一个法语单词"amitié"，意为"友谊"（这肯定是梵高自己加上去的，海滨圣玛丽作为一个历史悠久的天主教地区，渔船上不太可能这么写）。之所以把这艘船命名为"友谊号"，是因为梵高认为：只有提奥有聚合大家的资格与能力。如果提奥真的为此全力以赴，那么大家必定顺风张帆、一日千里——正如画面右半部的远景所示，四艘渔船方向一致，两两一组已经出航……这是这幅油画与其素描最本质的区别：表现了两个时空——现实与未来。

《圣玛丽海滩的渔船》寄托着梵高的宏伟蓝图。但是他的命运，却总被无奈和失望填满——1888 年从春到夏，他一如既往地没有得到任何积极的回应：高更虽然回信说有意前来，但只是有意，并没有最终答应他；而提奥那边虽然一直在和他商榷此事，但是态度极其理性冷静，没有表现出任何热情。所以画中的那片灰色天空啊……那是一种悬而未决的忧郁、忧愁与忧伤。

而梵高——

一个狂热而孤独的理想主义者，

一个极度需要认同的流浪者，

如何才能守护住自己的信念？

忙一点！

再忙一点！！

因为普罗旺斯的收割季到了。

第十五章　**烈日下的永恒** —— 麦田里的播种者

《丰收》
1888 年 6 月，73.4 厘米 ×91.8 厘米，荷兰阿姆斯特丹梵高博物馆藏

　　6 月是普罗旺斯地区的收割季。于是梵高在基本完成了"地中海"系列之后，把目光投向了阿尔的金色麦田。

　　阳光炙烤着大地，这里的景象与春天相比已大为不同……随处可见的古金色、青铜色、紫铜色配合一种热得发白的青蓝色天空，构成的色彩令人心旷神怡，带着德拉克洛瓦的色调。

——1888 年 6 月 12 日或 13 日致提奥

　　这封信写在一幅作品的完成之际——就是梵高那幅非常著名的《丰收》（也译为《收割》或《麦田》），他在信中所说的美妙色彩全在这幅画中。《丰收》描绘的是阿尔东北方向特雷彭平原的农田；在 6 月 20 日之前整整一周的时间（梵高在书信中所说），梵高一直在那里的田间地头亢奋着……

　　我甚至会在正午工作，烈日当头，毫无遮挡。在麦田里，我快乐得像一只蝉。

——1888 年 6 月 19 日致贝尔纳

　　艺术家的快乐就是这么简单：因为热爱，一切都可以苦中作乐！而梵高的快乐与热爱其实还有另一个原因：

　　我想，你绝对不会讨厌这里的太阳。我喜欢在一天中最炎热的时候在室外作画。那种热给人一种干燥却清爽的感觉。

——1888 年 6 月 16 日至 6 月 20 日致威廉·敏娜

　　普罗旺斯的太阳就是梵高的能量之源！不过可惜的是：在 6 月 20 日和21 日，阿尔连下两天大雨……于是梵高只能回到室内继续一幅尚未完成的创作。

　　在犁过的耕地里，有一大片紫色土块的麦田向着地平线爬升，一个播种者穿着蓝色和白色的衣服。地平线上有一片麦田，长着低矮、成熟的麦子。
　　所有景物的上方是黄色的天空和黄色的太阳。

——1888 年 6 月 21 日致提奥

　　当时梵高还在画这幅画的手稿速写。他极其看重这个创作，之前还跟贝尔纳和拉塞尔聊起过这事。

《夕阳下的播种者》
1888 年 6—8 月，64 厘米×80 厘米，荷兰国立库勒 - 穆勒美术馆藏

　　播种者的上衣是蓝色的，裤子是白色的……在画泥土的时候，我会加入很多黄色笔触，使它与紫色混合——形成一种中性色调，不过我根本不在乎什么色彩的真实性。

——1888 年 6 月 19 日致贝尔纳

　　正在画一幅《播种者》。

　　这一大片田野都是淡紫色的，天空和太阳是很浓烈的黄色。这个题材处理起来不太容易。

——1888 年 6 月 17 日致拉塞尔

　　1888 年 6 月中旬开始的《播种者》是整个"麦田"系列（或者说"丰收"系列）的收官之作。它的创作周期很长，一直到 8 月初才完成；在最终的油画里，梵高把播种者的裤子改成了和上衣一样的蓝色。在 1890 年梵高去世之后，贝尔纳为这幅画取了一个新的名字：《夕阳下的播种者》。

　　好一个《夕阳下的播种者》！它绚丽无比、灿烂辉煌，在金色的天空下、收获的季节里，一个自信的人昂首阔步走在大地之上……

　　但是，为什么画中的播种者看起来并不像一个农民伯伯，而那片大地又是那样璀璨斑斓、广袤神秘？

　　还有，在画面的远景处又出现了那个熟悉的配置——两棵树与小房子（上一次是在"朗卢桥"系列的最后一幅画中）……

　　这些，是否都是隐喻？

《播种者》素描手稿
1888 年 7 月 17—20 日，致贝尔纳的信中，25 厘米×31 厘米，私人收藏

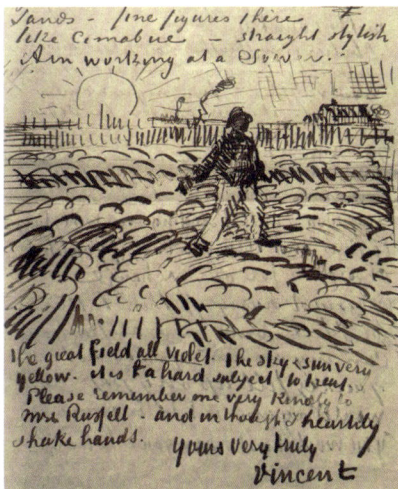

《播种者》手稿
1888 年 6 月 17 日，致拉塞尔的信中
美国纽约古根海姆博物馆藏

　　梵高画过很多农民，他一定不会把一个播种者画错。而这幅画中，播种者的形象也是经历了一个反复调整的过程。比如最初（6 月给拉塞尔和贝尔纳的信中），画中的那个农民确实是在撒种；但是到了 7 月 17—20 日给贝尔纳的那封信中，这位撒种的农民终于变成了一个"行走的人"——他只是在行走，昂首阔步、摆臂向前，他的动作与姿势充满了神圣和庄严（那顶草帽似乎还有点钢盔的味道）……这哪里是什么农民啊？

　　他分明是一个战士！而且还像一个少年——目标坚定，义无反顾……

　　难道，这不是梵高自己吗？

　　所以画中远景左侧的"两棵树与小房子"——其象征意义也就不言而喻了：播种者从那而来，那里曾经是他的家。在近景的地面上似乎还有一段"回家的路"，但那条路却在不远处消失了，说明那个家已经不能再回去……

　　有家不能回！这不正是梵高一路走来的经历吗？

　　他既不愿再回巴黎，也不能回到故乡！

　　而夕阳右侧的那座远山，难道不是他的故乡荷兰吗？

　　那左侧的两棵树与小房子，难道不是在蒙马特的"兄弟之家"吗？

　　那片成熟得像矮墙一样的金色麦田，难道不是他留给提奥的那些画作吗？

梵高，已经离家很远了：荷兰，巴黎，普罗旺斯——

为了艺术，他一路向南寻找心中的方向……

直到地中海。

所以那片紫色的大地啊！璀璨斑斓，广袤神秘……

因为那是海，是阳光下瞬息万变的鲭鱼鳞片的色彩。

但梵高看到的是一片艺术的海洋，他的心像快乐的海鸥一样低旋欢唱！

因为从此，他愿做一名海上的战士和阳光下的少年，

永远乘风破浪！

永远充满希望！

把艺术的种子，撒向大海……

《夕阳下的播种者》绽放着浓烈的壮丽之美，它是梵高生命中的华彩乐章！此画的绝妙之处在于：其构图暗示了两个世界，但色彩却象征着三个时空。从构图上讲，那片成熟的麦田像矮墙一样隔开或联系着梵高的现在与过去，但远景那灿烂的金黄色却代表着未来——在未来，如果真的能有那个艺术家协会，就一定会有一片辉煌的金色天空！

在梵高看来，这一切完全取决于提奥。

可惜，这只是在他看来！因为命运对他何其不公又何其残酷，以至于在有生之年，他的未来终不可期……两年以后，他去世了。

所以画中的这位播种者：虽然昂首阔步，却与背后的一片金色渐行渐远……他在逐渐出画——1888年的夏天，梵高难道不是通过这幅画在表达自己的潜意识吗？

播种者是他自己，而那片落日又何尝不是？

所以那片大地的色彩不光神秘璀璨，还散发着紫色的忧伤；

那金色的夕阳不光灿烂美好，还绽放出一股悲壮！

因为这个播种者是一名战士，他的使命就是向死而生！

……

在梵高去世后，贝尔纳将这幅画作命名为《夕阳下的播种者》。因为，它是梵高的生命写照——梵高的艺术正是从《播种者》开始。

你知道的，我正在临摹米勒的大幅素描。我已经画了《一天的四个时辰》，还有《播种者》。

——1880 年 8 月 20 日致提奥

让-弗朗索瓦·米勒

这是梵高的第一幅《播种者》，而 1880 年也正是他的绘画之初。同"向日葵"一样，"播种者"也是梵高的一个系列主题创作，但这个主题的原创其实是米勒大师。

让-弗朗索瓦·米勒（1814—1875），19 世纪法国巴比松画派的重要代表、法国近代绘画史上最受人民爱戴的画家。在今天看来，米勒在整个 19 世纪的欧洲大师里有一种非常另类的独特，这种另类与独特源于他的出身和信仰：他是一个农民，也是一位农民画家，还是一名虔诚的基督徒——这在当时并不容易。欧洲从 1789 年法国大革命开始，政治上风云变幻，军事上战争迭起，科技方面则迅猛发展……这一切都为 19 世纪带来了越来越多的不安定感和不安全感。在城市里，文化精英们对上帝的态度多是批判和质疑，而普通人则越来越多地对上帝采取"冷处理"，但是米勒始终坚守信仰。

他的奶奶曾经告诫他：要遵循神的旨意，过俭朴的生活。在成为画家之前，不要忘记自己是一名基督徒，要为永恒的生命画画。

也许"信上帝"是米勒的"家训"，也许作为一个艺术家——他的内心有太多焦虑与激情需要慰藉和安放……在米勒大师的笔下，那些农民仿佛永远生活在一个世外桃源：他们永远勤劳质朴、充满温情，生活中的点滴快乐随处可见……

可真实的世界绝非如此。

　　米勒出身于诺曼底的一个农民世家，23 岁到巴黎学画，受尽排挤。1849 年巴黎黑死病蔓延，35 岁的米勒为了躲避瘟疫带着老婆孩子来到了巴黎南郊的一个闭塞小村——巴比松。从此，他上午劳动下午画画，直到去世。巴比松的荒凉贫瘠使米勒的后半生时常陷入艰难，他曾在日记中写道："我们只有两天的柴米了，用完了叫我怎么办呢？我的妻子下个月要生产了，我只能空手等待着。"

　　一个人要如何才能对抗穷困潦倒的人生？

　　米勒说："生活是悲苦的，可是我决不忽视春天。"所以他笔下的农民，朴素、纯净、美好……这，就是信仰的力量！

　　梵高一直苦苦追寻的就是这种力量。从小到大跌跌撞撞、遭人白眼的经历让他一度把牧师这个职业锁定为人生的最高理想，但是 1879 年这个理想彻底破灭了！于是他像孤魂一样游荡在这个世界，没有目标，没有方向；他想继续传播对上帝的爱，但这份使命感却如他的愤怒、懊悔还有压抑多年的自尊一样，无处安放……1880 年他虽然拿起了画笔，但是依然迷茫，因为找不到艺术上的精神寄托。这个时候，提奥为他寄来了一批米勒大师的版画，其中就有著名的《播种者》。当米勒大师带着"上帝之光"来到面前，梵高从此踏上了一条新的自我救赎之路：以艺术践行对上帝的信仰！

　　米勒大师为《播种者》画了不止一幅素描，由此制成的版画也不止一个版本。当然，他最为人熟知的《播种者》还是那幅油画——那是米勒在巴比松的第一幅代表作，创作于 1850 年。当年这幅油画之所以能够引起广泛关注，有一个原因不可忽视：当时的权贵阶层和文化精英们都认为这幅作品有着很强的政治性。大文豪雨果说这幅画是对劳动人民创造力的赞美，而拿破仑三世则是由此想到了 1848 年六月革命……所以他上台后整体来讲对劳动人民的政策还是不错的，尤其巴黎大改造——在极大程度上解决了法国农民工的就业问题。

　　可是到了"工业 2.0"时代，谁能解决梵高的就业问题呢？

　　谁又能解决他的救赎问题呢？

米勒《播种者》
1850 年，101.6 厘米×82.6 厘米，美国波士顿美术馆藏

是米勒大师。

因为是他让梵高的作品从此有了灵魂，也是他让梵高找到了自己的艺术使命：做一个播种者，用画笔去播撒上帝之爱，以救赎自己去救赎众生……

1881 年梵高终于（通过临摹）画出了第一幅成功的《播种者》，是米勒大师让他从一个"画画的"变成了一个艺术家！米勒，是梵高艺术生涯中的第一位导师。

1882 年梵高看了一本书，书中的一句话对他影响巨大："艺术，就是战斗！"

这本书叫《米勒传》。

米勒《播种者》版画之一
1850 年，荷兰阿姆斯特丹梵高博物馆藏

梵高第一幅成功的《播种者》（仿米勒版画）
1881 年 9 月，60 厘米 ×45 厘米，私人收藏

梵高，既是一个播种者，也是一个战士——他的艺术人生几乎是由米勒大师规划出来的。而《播种者》是他一生中画过次数最多的创作主题，其创作周期几乎贯穿了梵高整个艺术生涯：从 1880 年夏末一直画到了 1890 年早春，将近 10 年之功。在这 10 年的《播种者》里，最精彩的一幅就是 1888 年夏季的这幅《夕阳下的播种者》。回首过往，此时的播种者与当初又有何不同呢？

如果你努力领会那些伟大的艺术家、那些真正的大师们的作品，就会发现（再次）发现：上帝，就在其中——或在书里，或在画中。《圣经》和《福音书》能让你思考一切。

——1880 年 7 月致提奥

当初的梵高是"因宗教而艺术"，他想通过绘画参透《圣经》与《福音书》。但是到了 1888 年，这种状态发生了大反转。

上帝啊！难道世上就只有犹太人吗？他们从一开始就宣称，任何有别于他们的东西都是不圣洁的……这本令人悲伤不已的《圣经》——因为它，我们沮丧至极，并被它的狭隘和有传染性的愚蠢彻底激怒……

——1888 年 6 月 26 日致贝尔纳

当时梵高刚开始创作《夕阳下的播种者》。他为什么会对犹太人和《圣经》有那么大意见呢？

其实梵高对犹太民族没啥意见，至于《圣经》应该是因为：往事并不如烟，而他——所处过往皆伤害。

在 1885 年底去安特卫普之前，梵高度过了四年半的荷兰岁月。这期间凡他所到之处，人们无不因其"劣迹斑斑"而将其看作懒汉、流氓和不务正业的不孝之子，他的作品也皆被视为垃圾。

《在永恒之门》
1882 年 11 月，50.3 厘米×30.8 厘米　荷兰阿姆斯特丹梵高博物馆藏

在海牙时期，他画出了一幅幅饱含着悲悯之情的人物素描——比如著名的《在永恒之门》，但他的表妹夫兼主流画家安东·莫夫和老上司泰斯提格却对其不屑一顾；1885 年，他在纽南又画出了《吃土豆的人》，但是依然被荷兰的圈内人嘲笑，包括他的画商弟弟提奥……

　　梵高为了自己的作品、为了自己的艺术、为了自己的生活方式不断和人争吵……于是越来越多的人讨厌他，越来越多的人孤立他，越来越多的人觉得他有问题——各种问题：艺术上的，性格上的，人品上的，作风上的，能力上的，脑子上的……而这些人：以亲人为主、亲戚朋友为辅，还有街坊邻居和路人甲乙丙丁——他们基本都是帮凶，跟着瞎起哄。

　　平心而论，他们真的不该这样！因为虽然梵高也有自身的问题，虽然荷兰在欧洲并不是一个基督教国家，可对于"信仰上帝"这事，荷兰人相当不陌生——好歹这片土地当初也是文艺复兴时期宗教改革的一个重要阵地；何况在梵高父母所在的荷兰农村，读《圣经》、做礼拜还是人们的日常行为规范之一。但梵高在家乡的处境却形同"异端"——当然这主要指精神上的打击。

　　其实梵高原本的打算是做一个像米勒大师那样的基督徒农民艺术家。但是在荷兰，无论大城市里的亲戚、专家还是家乡的父老乡亲，几乎所有人都一致认为：就你这么个异端怪物还想当艺术家？做梦呢吧？

　　所以梵高只能逃离——从此一路向南，远离故乡。

　　梵高带着他的梦，从安特卫普到巴黎，再到普罗旺斯的阿尔和地中海——在阳光越来越多的地方，他终于感受到了风一样的自由……这个时候，他发现：原来自己的热爱，从未改变！

　　坦白地说，我并不讨厌乡下——我在农村长大，回忆中的各种片段，对播种者和麦田所象征的那种无垠的渴望，一如既往地让我如痴如醉。

　　　　　　　　　　　　　　　　　　　　——1888 年 6 月 19 日致贝尔纳

　　梵高一直怀念着故乡！他对故乡只有眷恋，没有怨恨。他也一直在播撒上帝之爱，只是到了阿尔时期，他已不再执着于《福音书》和《圣经》。

基督——独一无二……他像艺术家一样过着宁静的生活，但其境界又高于艺术家——他不屑于用大理石、黏土和颜料，他用鲜活的生命创作……<u>他既不雕刻也不作画，甚至不著书立说……他明确无误地宣称……他创造的……是活生生的人，是不朽的灵魂。</u>（画线部分的省略号为梵高书信原文所示，并非有文字内容省略）

——1888 年 6 月 26 日致贝尔纳

其实与"向日葵情结"一样，对于耶稣基督，梵高同样有着很深的情结。不过这种情结既非始于阿尔，也非源于他的牧师父亲。此事说来着实话长——遥想当年，他被迫离开古庇尔海牙分部，辗转于伦敦巴黎两地，因工作无聊而深感人生无望以至于悲观厌世……迷茫之际，他把目光投向了基督教。当时有一部书对他影响巨大：《效仿基督》——写于文艺复兴时期，作者是 15 世纪的德国僧侣学者托马斯·坎佩斯。书中那古老的话如佛教禅语一般启示着他：

将你的心从可见的美好中收回，去放眼不可见的事物。

一个真正的信仰者，在世间就如陌生人一般行走在朝圣之路上，甘受流亡之苦。

这不正是梵高的艺术观念和艺术人生吗？

400 年前那位智者的低语像预言一般击中了他：

艺术，是表达心中所感，而非眼中所见；

艺术，是追寻一道生命之光，哪怕生命就是一场逃亡！

从故乡到普罗旺斯，梵高跌跌撞撞、颠沛流离——

一路挣扎着远离人群……

他真的做了一名朝圣者，

也真的成了一个"地球上的陌生人"。

曾木心先生说："耶稣是集中的艺术家。艺术家是分散的耶稣。"

因为他们都向世间播撒着悲悯和希望，

仅凭那血肉之躯和一腔孤勇……

他们，都是播种者。

就像梵高——

在一路荆棘中永远用激情和热血点燃光明！

因为他坚信：

肉体终会消亡，

而倾注了灵魂的艺术

必将让生命永不止息！

这就是他在烈日之下苦苦追寻的——

永恒。

第十六章　**大地上的太阳** —— 燃烧吧，向日葵！

　　1888 年的夏天是梵高一生中最最快乐的夏天：激情满满，佳作连连！
到了 8 月下旬，阿尔的夏天迎来了尾声，梵高的状态也达到了峰值。他妙
笔生花，登峰造极——这个"花"就是世界美术史上的"花中之王"：阿尔
的《向日葵》。

　　啊，仲夏时这里的太阳实在太美了！阳光直射头顶，绝对会让你疯狂！
我敢肯定。现在，我已经为它疯狂，所以干脆充满享受地欣赏它。

　　我正在考虑用五六幅向日葵的油画装饰画室，让不同纯度的铬黄点燃
各种各样的蓝色——那是背景，从最淡的委罗内塞蓝到皇室蓝，再用铅橙
色的薄木条做画框。

　　那效果就像是哥特式教堂里的彩色玻璃。

——1888 年 8 月 21 日致贝尔纳

　　阿尔时期的《向日葵》诞生在大名鼎鼎的黄房子——就是梵高在信中提
到的"画室"，当时他已经租下黄房子将近三个月。不过他只在那里作画，
睡觉则是回一家咖啡馆。但梵高为什么要画《向日葵》呢？既然当初巴黎
的《向日葵》事出有因，那么 1888 年阿尔的《向日葵》是否也有缘起？

　　首先是因为风大。密斯托拉风在 8 月的阿尔依然无敌，这导致梵高只
能在室内作画，但是又没有找到模特儿，所以只能画静物。而普罗旺斯的
夏末，画静物还有比向日葵更好的选择吗？阿尔的向日葵比巴黎的向日葵
更多更大更灿烂，于是梵高就采了那"路边的野花"来画。不过，虽然他
在信中说要画五六幅，但阿尔的《向日葵》系列最终是 7 幅，而这 7 幅都
与一个人密切相关，准确地说是"皆因此人而起"——

　　此人，就是高更。

　　梵高与高更的传说由来已久。但时至今日，人们在谈起二人时大多是"捧梵高而贬高更"，殊不知：高更当时带给梵高的正能量无人能及，哪怕是贝尔纳。因为他是史上第一个公开肯定和收藏梵高作品的人，而且是因为《向日葵》。还记得 1887 年 12 月初的"聚义大碗汤"吗？

高更用自己的油画《马提尼克岛的湖岸》交换了梵高两幅巴黎的《向日葵》

高更《马提尼克岛的湖岸》
1887 年，54.5 厘米×65.5 厘米，
荷兰阿姆斯特丹梵高博物馆藏

　　1887 年 11 月下旬到 12 月初，"第一届小路印象派画展"在蒙马特高地克利希大街 43 号举行，当时高更刚从加勒比海的马提尼克岛归来不久。在画展现场，他被两幅巴黎的《向日葵》深深吸引，之后便联系提奥要与梵高交换作品——这就代表着收藏。高更此举是当时巴黎艺术圈的一种时尚，据说这种时尚来自日本浮世绘画师；它是艺术家之间彼此欣赏和鼓励的一种方式，也是作为圈里人的一个重要标志。1887 年 12 月，高更用自己的一幅油画《马提尼克岛的湖岸》交换了梵高的两幅《被折断的向日葵》（第一幅和第三幅）。这事儿虽然今天看来是梵高吃了亏，但当时对他来讲绝对是个机会。因为在梵高的有生之年，高更的名气一直比他大。尤其巴黎时期，梵高亲眼见识了高更的实力：在印象派第八届画展上，高更的作品与修拉的《大碗岛的星期天下午》一起展出；在"聚义大碗汤"时，高更谈起当时的巴黎艺术圈又是那样的"指点江山，激扬文字"；再加上贝尔纳一直跟他说高更如何如何了不起……这样一位高人居然愿意跟自己交换作品！要知道，梵高当时在圈儿里还啥都不是呢，好多同行觉得他基本上算不上一个艺术家……

　　"慧眼识英雄"的力量到底有多大啊？！也许正是这股力量推动着梵高，让他对自己的艺术和未来有了信心，包括那个宏伟目标伟大理想：想成事，就得大家一起并肩作战，建立一个无产阶级艺术联盟！从 1888 年春天开始，艺术家协会就成了梵高最重要的一桩心事：他希望圈里的朋友能来阿尔，越多越好……于是在地中海归来的那一天，他向高更发出了邀请。

　　但是没人来。

　　一直也没人来。

　　念念不忘，必有回响……

　　终于——在 1888 年 7 月 22 日，梵高得到消息：高更要来阿尔了！

　　久旱逢甘霖，他乡遇故知！梵高惊喜万千，开始准备见面礼……

　　当然，高更并没说马上就来，不过这事好歹算定下来了。于是梵高就琢磨：既然高更是因《向日葵》与自己结缘，既然高更是史上第一位"收藏文森特《向日葵》"的人，那么在阿尔迎接远道而来的他，除了《向日葵》，还有谁？更何况，高更本人也是一棵向日葵，因为他和向日葵都属于"欧美混血"。

普罗旺斯虽然有大片的向日葵地，但是这种花其实原产于美洲——1510年，西班牙殖民者把它带到了欧洲。高更，父系家族世居法国，母系家族追溯千年是西班牙王室血统，在皮萨罗时期到达了南美秘鲁。所以他一直以"秘鲁印加人的后裔"自居，而且童年还在秘鲁生活过几年。在古印加帝国，向日葵的花语是"太阳"，象征着太阳神；此外，它的花语还是"高傲、光辉、忠诚、沉默的爱、勇敢地追求自己的幸福"，而野生向日葵的花语是"投缘"……不知梵高知不知道向日葵还有这么多讲究，但无论如何 1888 年阿尔的《向日葵》都是他的"希望之光"：因为高更要是真的来了，那艺术家协会的事就大有眉目了！若果真如此，那可当真是：金光大道光万丈，星光大道直通天！这是绝对的"有朋自远方来，不亦乐乎？"

作为梵高的一种自我投射，如果说巴黎的《向日葵》（包括那个"户外"系列）是他的"伤痛之花""失恋之花"和"疗愈之花"，那么阿尔的《向日葵》就是他的"理想之花""友谊之花""高更之花"！这些花儿在这个夏天快要结束的时候，终于盛开！

我就像马赛人吃鱼羹那样兴致勃勃地作画，如果你知道我画的是大朵的向日葵，相信你不会感到吃惊。

现在有三幅油画正在进行。第一幅，一个绿色花瓶中插着三朵大花，浅色的背景。第二幅，有三朵花，一朵已经掉瓣结籽，还有一朵是蓓蕾，衬在品蓝色的背景上。第三幅，插在黄色花瓶中的十二朵花和花蕾。最后一幅非常明亮，我希望这会是最美的一幅。我很可能会继续画下去。因为我希望能与高更住在自己的画室里。对于这个画室的装饰，除了大朵的向日葵，其他一概不用。

……如果这个计划最终实施，那将会有 12 幅左右。一整套画将会是一首蓝色和黄色的交响乐。

——1888 年 8 月 21 或 22 日致提奥

梵高 1888 年 8 月下旬创作的阿尔《向日葵》

　　1888 年 8 月 21—26 日，梵高激情高涨、热血沸腾地完成了这个"向日葵蓝黄交响乐"中的 4 幅。其中后两幅广为人知，前两幅相对"默默无闻"，而且风格上也不像人们印象中的"梵高的《向日葵》"。这是因为那两幅作品是完完全全的探索性作品，比如这个系列的第一幅——《三朵向日葵》：乍一看，很像一幅普通的油画静物写生。

　　其实不然。一般的色彩写生都是通过光影明暗来表现三度空间里的形体结构和空间感，但是这幅画中，梵高大大弱化了明暗而把主体物和背景的色彩都大幅度提纯，比如那块明亮的背景色：最淡的委罗内塞蓝。

　　委罗内塞蓝也经常被翻译成"委罗内塞绿"，到底是蓝还是绿不太好说，反正这种颜色比较接近绿松石。它的名字来自文艺复兴末期的一位绘画大师：威尼斯画派三杰之一，保罗·委罗内塞（1528—1588）。其实这位大师的原名叫保罗·卡利亚里，因为出生在意大利北部名城维罗纳，所以火了之后就有了个绰号叫"保罗·委罗内塞"，意思是：保罗这个人来自维罗纳。说起维罗纳，的确历史悠久、大名鼎鼎：从公元前 1 世纪就是兵家要塞，自 16 世纪末以来更是因一件事人气火爆——大约 1595 年，伟大的莎士比亚写出了伟大的爱情悲剧《罗密欧与朱丽叶》，那对少男少女的爱情就发生在 13 世纪末的维罗纳。当然，梵高画《向日葵》跟那俩孩子的爱情没啥关系。他对委罗内塞蓝的偏爱纯粹是出于对那位古代大师的仰望，尤其在色彩方面。

委罗内塞是有史以来最伟大的色彩大师——比提香、鲁本斯甚至伦勃朗还要伟大，因为他建立了一种统一的自然色调，取代了以保持光影描绘模式为特征的"学院式明暗法"（Academic Chicroscuro）。

1860 年，19 世纪法国浪漫主义诗人、艺术批评家泰奥菲勒·戈蒂埃（1811—1872）给予了这位文艺复兴大师至高无上的评价。的确，委罗内塞在油画技法上的这个贡献深深影响了 19 世纪 100 年的法国绘画大师——从德拉克洛瓦到马蒂斯。因为虽然是处于古典油画的时代，但委罗内塞在创作中力争弱化光影明暗而提纯色彩——这也是 300 年后的梵高继续探索的艺术课题之一。

但梵高与委罗内塞终究是不同的。作为 16 世纪中后期的文艺复兴大师，委罗内塞的艺术还是属于客观绘画；而"工业 2.0"时代的梵高，他的艺术已经走向主观。那么，那块明亮的委罗内塞蓝仅仅是一块颜色吗？那背景下半部的红褐色，仅仅画的是桌面吗？

三朵灿烂的向日葵插在一个绿色陶罐中，在构图上顶天立地——它真的只是一瓶花吗？

作为煞费苦心迎接高更的作品，这幅阿尔"向日葵"的开篇之作难道会没有任何寓意吗？

《三朵向日葵》
1888 年 8 月下旬，73×58 厘米，私人收藏

　　作为一个抵触学院派审美的先锋艺术家，梵高对客观物质世界的表现是基于对主观精神世界的表达。所以，那片明亮的委罗内塞蓝完全是想象出来的，包括那片红褐色的桌面——它们在画作中被称为"背景"，但是在梵高眼里、在梵高心中，它们是阿尔的"天与地"，是普罗旺斯夏末的晴朗天空和 8 月里灼热的土地！而那瓶顶天立地的向日葵，则是他心中久久的企盼：一个由志同道合的画友们组成的艺术家协会……

　　阿尔的《三朵向日葵》寓意着：人活天地间！

　　作为阿尔时期的第一幅《向日葵》，《三朵向日葵》显然是一幅探索性作品。所以，它也显然不是阿尔时期"向日葵"系列中的得意之作。但是，它却是第一幅被卖出的"梵高的《向日葵》"。

　　梵高去世后，他的弟媳——提奥的妻子乔·安娜把他的一些作品拿到蒙马特的唐吉画材店寄卖。1891 年 4 月 1 日，一位名叫考克塔夫·米罗贝奥的巴黎评论家在店中以 600 法郎购买了这幅画。所以，老友唐吉老爹是第一个卖出梵高的《向日葵》的人。

　　之后，这幅画几经易手，时隐时现。1948 年，《三朵向日葵》在美国克里夫兰艺术博物馆展出。该馆是美国十大博物馆之一，收藏着全美最好的亚洲艺术品，莫奈和毕加索的作品是此馆的镇馆之宝。但是《三朵向日葵》在那里展出了一个月后却神秘消失……而 1970 年却被希腊船王乔治·昂比里科收藏。之后，船王在 1996 年又将此画转手卖给了一位神秘人物——据说此人拥有多幅梵高画作，但行事极为低调……

　　所以，也许哪天又有一批梵高名作重见天日，包括这幅《三朵向日葵》。

《六朵向日葵》
1888 年 8 月下旬，98 厘米×69 厘米，
1945 年 8 月 6 日毁于日本芦屋空袭

　　第二幅阿尔的《向日葵》完成于 1888 年 8 月 22 日。它很特别，在整个阿尔时期的"向日葵"系列中宛如一首蓝色小夜曲。

　　第二幅，有三朵花，一朵已经掉瓣结籽，还有一朵是蓓蕾，衬在品蓝色的背景上。

——1888 年 8 月 21 或 22 日致提奥

　　如果不看作品只看梵高写给提奥的信，会让人误以为这幅画里也是三朵向日葵，而实际上画面中有六朵：桌面上那三朵应该是后加上去的。所以阿尔的第二幅《向日葵》被人称为《六朵向日葵》，它依然是一幅探索性作品。在阿尔的"向日葵"系列中，如果说第一幅（《三朵向日葵》）主要做了色彩上的提纯，那么这一幅则重在研究边缘线的表现——其表现方式简而言之就是：画纯色勾明线、线色对比。

　　在《六朵向日葵》中，梵高给所有的主体物都勾了一个金边，其实这是在画逆光效果下产生的光晕——这个光晕与它周围的颜色（背景色和花瓶）呈对比色或补色关系。这个"逆光配金边"的效果看着很像中国的传统工艺景泰蓝（也称"铜胎掐丝珐琅"），但是却与之无关——虽然梵高当初在古庇尔以及巴黎时期在萨穆尔·宾的全球艺术品商店里见到过一些中国传统艺术。

　　《六朵向日葵》是梵高对欧日传统艺术的思考与融合，正如他在1888年8月21日给贝尔纳的信中所说：那效果就像是哥特式教堂里的彩色玻璃。此外，画中还有两处也是信里提到的：背景的深蓝色就是信中所说的"皇室蓝"；而像木条一样的画面四边则是信中说的"再用铅橙色的薄木条做画框"。

　　《六朵向日葵》是梵高把日本浮世绘与欧洲中世纪的哥特式艺术相融合的产物。以绘画而言，哥特式的花窗玻璃画与浮世绘版画都是平面设色、以线造型、注重装饰风；如今这二者被梵高合二为一，开创了"逆光技法"（"逆光"也称为"后光"），此举可谓：立足传统、放眼未来、面向世界、东西合璧！而这幅《向日葵》在梵高的巴黎"向日葵"与阿尔"向日葵"之间又是一幅绝对性的承前启后之作。

　　从画面内容上看，难道它不是巴黎的"散装向日葵"（《被折断的向日葵》）与阿尔的"瓶装向日葵"（《三朵向日葵》）的合体吗？画中横躺在桌面上的向日葵相比花瓶里的三朵花相比无疑是残枝败叶——难道，这不代表着梵高那不堪回首的过去吗？所以，这幅画首先是对巴黎"向日葵"的致敬之作，比如背景中那片浓重的皇室蓝（品蓝）——是不是略有似曾相识之感？

巴黎时期第三幅《向日葵》

　　如同上一幅（《三朵向日葵》）一样，这幅《六朵向日葵》显然也不是一幅典型的"梵高《向日葵》"，因为它流淌着一股梵高画作中少有的妩媚气质：阴柔、温柔、神秘而高贵。这是阿尔的"向日葵"系列中唯一一幅以暗色为背景的作品。而那暗色的背景，是普罗旺斯的地中海之夜。

　　实际上，《六朵向日葵》最重要的独特性在于：它是梵高所有《向日葵》作品中最具浮世绘风格的一幅——清晰而流畅的"逆光与金边"、几乎完全平面化的色彩，而且梵高在这幅画里罕见地放弃了厚涂法。也许正因如此，这幅作品后来成为第一幅被日本人收藏的梵高画作。不过遗憾的是，此画的原作已在世间消失。

　　1908 年，《六朵向日葵》被梵高的弟媳乔·安娜卖给了一位瑞士苏黎世商人，此后几经易手；1920 年，这幅画被日本芦屋市棉花商山本小弥太收藏。梵高有着深深的日本之缘，他的有生之年正逢日本国运的上升期——明治维新让这个岛国迅速脱亚入欧成为亚洲强国，但军国主义也随即得以孕育和抬头。进入 20 世纪，在《六朵向日葵》传入日本 25 年后，日本帝国主义的罪行为整个日本民族带来了灾难，其中也包括梵高大师的这幅名作……

　　1945 年 8 月 6 日，广岛原子弹事件爆发。美国为了修理日本帝国主义，在人类历史上第一次动用了核武器——"小男孩"原子弹。而同一天，日本其他地区也遭到了美军的空袭，其中就包括《六朵向日葵》的所在地兵库县芦屋市（芦屋在大阪与神户正中间，都是半小时车程）。在那次空袭中，收藏者山本小弥太的家被烧成了废墟，于是这幅《六朵向日葵》也就厄运难逃，葬身于火海之中……

　　70 年后，日本人以这个史实为创意原点制作了一部动画电影，就是2015 年上映的"名侦探柯南"的剧场版《业火的向日葵》。其实根据整个情节，这部电影的片名应该叫"《芦屋向日葵》的前世今生"——梵高大师的《六朵向日葵》在影片中被称为《芦屋的向日葵》。

　　而幸运的是，《六朵向日葵》在 1921 年已经有了彩色印刷品，所以影片中的《芦屋向日葵》还原了梵高大师原作的真容。

在阿尔时期的"向日葵"系列中，《三朵向日葵》和《六朵向日葵》分别是梵高在色彩和造型方面进行的探索。不过这两幅都没有签名，说明大师对作品还不甚满意。从第三幅开始，梵高的《向日葵》代表作正式诞生，横空出世！

第三幅，插在黄色花瓶中的十二朵花和花蕾。最后一幅非常明亮，我希望这会是最美的一幅。

——1888 年 8 月 21 或 22 日致提奥

我正在画第四幅向日葵，这是一束有十四朵的花，黄色的背景……

——1888 年 8 月 23 或 24 日致提奥

梵高这两封信中说的"最后一幅"和"第四幅"是同一幅。不过他说第三幅里的向日葵是十二朵、第四幅是十四朵，而最终完成的油画中：第三幅画了十四朵，第四幅则是十五朵（其实最终是十六朵）。这种数量的变化主要是因为两点：第一，相比画风景和人物，油画静物花卉相对简单而且可控，不用画严格的素描稿；第二，那些采回来的向日葵很快就会枯萎，梵高没有时间像之前那样走流程——手稿→素描→水彩→油画，他必须抓紧时间一气呵成，于是就边画边对作品进行完善——包括根据构图调整向日葵的数量。但是之所以在信中把向日葵的数量定为十二朵和十四朵，应该是因为梵高觉得"十三"不吉利——这个说法来自基督教：耶稣最后的晚餐上，一共十三位在场。而梵高以"十二"来代表基督十二门徒，他的艺术家协会最初设定的会员人数就是十二人。十二个艺术家再加两个画商（提奥和泰斯提格），一共十四人。

理想，对于梵高有着无比巨大的驱动力。为了画出这个夏天最耀眼的黄色，他必须一直保持极度兴奋，必须靠咖啡、酒精和烟去支撑他的兴奋，于是他的手越来越快……而对于这种"快"，梵高有着深刻的认识：

巴黎时期第一幅《向日葵》

阿尔时期第四幅《向日葵》

我常常画得飞快，这个算缺点吗？我控制不了……难道我们追求的不是热血沸腾的激情吗？难道我们在兴奋的状态下，还要保持冷静和有条不紊的笔触吗？上帝啊，在我看来，它应该像击剑时发起进攻一样。

——1888 年 6 月 27 日致贝尔纳

当时梵高正在烈日炎炎下的麦田中，"麦田"系列（或者说"丰收"系列）的创作速度是平均一天一张油画……所以，梵高在创作的时候哪里是人们印象中的那种画家——那么文质彬彬、举止优雅？

在画布前，他就是一个战士，一个武者！

画笔，在他手中快如刀剑……

于是他的画作——

像中国书法里的草书一样，一气呵成；

又如重金属摇滚一般，持续高亢！

这是小宇宙爆发到燃点的疯狂！

唯有这种疯狂，才能造就《向日葵》的金属之色！

才能成就其雄浑刚猛的气质！

正如阿尔"向日葵"的第三幅：《十二朵向日葵》。在这幅画中，梵高把那夏日里最后的花朵画出了金石的质感与量感——其实这是他一直在寻找的感觉，比如巴黎"向日葵"系列的第一幅：《被折断的两朵向日葵》。

《十二朵向日葵》
1888 年 8 月下旬，91 厘米 ×72 厘，德国慕尼黑新绘画陈列馆藏

　　这幅《十二朵向日葵》金光灿灿如烈焰飞扬！那一片片花瓣如利刃一般闪耀着光芒……这些寓意着太阳的花朵与花盘不就是一颗颗年轻而不安分的心吗？它们充满力量、姿态张扬，稳稳地"扎根"在一个花瓶当中，而那个花瓶已不再是之前的绿色陶罐——这一次，它更加厚重坚实，其金光闪耀好似铜墙铁壁……这不就是梵高心中最完美的"黄房子"吗？

　　当"黄房子"坚不可摧、固若金汤，那些花就会有震撼世界的力量！

　　所以这幅《十二朵向日葵》不光是梵高的梦想，更是他的斗志——它是光芒璀璨、激情四射的"摇滚之花"！（虽然当时还没有摇滚乐）

　　这束"摇滚之花"依然绽放在普罗旺斯的天空下！在背景的表现上，阿尔"向日葵"的第三幅依然延续了第一幅（《三朵向日葵》）里的"最淡的委罗内塞蓝"。但这个蓝其实要更淡更亮一些，所以看上去也就更白，因为梵高想要的是一种极致的"热得发白的青蓝色天空"。在蓝黄对比的大关系下，当桌面也换成了土黄色，它就更有了"大地"的感觉。所以"人活天地间"依然是这幅《向日葵》的主题诉求。除了色彩，在构图方面——梵高也依然在探寻着画面张力的劲爆点……于是花盘的个数就从原计划的 12 变成了 14，所以目前西方学界有人将这幅画称为《十四朵向日葵》。不过因为"十二"是梵高书信里提到的数字，所以这幅画最常见的名字还是《十二朵向日葵》（本书也使用这个名字）。其实说到梵高这些《向日葵》的名字，不管是"十二朵""十四朵"以及之后的"十五朵"，包括之前的"六朵""三朵"，还有巴黎时期 4 幅《被折断的向日葵》，所有这些名字都是他去世之后别人给起的，目的是便于区分。在梵高生前，无论巴黎的"向日葵"系列还是阿尔的"向日葵"系列——他在书信里只为这些作品起了一个名字：《向日葵》。目前，阿姆斯特丹梵高博物馆官方把梵高的巴黎的"向日葵"统称为《花谢结籽的向日葵》，而阿尔的"向日葵"则被统称为《瓶中向日葵》。

　　"摇滚之花"《十二朵向日葵》无疑是阿尔《向日葵》系列中的第一幅成功作品，所以它当仁不让地成了这个系列的第一幅签名作：画面中，花瓶中线左下方有一个斜着的暗红色"Vincent"签名，这个名签得相当不一般！

　　古今中外画作签名原本是寻常之事。但像梵高这样把大名签在主体物上的实属罕见，甚至前无古人（历史浩瀚，言无绝对）。这个签名说明了他对这幅作品的高度满意和高度自信。《十二朵向日葵》是梵高从巴黎时期到阿尔时期的第一幅《向日葵》品牌型代表作，因为它首次具备了大众熟知的梵高"向日葵"的诸多重要特征，比如：坚如磐石的花盘、锋利如刀的花瓣、背景里梵高标志性的"十字交叉"型笔法以及花瓶上的签名。但是长期以来，他的签名为什么是"Vincent"而不是"van Gogh"呢？

　　早在创作"朗卢桥"系列的时候，梵高就解释了其中缘由。1888 年 3 月，他写信对提奥说：

这次倒也无所谓了，但是将来我在（画展）名录上的名字必须与画布上的签名一致——是"文森特"，而不是"梵高"。这主要因为这里的人不懂得后一个名字的发音。

——1888 年 3 月 25 日致提奥

信中提到的画展是 1888 年 3 月下旬在巴黎刚刚开幕的第四届独立沙龙展，当时提奥送了三幅梵高的油画去参展。当梵高得知自己在画展名录上的署名是"van Gogh"时，便和提奥聊起了签名的事。因为在法国，"van Gogh"经常被不懂荷兰语的人读错，阿尔人就把"van Gogh"说成"梵勾"——这倒不能怨阿尔人说的法语是普罗旺斯方言，在首都也一样——高更也这么说。所以，这样一个容易产生谐音的称呼确实不适合作签名。而且，"van Gogh"也不是名而是姓，更准确地说应该是祖籍。荷兰语中的"van"相当于英语里的"from"，而"Gogh"其实是个地名。梵高的全名叫"Vincent Willem van Gogh"，它的意思就是：从"Gogh"这个地方而来的文森特·威廉（"文森特"是梵高大师的爷爷的名字，而"威廉"是他的姥爷的名字）。只是，"Gogh"这个地方压根就不在荷兰。

今天，"Gogh"的位置在德国经济最发达的地区：北莱茵－威斯特法伦州（华人将其简称为"北威州"）。这个州位于德国西部，巴洛克大师鲁本斯就是出生在那里的锡根。在文艺复兴时期，"Gogh"属于神圣罗马帝国（962—1806），是靠近北尼德兰的莱茵河谷中的一个小村，梵高父系家族的先祖们就生活在那里。从 15 世纪开始，他们从"Gogh"村出发向西传教，足迹遍布尼德兰。到了 17 世纪，这个家族的一支在荷兰海牙定居——他们就是梵高家谱上的列祖列宗。所以梵高虽然是荷兰画家，但是寻根问祖，他的祖籍可以说是德意志。而梵高与德国也确实缘分颇深，尤其这幅《十二朵向日葵》——最后花落德国。

不过，van Gogh 家族虽然是起源于神圣罗马帝国的"Gogh"村，可梵高却并不怎么待见他这个历史悠久的"德意志姓氏"。

《自画像》
1887 年夏，纸板油画，19 厘米 ×14.1 厘米，荷兰阿姆斯特丹梵高博物馆藏

　　身为一名资深的落魄倒霉先锋艺术家，文森特·威廉·梵高曾经对提奥说："我和其他家族成员有着本质的不同。实际上，我并不属于'van Gogh'这个姓氏。"

　　一个人要经历怎样的过往才能说出这样的话呢？

　　家族耻辱、众叛亲离、无家可归……在亲人和亲戚们眼里，他一无是处！永远一文不值！这种巨大的生命伤痛让他宁愿远离这个姓氏。

　　但"Vincent"是不同的。它是梵高的名字，更是梵高的热爱，因为它的拉丁语含义是"征服"！而梵高，要消灭自己犯下的那些家族耻辱，要对抗那个令自己和别人都不满意的命运——在一路搏杀中的无数至暗时刻，每每是上帝之光照亮了他……在这个苦人儿心中：作为一名牧师世家的后代，无论自己是不是 van Gogh 家族的孩子，Vincent 都是上帝之子！

　　可是，这个名字同样也代表着黑暗。在他出生的前一年——1852 年，他的母亲安娜产下了一个男性死婴，这个死婴的墓碑上写着：Vincent van Gogh。而更加诡异的是：梵高与这位同名同姓的哥哥都是出生在 3 月 30 日！

　　当昼与夜重叠，

　　生与死重逢，

　　梵高的心注定要穿越无边的黑暗……

　　所以，他为普罗旺斯的蓝天痴迷，

　　为阿尔的阳光疯狂！

　　因为他的灵魂从地狱走来，

　　却从未放弃光明！

　　所以他要燃烧，

　　像烈焰一样张狂！

　　他燃烧着！

　　燃烧着……

　　于是，有了那心中永恒的太阳——

　　《向日葵》。

　　在梵高所有的《向日葵》中，有两幅最为著名，都叫《十五朵向日葵》。而第一幅诞生于 1888 年 8 月 26 日，它是梵高《向日葵》的第一代表作，也是阿尔时期"向日葵"系列的第四幅。这幅画的花瓶上有一个蓝色的"Vincent"签名，现在这个蓝色因为氧化作用已经变深，在当时应该是明亮鲜艳的钴蓝。梵高对这幅《十五朵向日葵》无疑是最满意的！因为这个蓝色"Vincent"是他所有《向日葵》和所有画作中最经典的一个签名。

《十五朵向日葵》
1888 年 8 月下旬，92 厘米 × 73 厘米，英国伦敦国家美术馆藏

　　除了签名，这幅画中花瓶的表现也超越了上一幅。《十五朵向日葵》里的黄色陶罐虽然比《十二朵向日葵》里的要小，但相对平和的笔触和更加考究的造型使它看上去愈发显得饱满、圆润和简洁。花瓶上的高光虽然也变小了，却更有"画龙点睛"的味道！不过真正的点睛之笔还不是高光，而是那个蓝色"Vincent"——这个签名是整个画面的"定盘星"。

与《十二朵向日葵》不同的是：在《十五朵向日葵》中，蓝色"Vincent"是签在了花瓶中线的左段，而且是紧压其上，这让那个黄色陶罐一下变得很沉，因为签名给了它一个向下的力。这个力非常重要：它增加了花瓶的量感，使整个画面不会因为向日葵的精彩夺目而显得头重脚轻。而且，也正是这个力加大了花瓶与花之间的张力，让那些向日葵看上去更有树的感觉：它们显得更加挺拔、茂盛、充满生命力。这股"下沉之力"犹如一股丹田气，支撑和稳定着整个画面，平衡着画中的诸多关系，而它的"发力点"就在那个签名上。

这个蓝色的"Vincent"是无与伦比的：冷色油彩的凸起感和梵高独特的用笔节奏使其有了金属雕刻般的质感，散发着一股铸就经典的味道。这个"Vincent"一定会被人注意，因为它的蓝如此稀缺珍贵，与画面中大面积的黄色系形成对比。这个"Vincent"也一定会被人记住，因为除了向日葵，它还让一个原本普通的陶罐变得如此精致和独特：它不再是个普通的花瓶，而是"梵高的花瓶"。就像这个签名：蓝色的"Vincent"不是一个常规意义的画家签名或作品记号，它是"梵高的签名"，它就是梵高！今天，它已经是梵高最重要的符号和代言，令人见字如面；而1888年阿尔的夏末，它是梵高的一个宣言——是他向全世界、向未来大声说："向日葵，是我的！"

1888年8月的《十五朵向日葵》，无论相比梵高"向日葵"系列的其他作品还是古今中外的花卉作品都是当仁不让、当之无愧的"花王"，而且前无古人后无来者。正如10月下旬高更来到阿尔看到此画时所说："这幅画是花卉作品中的极致之作！"

这个评价极其中肯。因为对于一个艺术作品来讲：精彩是表象，难度是真相。"花王"《十五朵向日葵》精彩绝伦，它的精彩在于玩转黄色，而它的难度在于背景：作为一幅完完全全的黄色调同类色油画作品，明亮的黄色背景让它的技术难度变得极高。因为在色彩中，同时"三高"（高明度、高纯度和高色相）极易流俗，但是梵高却将其控制得天衣无缝……真乃上帝之手完成的杰作！

因为背景中的那片黄色并不是"色"，而是"光"！

伦勃朗《夜巡》
1642 年，363 厘米 ×437 厘米，荷兰阿姆斯特丹国立博物馆藏

　　作为一个曾经笃信上帝的人，有句话一定让梵高铭记于心："神说：'要有光'，就有了光。"

　　也许正是这话开启了欧洲自文艺复兴以来的历史，是这句话让无数大师前赴后继地成为追光者……包括印象派画家与梵高。而 1888 年的夏天，普罗旺斯最灿烂的金色阳光就是梵高心中的那道"上帝之光"！

　　不过这个"光"依然是"逆光"。《十五朵向日葵》从布光上讲其实是之前那幅《六朵向日葵》的升级版：梵高的突破点从《六朵向日葵》里的主体物边缘线变成了这幅画里的背景——而这个背景，其意义之深远还不止是来自上帝和《圣经》。在"金色阳光"这个问题上，对梵高影响最大的是一位古人，此人就是 17 世纪欧洲最伟大的画家之一、荷兰历史上最伟大的画家（没有之一）：伦勃朗·哈尔曼松·梵·莱因（1606—1669）。

　　梵高在书信中曾多次表达对这位荷兰古代大师的崇敬与仰望，他把伦勃朗的色彩称为"伦勃朗金"，而黄色正是"伦勃朗金"的主体色。在伦勃朗笔下，那些黄色是"硬"得能敲出响声的金属与纯金，是那个时代的荷兰独有的一种光芒——它是梵高眼中的"圣光"，是一种时空久远的辉煌：17世纪荷兰的"黄金年代"！而这种光芒与意义，也正是梵高在《向日葵》中所追求的：《十二朵向日葵》和《十五朵向日葵》都呈现出了一种强烈的金属味道。所以那花盘才坚如磐石、那花瓣才锋利如刀，在一片"热得发白"的天空下宛如一曲"古金色、青铜色、紫铜色"的交响乐……这不正是6月里的阿尔大地吗？

　　这里需要说明的是：青铜色并不一定就是青色。青铜器是经过氧化以后才带有绿色，而真正刚做出来的青铜其实是金黄色的。

　　啊！金黄色，这是梵高的迷恋！这个迷恋还来自另一位先贤大师：1886年6月29日去世的印象派先驱蒙蒂切利。他在马赛出生，在马赛离去；在他的笔下，黄色和金色化作了一片普罗旺斯的耀眼阳光！而梵高在1888年8月完成的四幅阿尔《向日葵》中，后两幅在风格上明显是向蒙蒂切利靠近：《十二朵向日葵》和《十五朵向日葵》相比前两幅要厚重得多——不光在色彩品质方面，还包括油彩本身形成的笔触和物理厚度。至此，梵高的厚涂法可谓参透了蒙蒂切利油画的精髓。

《戴草帽的自画像》
1887 年，（纸板油画 ）40.8 厘米 ×32.9 厘米，
荷兰阿姆斯特丹梵高博物馆藏

　　常言道：画如其人。从 1886 年巴黎的夏天到 1888 年阿尔的夏天，梵高一直以蒙蒂切利的继承者自居，于是外出写生时就成了一个"草帽画家"。而他与蒙蒂切利也确实有着本质上的相似之处（包括两人都患有精神病），因为蒙蒂切利说过一句话："勿因看似奇怪而嘲笑，那些都是努力的结果，或许还有才华。"

　　这不正是梵高吗？

《十二朵向日葵》盛开在阿尔的晴朗天空下，《十五朵向日葵》沐浴在普罗旺斯的金色阳光中，两者都雄浑饱满，只是——不光壮丽，而且壮烈。因为这两幅画表现的都是盛极而衰的破败之花。当梵高在创作时看着那些盛开的向日葵一点点枯萎、于灿烂中凋零……他的狂喜之中有了寂寥，希望之中有了忧伤……于是才有了如此完美的《向日葵》，因为它足够丰富！而令人拍案叫绝的是：所有的构图都并非照搬原物。因为那些向日葵的花茎太长、花盘太大，无论如何都不可能插在一个陶罐里呈现出一种笔直挺拔的姿态，虽然当时梵高像摆日本插花似的摆弄了好长时间（后来他对三妹威廉·敏娜说起过此事）。所以那些向日葵真正的价值主要是供深入刻画时有一些细节上的参考，而整体构图上——梵高全凭想象和感觉决定。当然，在油画开始之前，他也画了一些《向日葵》的速写手稿。

1888 年夏末，在画《十五朵向日葵》的时候，梵高曾感叹自己生不逢时——不错，当这幅"花王"与"摇滚之花"《十二朵向日葵》第一次公开展出的时候，梵高尚在人世。那是 1889 年 12 月在唐吉老爹的画材店里，当时有人看、没人买。直到 1912 年，这幅《十五朵向日葵》在德国科隆的"现代艺术特展"上展出，"花王"终于引爆全场。在 1924 年，英国国家美术馆（又译为国家艺廊、伦敦国家美术馆）开价 1304 英镑从乔·安娜手里买走了这幅"梵高《向日葵》"的第一代表作，馆藏至今。

相比"花王"《十五朵向日葵》，"摇滚之花"《十二朵向日葵》的命运就没那么顺利了，甚至有点像梵高自己的命运：历经坎坷，充满传奇，终成正果——而且这个正果还跟高更有点关系。

起初，《十二朵向日葵》一直卖不出去，所以也卖不上价钱。直到 1905 年 4 月，一位德国画商卡希尔从乔·安娜手里买走了这幅画；两个月后，他又把这幅画转手卖给了当时德国国家美术馆的馆长雨果·冯·楚迪（1851—1911）。此人是一位重量级人物，他是 20 世纪初德国博物馆界最有影响力的人，致力于收藏马奈、莫奈、梵高、高更和塞尚的作品。雨果·冯·楚迪与梵高是同一代人，1905 年 6 月他以 3200 马克私人收藏了这幅《十二朵向日葵》；而在上一年——1904 年，他收藏了一幅高更生前在塔希提创作的油画《上帝之子》(也叫《基督降生》，完成于 1896 年 12 月)。所以梵高跟高更真的是：缘分啊！

　　1911 年雨果·冯·楚迪去世。1912 年，一位神秘人物从他的妻子手上买走了《十二朵向日葵》，之后把这幅画捐赠给了德国巴伐利亚州油画收藏协会。这一年，《十二朵向日葵》的交易价格已经涨到了 20 000 马克 (合 1 000 英镑)。1913 年，这幅画被存放在慕尼黑新绘画陈列馆，当时梵高的作品已经全面升值。所以，梵高不光有着深深的日本之源，他还有着更深的德国之源：在全球，德国是梵高最先 "火" 起来的地方，因为他深刻影响了 20 世纪初的一批德国艺术家，比如著名的弗兰茨·马尔克 (1880—1916) 和恩斯特·路德维希·凯尔希纳 (1880—1938) ——他们都是德国表现主义的重要创始人。

　　到第一次世界大战前，德国人已经收藏了 120 幅梵高画作。当然梵高的假画也是最先在德国 "火" 起来的：1932 年，柏林画商奥托·维克尔因大量贩卖梵高油画赝品而锒铛入狱。

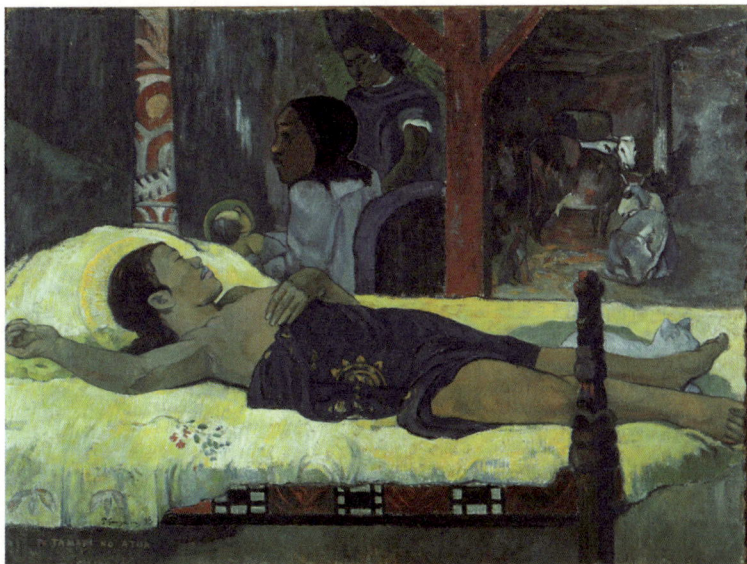

高更《上帝之子》(《基督降生》)
1896 年 12 月下旬，96 厘米 ×131.1 厘米，德国慕尼黑新绘画陈列馆藏

一战前，梵高火爆德国；但是到了二战前，梵高的艺术在德国却遭到了打压。其实不光是他的作品，1937 年，大约 16 000 幅现代艺术品从德国的各个美术馆、博物馆被搬出，约 5000 幅画作被烧毁，其余的统统被没收，从马奈、莫奈到梵高、高更、塞尚再到马蒂斯、毕加索，德国表现主义以及当时欧洲所有的现代艺术家们统统被希特勒政府定性为"堕落艺术家"，他们的艺术则被纳粹德国称为"堕落艺术"（也称"颓废艺术"）和"有毒的花朵"……但是好在希特勒并没有把这些现代艺术品完全毁掉——这倒不是他懂艺术和珍惜文化，而是因为他知道有些人的作品很值钱，比如梵高、高更、塞尚、马蒂斯、毕加索——这些人的画卖了能赚钱，不卖能升值，所以犯不上毁掉。但是，一定要把它们藏起来，绝不能让这些东西毒害老百姓！

所以 1939 年九十月间，梵高的《十二朵向日葵》被德军运到了阿尔卑斯山的人间仙境——新天鹅堡；而高更的《上帝之子》则被运到了旧天鹅堡，放在了一个地窖里。

到 1945 年纳粹德国投降前夕，希特勒计划将天鹅堡炸毁。但城堡里的德军官兵出于对艺术的尊重，拒绝执行命令。1945 年 5 月，美军顺利进驻新天鹅堡，之后逐一归还堡内藏品。

于是《十二朵向日葵》又回到了德国。但是由于慕尼黑新绘画陈列馆在战争期间已经被炸得稀巴烂——光废墟就清理了 4 年，梵高大师这幅《向日葵》和其他许多现代艺术精品只能暂时存放在损坏尚不严重的慕尼黑艺术之家——那是希特勒在 1937 年修建的纳粹德国美术馆（也叫前德国艺术宫）。话说德国人盖房子是相当严谨的，所以慕尼黑新绘画陈列馆的重建工程进度就很慢很慢……一盖就是 36 年。直到 1981 年，梵高这幅传世名作终于回到了重新开馆的慕尼黑新绘画陈列馆，而且与高更的《上帝之子》在同一个展厅。遥想 90 多年前的那个夏天，为了迎接高更的到来，梵高满怀激情与憧憬地画着阿尔的《向日葵》……

而硝烟滚滚万水千山之后，《十二朵向日葵》与《上帝之子》终于重逢。

所谓缘分，就是冥冥之中自有安排。

继 1888 年 8 月的《向日葵》后，梵高又画了 3 幅阿尔的《向日葵》，最后两幅在 1889 年 1 月底完成。所以阿尔时期的"向日葵"系列一共有 7 幅，这 7 幅悉数与高更有关。不过 1889 年 1 月，高更已经离开了阿尔，而梵高也已经经历了割耳、住院。因为伤势恢复得还算顺利，1 月 4 日他获得了医院的批准"回家看看"。

走进黄房子，梵高感慨万千：往事历历在目，而今物是人非……他在黄房子里分别给提奥和高更写了信。他在信中对高更说："在医院的时候，我经常想起你……愿我们都相信，世间一切的安排都是最好的安排。"

1889 年 1 月 8—16 日，梵高收到了高更的回信。高更在信中依然对那幅《十五朵向日葵》大赞不已，并希望得到一幅此画的复制品。这幅"花王"之所以被高更如此看重，除了画作本身精彩绝伦，可能还有一个原因——据后世梵高的研究者检测：在 X 光下，这幅画左下角那朵最小的向日葵不是梵高在 1888 年 8 月画的，它是后加上去的，时间是在 10 月下旬以后。也就是说，当时高更已经到了阿尔，而梵高很有可能是听从了他的建议对此画做出了修改。当然这只是基于 X 光的检测，此事在梵高、高更、贝尔纳以及提奥的书信中均无提及。

不过 1889 年 1 月，梵高看完高更的那封信后，怒了！

他居然想换我的一幅《向日葵》！真是太可笑了！不就是他留在这里的那些画吗？我不需要。《向日葵》——我肯定不会给他，这些《向日葵》是我的，我要留着……他要再提这样的要求，我就直接拒绝他！

——1889 年 1 月 17 日致提奥

平心而论：梵高在这封信里的话多少显得刻薄了。因为他太看重高更了：他是为了高更才画的阿尔的《向日葵》，而且把其中最好的两幅挂在了高更的房间。而高更——虽然是来了，但终于还是走了。梵高伤感沮丧之余，难免怨恨不已……不过最终，在提奥的一番劝解下，他还是给高更回了一封信：

我现在很自责，也许是我导致了你的离开……但如果你原本就打算要走，那就是另一回事了。

……

总体说来，我认为你的选择还不错。如果说乔治·让南擅长画牡丹，埃内斯特·科斯特长于画蜀葵，那么我的心是属于向日葵的……鉴于我们之间发生过冲突，依照常理，我本该直截了当地拒绝你。不过，你的审美眼光让我欣赏，所以我决定复制两幅一模一样的《向日葵》。

……

无论如何，希望我们彼此仍有好感，也许我们会再次尝试。因为钱永远是个问题！像我们这样穷困潦倒的艺术家，一起合住、共同创作，或许是最终的必然选择……南方的梦想会让人成为朋友，而我们是永远的朋友。

相信我。

——1889 年 1 月 21 日致高更

梵高的信永远感情真挚、见字如面！但细想起来，与其说他看重的是与高更的友谊，倒不如说他依然对那个艺术家协会痴心不改……所以即便是当时重伤初愈、身体极度衰弱，大约从 1 月 22 日开始，他又投入到了一轮紧张的创作之中——为了阿尔的《向日葵》！

到 1 月 28 日，他给提奥写信说："我刚刚给那两幅画的副本做了最后的润色，这是与那两幅《向日葵》一模一样的复制品。"梵高信中说的"那两幅《向日葵》"指的是《十二朵向日葵》和《十五朵向日葵》——它们就挂在高更的房间里。对于这两幅画的副本，虽然他说是"一模一样"，但纯手工的架上绘画怎么可能达到百分百"克隆"呢？何况与上一年 8 月相比，此时的梵高无论在心态还是体能方面都与当初不可同日而语。所以相对原作而言，这两张副本无疑是稍显逊色的。但是，逊色之中不失特色。

比如《十二朵向日葵》副本，虽然论造型不如原来结实，论色彩不如原来古拙；整个向日葵——乍一看，显得过于"明晃晃金灿灿"！但是，一片金色之中却有一种色彩格外引人注目，而且意味深长……

这种色彩，就是红色。

《十二朵向日葵》副本
1889 年 1 月下旬，92 厘米 ×72 厘米，美国费城艺术博物馆藏

　　这幅画里有一朵向日葵显得异常醒目，它有着鲜红的花心。而花瓶上的"Vincent"签名和花瓶的边缘线也都是鲜红色，尤其那条边缘线，好似血流如注……

　　那不就是黄房子吗？大约一个月前，梵高在黄房子里割耳自残……

　　所以那朵向日葵，其实就是梵高自己——有一颗鲜红的心！

　　1889 年的 1 月，这颗心在回忆：那背景中的委罗内塞蓝依然是普罗旺斯最晴朗的天空，向日葵的金色也依然代表着阿尔最耀眼的阳光……

　　去年夏天那热血沸腾的艺术与梦想啊！

　　当走过回忆，它不只是热血。

　　它还是鲜血。

《十二朵向日葵》副本虽然不是阿尔"向日葵"系列中最精彩的作品，它却是较早被卖出的一幅"梵高《向日葵》"。在梵高去世后的第6年——1896年底，一位法国买主通过一个中间人找到了乔·安娜，以400法郎买走了这幅画。说实话，这个卖价并不高。因为5年前，那幅《三朵向日葵》还被唐吉老爹卖了600法郎。但是这幅画无论如何都会增值，因为它是"向日葵"系列里最有悬念的作品，能让人直接地联想到梵高与高更之间的高潮事件，其功能类似于梵高割耳后的自画像。因为，它是梵高在阿尔的"血之记忆"。

必须一提的是：在这笔交易中，那个中间人至关重要，因为他是高更一生中认识最久的朋友。此人名叫埃米尔·舒芬尼克尔，为人忠厚，崇拜高更的才华，在高更落魄之时曾几次出手相助，一度被高更称为"好人舒芬"。比如在1887年大碗汤餐厅画展举办的前夕，高更从加勒比海归来。当时的他是带病之躯而且身无分文——走投无路之际，是舒芬尼克尔收留了他：不光免费提供吃住，还为他准备了一间画室。就是在这期间，高更通过"好人舒芬"认识了一位画商朋友，此人就是提奥……所以，舒芬尼克尔才是梵高与高更这段旷世之缘最原始的促成者。

后来的高更——不管是在布列塔尼、阿尔还是再后来的塔西提，舒芬尼克尔一直都是他最重要的通信者之一。在阿尔期间，高更不断在信中对他说起梵高的情况……所以舒芬尼克尔不光是了解高更的最重要的线索人物之一，同时也是"梵高与高更"主要事件的见证者和诠释人。当然，他也算是梵高的一位推广者：自己收藏梵高的作品，同时也向有头有脸的人介绍梵高，比如1896年底他向乔·安娜引荐的那个买主就来头不小。

此人名叫安托尼·德·拉·罗什富科，职业是作家兼业余画家，但身份是个法国伯爵。拉·罗什富科家族在欧洲跨越千年，绝对是法兰西资深贵族世家，其家族史据说可以追溯到5世纪的欧洲王室。这个家族在历史上不乏名人能士，比如17世纪法国著名古典作家弗朗索瓦·德·拉·罗什富科公爵（1613—1680），他说过的一些话颇值得人玩味深思。

人生中的一些意外事情，需要有点傻气才能从中摆脱出来。

——《箴言集》（弗朗索瓦·德·拉·罗什富科著，1665 年出版）

梵高不就是这样吗？割耳自残是个无比惨烈的意外，但之后——他在 1889 年 1 月通过创作两幅《向日葵》副本大大减轻了因高更而起的伤害和干扰，让自己的心态迅速恢复到一个相对平衡的状态……谁让他的内心就是一个孩子呢：认真而善变，任性而柔软，渴望认同感，有时候还会非常执着地"冒傻气"——比如对高更"要一给二"。

不过只有这样才能做艺术家，不然怎么坚持理想主义呢？但收藏家就不能这样，绝不能感情用事，必须要计算投入产出，要关注钱、关注作品升值，这是职业性质决定的。所以在收藏家眼里：一件艺术品不光要有水准，更要有话题。作为资深贵族的安托尼·德·拉·罗什富科伯爵当然深谙此道，所以在 1897 年又收藏了一幅梵高作品《包着耳朵有浮世绘的自画像》——此画与《十二朵向日葵》副本堪称标配。

到 20 世纪早期，梵高名声鹊起、身价倍增。于是 1928 年安托尼·德·拉·罗什富科伯爵将《十二朵向日葵》副本卖给了一个巴黎画商，那位巴黎画商随即将其转手卖给了一个美国人——当时的价格已经涨到了 45 000 美元（9 300 英镑）。这位美国人是一位来自费城的艺术家和商人，名叫卡罗尔·泰森，喜欢收藏印象派和后印象派的作品，他在 1956 年去世。1963 年，泰森的妻子海伦把这幅《十二朵向日葵》副本捐给了费城艺术博物馆，馆藏至今。

相对来讲，《十二朵向日葵》副本在整个阿尔"向日葵"系列中是一个"话题作品"，因为它是梵高的"血之记忆"。而同期创作的《十五朵向日葵》副本，其精彩绝伦与原作却不分伯仲：正本壮美，副本华美，仿佛一雄一雌的"花王"与"花后"——它们都是梵高的"第一品牌代言"，是世界上最美的"两瓶花"！

但这最美的"花"却都是残花。尤其《十五朵向日葵》副本：画中的向日葵更显凋零之态——花瓣完全成了陪衬，那一个个浑厚硕大的花盘才是画面的主体和看点。因为每一个花盘都有一个彩色的花心，而且越是那些光秃秃的花盘，梵高就越是要把它们的花心画成绿色……绿色啊，象征着希望与重生！当割耳之后、重伤初愈之际，这些繁华落尽的花盘不就是他自己吗？

花开一季，纵然时日无多，但也要坚实、质朴、孕育希望……梵高如此托物言志、突破原作，因为他一直深爱着向日葵的"破败之美"！而他的《向日葵》不正是始于生命的破败吗？

在巴黎，梵高的《向日葵》缘起家庭之痛和爱情之殇……

在阿尔，这幅《十五朵向日葵》副本始于高更的友情之伤……

心之所念，情之所至。如此，才有了画中彩色的花心：它们用油彩堆砌而成，或亮丽、或鲜艳、或浓烈……宛如一颗颗宝石晶莹剔透！璀璨夺目！

正如梵高自己所说："我的心是属于向日葵的。"

这句话不光是对这幅画的解读，更是对梵高整个"向日葵"系列以及梵高艺术的诠释。因为他道出了一个普遍而深刻的艺术规律：艺术家拼的不是智力和能力，而是心力！

唯心心念念、呕心沥血，方可匠心独具、巧夺天工！

然而，命运对他又何其不公？何其刻薄？何其严酷？

割耳自残给他带来的最大打击还不是耳伤，而是让他知道了自己是一个精神病患者——这让原本破败的生命再次雪上加霜！

梵高，该怎样面对这命途多舛的人生？

要质朴、坚实、无惧凋零……让生命之火张扬起来，骄傲地存在着！

就像他的《向日葵》！

当艺术成为梵高真正的生命，他也就拥有了抵挡宿命之魔的武器：

《十五朵向日葵》签名版副本
1889 年 1 月下旬，95 厘米 ×73 厘米，荷兰阿姆斯特丹梵高博物馆藏

　　我越是变得丑陋、苍老、卑微、多病、贫穷，就越要用绚丽、明艳、
辉煌的色彩来为自己复仇。

——1888 年 9 月 9 日及 14 日致威廉·敏娜

其实梵高的这种心念早就开始了：

从 1887 年春天点彩塞纳河，

从 1886 年夏天痴迷于蒙蒂切利，

从巴黎时期那一幅幅"面目可憎"的自画像！

终极的破败之相无非是死亡……

所以，他要画尽世间一切美好！

就像阿尔春天的果园，

就像普罗旺斯夏日里的麦田，

就像 8 月在阳光下绽放的《向日葵》，

就像这些彩色的花心……

"我心藏瑰宝灿烂如歌，唯有画作可为我吟唱。"

——电影《至爱梵高·星空之谜》

一个多世纪后，他的 120 幅画作被加工制作成全球第一部手绘油画动画电影《至爱梵高·星空之谜》。这部影片在 2017 年上映，让亿万人潸然泪下……

因为梵高，有一颗宝石般的心！

《十五朵向日葵》副本是梵高生命中最后的《向日葵》。那些彩色花心的完美表达是源于创作《十二朵向日葵》副本时的尝试。这幅画与原作相比：花瓶不像以前那般坚实，也没有高光；"Vincent"签名也不是原来的位置，它签在了花瓶中线的下方，而且是浅蓝色，看上去很弱。之所以如此安排，梵高当时的身体状况应该是个重要原因，更重要的是：经此变故，"黄房子"的梦想是否还能继续已未可知……所以这个签名不再像正本中那样有着雕塑感，相反——它看起来虚弱无力、模糊而不确定。因为此时的"Vincent"已经不再是个宣言，它只是一个回忆……回首 1888 年的夏末，那个热血沸腾的蓝色梦想啊！

　　因为体能与心境所致，梵高在创作《十五朵向日葵》副本时，笔触不再像原作正本中那样遒劲有力，但整幅画的风格却更加靠近浮世绘的平面装饰美：亮丽而精致、柔和而优雅……也许，这是他的一个意外收获。

　　阿尔的《向日葵》因高更而起，因高更而终。但 1889 年 1 月下旬梵高特意为高更而作的两幅《向日葵》却最终也没有送给他。因为梵高与高更此生再未相聚。

　　在梵高去世后的 34 年里，《十五朵向日葵》的"花王"与"花后"一直陪伴在乔·安娜身旁。1924 年，英国国家美术馆希望收藏《十五朵向日葵》副本，但最终乔·安娜却出售了正本。因为她知道，从各方面讲，梵高的这些作品都不可能永远留在家里；而当时，英国国家美术馆是"花王"《十五朵向日葵》最好的归宿。所以"花王"最终花落英国，而"花后"一直留在了乔·安娜家中。1927 年乔·安娜去世，他的儿子、梵高大师的小侄文森特继续保管着这幅作品，直到 1973 年荷兰阿姆斯特丹梵高博物馆正式落成。从那时起，这幅"花后"——《十五朵向日葵》副本一直都是这座美术馆的镇馆之宝。

　　除了"花后"《十五朵向日葵》，阿尔的"向日葵"系列里还有一幅《十五朵向日葵》副本：它是三幅《十五朵向日葵》中唯一一幅没有签名的作品。与"花王"和"花后"相比，这幅未签名版《十五朵向日葵》似乎更像一个沧桑的中年人。若三幅对照能明显看出："花王"很帅，遒劲有力；"花后"很美，细腻优雅；而这个"中年人"，沧桑厚重、朴实而古拙——这幅画是阿尔"向日葵"系列里颜色画得最厚的，因为它用的画布与众不同。其他 6 幅《向日葵》用的都是普通的亚麻布，纹理相对细腻而平滑；而这一幅用的则是黄麻布，纹理较粗，更往麻袋片靠拢——那是 1888 年 10 月下旬高更到阿尔之后买的，很有可能是购于卡尔芒商店。高更十分喜欢这种黄麻布，而梵高用黄麻布再配合厚涂法——显然就更废颜料。不过这种黄麻布却是了解这幅画的一个重要线索。

　　阿尔的"向日葵"系列一共有7幅，梵高在阿尔时期的书信里记录着这个系列的创作过程，但是对这幅未签名版《十五朵向日葵》却只字未提。所以这幅画的创作时间就成了一个谜，关于这一点，荷兰阿姆斯特丹梵高博物馆官方认为：此画创作于1889年1月。但是另有梵高研究专家对此提出了质疑，认为未签名版《十五朵向日葵》的创作时间应该是始于1888年11月底或12月初。因为在1889年1月，梵高正逢重伤初愈，而《十二朵向日葵》副本和《十五朵向日葵》副本（有签名）的创作周期一共只有大约一周时间，以梵高当时的身体状况是不可能在一周内完成三张复制品的，固然他是个超级快手。而1888年11月底或12月初，高更正在创作一幅油画《画向日葵的人》（或《画向日葵的文森特》）。为了这个创作，梵高很有可能高更他当了一回模特儿，特意画了未签名版《十五朵向日葵》；或者，是他画这幅画在先，高更是因为看到梵高在画这幅《向日葵》才决定自己要画一幅《画向日葵的人》……究竟两人谁先谁后，史料上并无记载，不过有一点是确认无疑的：未签名版《十五朵向日葵》与高更的《画向日葵的人》用的是同一种画布——黄麻布。多年以后，高更对当时的创作过程依然记忆犹新：在《画向日葵的人》快要完成的时候，梵高与他发生了冲突，因为他觉得自己被高更丑化了，这件事写在高更晚年的回忆录中。所以由此可见，这幅未签名版《十五朵向日葵》当时应该并未画完，而阿姆斯特丹梵高博物馆的观点应该也有一半可信：到1889年1月，梵高才最终完成了这幅作品——至于没有签名，应该是他觉得：不想签或者不必签。

　　其实梵高大部分作品都没有签名，但凡有签名的画作都有明确的目的：或者卖或者交换，比如《十二朵向日葵》的正副本和有签名的《十五朵向日葵》正副本。而这幅未签名版《十五朵向日葵》也许是他留给自己的纪念。

　　每个人的心中都会有一些纪念，正如每个画家都会有几幅画留给自己。阿尔的"向日葵"是因高更而起——虽然最终他还是离开了阿尔，但是在一路走来的悲苦人生中，1888年的夏天是多么灿烂而温暖！

　　因为梵高终于可以自信而自豪地面对自己……

《十五朵向日葵》未签名版副本（黄麻布）
1888 年 11 月底或 12 月初至 1889 年 1 月下旬，100 厘米×76 厘米
日本东京东乡青儿纪念馆（日本财产保险公司美术馆）藏

　　正如这幅"沧桑版"的《十五朵向日葵》：它是朴实无华的。与其他《向日葵》相比，那厚重的笔触让它有了一种弥足珍贵的深沉和内敛，而且多了几许泥土的味道……泥土啊！这不就是最真实的梵高吗？

　　一个浑身上下散发着泥土气息的、内秀的中年男人。

但这幅画也有一种明显的焦灼感。如果把一幅画比喻成一个人的话，这幅未签名版《十五朵向日葵》无疑是所有梵高《向日葵》里年龄感最大的：它的沧桑厚重之中隐含着一股干枯和颓废……这种状态除了是黄麻布的特性所致，还有一点：1888 年 12 月从月初开始，黄房子里几乎每天都会爆发争吵；而 1889 年 1 月，梵高又是何等孤独落寞——因为那时，高更已经离他而去……但是这幅画最终竟也与高更有缘。

虽然在三幅《十五朵向日葵》里，这幅未签名版在视觉效果上最为逊色，但它的命运并不逊色：这幅画延续着梵高的德国之缘和日本之缘。这两个缘分，一个让它大幅度升值，另一个让它找到了最终归宿。

未签名版《十五朵向日葵》是第二幅被卖出的梵高《向日葵》，它的第一个买家就是高更的那位老友：舒芬尼克尔。1894 年，他以 300 法郎（合 12 英镑）从乔·安娜手中购买了这幅作品。但很长一段时间里，这幅画都被怀疑是他仿制的梵高赝品——因为他具备条件：自己画画，而且又对梵高（和高更）的事很熟。之后十余年中，梵高人气飙升，此画两度易手；到 1910 年 9 月，这幅作品以 35 000 法郎（合 1400 英镑）的高价被一个德国贵族收藏。这位德国贵族名叫保尔·冯·门德尔松-巴托尔迪，出身银行家族、产业有城堡，跟 19 世纪德国著名大音乐家费利克斯·门德尔松（1809—1847）沾亲，与 1905 年收藏《十二朵向日葵》正本的雨果·冯·楚迪是好友。

1910 年 11 月 8 日到 1911 年的 1 月 15 日，这幅作品被借到英国伦敦格拉夫顿画廊参加一个画展"马奈和后印象派"。那次画展展出了梵高 20 多幅作品，其中有两幅《十五朵向日葵》：一幅是乔·安娜保存的"花王"《十五朵向日葵》正本，另一幅就是这幅未签名版的《十五朵向日葵》。

从 1910 年 9 月开始，未签名版《十五朵向日葵》一直被德国贵族门德尔松-巴托尔迪收藏，直到 1933 年希特勒上台——当时，门德尔松-巴托尔迪担心这幅画在自己手里会遭不测，于是在 1934 年将其卖给了一位巴黎画商。

到 1935 年底，那位巴黎画商又以 10 200 英镑将其卖给了一位美国贵妇艾迪斯·贝蒂——此人还收藏莫奈、修拉和塞尚的作品，她的丈夫是当时美国的一位矿业巨头。此后的半个世纪，这幅画作一直收藏于贝蒂家族，直到 20 世纪 80 年代委托佳士得进行拍卖。未签名版《十五朵向日葵》最终的成交价是 250875 英镑，买家是一个日本公司：安田火灾海上保险公司。交易那天是个特别的日子：1987 年 3 月 30 日——那一天，梵高诞辰 134 周年。

安田公司花重金购得这幅梵高名作是为了一年后的公司百年庆典：与这幅未签名版《十五朵向日葵》一样，安田公司也是诞生在 1888 年——这是梵高的日本之缘，也是日本的梵高之缘。自购得之日起，安田公司一直把这幅画收藏在东京新宿总部的东乡青儿纪念馆。东乡青儿（1897—1978）是 20 世纪日本著名的近代西洋画家。1921 年，24 岁的他到巴黎求学，深受毕加索和马蒂斯影响，一生以画女性题材为主，与安田公司的合作超过半个世纪。1976 年，安田公司决定把总部顶楼——42 层全层作为东乡青儿美术馆开放。

2002 年，这个美术馆因安田公司的改组升级而更名为"东乡青儿纪念馆／日本财产保险公司美术馆——当然，无论叫什么名字，梵高这幅未签名版《十五朵向日葵》都是无可争议的镇馆之宝。不过，馆内收藏的另外两幅油画名作也同样不可小觑：一幅是塞尚的静物《苹果和餐巾纸》，另一幅是高更的风景《亚力斯坎和圣·奥诺拉入口》。必须一提的是，高更这幅画是 1888 年作于阿尔，用的也是黄麻布。这三幅传世之作一起放在馆内的一个防弹玻璃展柜里：梵高居中，塞尚居左，高更居右。一个保险公司能让"后印象派三杰"齐聚，其优雅品位的背后是对历史人文的高度关注。但是，梵高的这幅作品因何能成为"三杰"画作中的重中之重呢？他在美术史上的学术地位并不及高更，更不及塞尚。

在日本人眼中，未签名版《十五朵向日葵》之所以能"力压双雄"，除了梵高的日本之缘还有一个重要原因：这幅画是梵高、高更、塞尚三位大师开宗立派的一个证明，而这个证明正是从 1910 年 11 月伦敦的那次画展。

　　一般说起 19 世纪下半叶期的西方绘画，印象派、新印象派、后印象派经常被一口带出、同时提起，但有一点却时常被人忽视：前两者的名称都是画家在世的时候就有了，而"后印象派"这个名字却是出现在三杰作古之后。梵高生前虽然知道自己的画风和思想与印象派有着本质不同，但直到去世也一直把自己的身份归为"印象派"。

　　梵高 1890 年去世，高更 1903 年去世，塞尚 1906 年去世——到 1906 年，西方艺术圈和学术界依然没有"后印象派"这个词。直到 1910 年英国伦敦的那次画展"马奈和后印象派"，三杰才以群体亮相。由此，"后印象派"横空出世！这要感谢那个画展的策展人罗杰·弗莱（1866—1934），是他确定了这个具有历史意义的名字。而且，如同当初杜兰－鲁埃一手托起印象派一样，是罗杰·弗莱为后印象派杀出了一条辉煌之路！

　　能捧红现代艺术的人都是市场嗅觉灵敏的人，但是与杜兰－鲁埃不同的是：罗杰·弗莱还是一名学者，而且是英国人。他是英国著名的艺术史家和美学家、20 世纪最伟大的艺术批评家之一、西方现代主义美术的开山鼻祖和现代艺术的首位策展人。从 1906 年开始，罗杰·弗莱因为对塞尚的兴趣而把目光投向了法国现代艺术。也是在这一年，他开始担任纽约大都会博物馆的绘画部主任，后来回英国担任大都会博物馆在欧洲的艺术顾问以及藏品征集代理人。

　　为了推广后印象派，罗杰·弗莱于 1910 年和 1912 年在格拉夫顿画廊连办两次画展，但都被骂得狗血淋头。整个伦敦，从媒体到业内、从贵族到平民，大家一致认为他是个骗子。因为他展出的那些作品严重动摇了文艺复兴以来的光辉传统，而梵高他们那帮人画得"一点都不像"……别看英国在维多利亚时代成为"日不落帝国"，实际上审美非常老土，虽然特别有钱。当然，罗杰·弗莱执意在伦敦办画展也是因为这一点：有钱才会有市场，有市场才能有新艺术。

　　所以面对一片骂声，他没有与之对骂，而是通过发论文、办讲座、写书等方式继续阐述和推广后印象派的艺术价值——尤其对于塞尚。如此不到 10 年，英国各大博物馆开始争相收藏后印象派三杰的画作……梵高、高更火爆英伦，而塞尚则因此"封神"：被称为"现代绘画之父"。

这才是真的猛士！若以功而论，罗杰·弗莱堪称"后印象派之父"，虽然学界给他的尊号是"形式主义之父"。

人类到了 20 世纪，艺术的主要目的已经不是再现，而是要表现人类和人性中最为深沉、最为普遍的情感，而这个情感是以形式的方法来表达的。

——罗杰·弗莱

这就是梵高的作品为什么在今天大受欢迎的重要原因之一：他的形式来自他的内在，而他的内在特质也正是他感叹生不逢时的宿命所在……因为梵高原本属于未来，却生在了过去的时空。

所以，才有了阿尔的《向日葵》。

那些燃烧的花啊！

是一个沸腾的灵魂在咏唱：

它坚如磐石，

它锋利如刀，

它炽烈耀眼，

它璨若宝石！

那是梵高的一段心灵之旅：

一路荆棘，一路灿烂！

当他回到内心深处，也就开始走向未来……

于是，他画出了自己。

"我的心是属于向日葵的。"——阿尔的"向日葵"也是梵高的一组自画像：孤独与骄傲，纠结与抗争，幻灭与希望，破败与重生……在通向未来的时空里回望每一幅《向日葵》的诞生，那些刹那间的感受都在他的笔下化作了世间的永恒之光……

因为梵高，是落在大地上的太阳。

第十七章　**夜的罪与美** —— 两个咖啡馆

《夜间咖啡馆》
1888 年 9 月上旬，70 厘米 ×89 厘米，美国纽黑文耶鲁大学艺术画廊藏

　　1888 年从春到夏，梵高的创作一直聚焦在阿尔的白天。8 月夏末，《向日葵》把普罗旺斯的阳光烧到了峰值。到了 9 月，他的目光转向了阿尔的夜。

　　作为一名单身文艺中年，梵高的主要休闲活动之一就是泡吧。1888 年的阿尔有很多咖啡馆，但是当时人们在咖啡馆里主要是喝酒，梵高经常光顾的有两家：论坛咖啡馆和火车站咖啡馆。论坛咖啡馆消费不菲，是当时阿尔两大顶级豪华咖啡馆之一，地址在阿尔南城的论坛广场 11 号；火车站咖啡馆属于大众价位，位于阿尔北城的拉马丁广场 30 号——就在黄房子旁边，那一片儿是阿尔的低端地区。从 5 月 7 日到 9 月 16 日，梵高一直睡在火车站咖啡馆，所以关于阿尔的夜也就让他把目光首先锁定在了那个地方。

1888 年 9 月，梵高一共画了两幅《咖啡馆》：《夜间咖啡馆》和《夜间的露天咖啡座》（也叫《星空下的咖啡馆》）。两幅《咖啡馆》一个室内一个室外：室内，画的是火车站咖啡馆；室外，画的是论坛咖啡馆。9 月上旬，梵高连续三天白天睡觉、晚上作画、半夜 12 点开工。在火车站咖啡馆内，为了能在构图上获得最大的空间感，他把画架支在了靠近门口的一角。

> 这是我画过的最丑的画之一。
>
> 我试图通过红与绿去表现人类的可怕激情。
>
> 血红加暗黄色的房间里，中央放着一张绿色的台球桌，四盏柠檬黄的吊灯发出橙绿色的光。画中的人物——那些睡着的痞子显得格外渺小，呈现出紫色与蓝色。这个空间里到处都是红与绿的较量：血红的墙壁、黄绿色的台球桌，柜台那柔和的路易十五式绿以及上面那束粉色的鲜花……这些统统形成了对比。
>
> 烤炉一样的空间里，老板的一身白衣变成了柠檬黄和一种透明的浅绿。
>
> ——1888 年 9 月 8 日致提奥

梵高说的"丑"是指画中揭示的人性之恶。他笔下的这个夜间咖啡馆，气氛是诡异的，装修是怪异的：红墙、绿顶、黄地板。地板的颜色不用多说，大众审美；而红墙的颜色是否真实，就不太好说了；至于那个"无敌"绿天花板，那一定是梵高的原创——那个年代的法国三线城市在装修上还没前卫到这个份儿上。

梵高在这样一种风格的空间里展示了一个咖啡馆的午夜时分：开阔的大厅里客人稀少，墙上挂钟的表针即将走到 12:15，桌上摆着残羹冷炙，柜台里的货架上挤满了酒瓶；四盏吊灯从绿色天花板上垂下来，在红墙的映衬下变成了四个"光球"，那光晕仿佛几万只萤火虫在飞舞嗡鸣……但它们终究显得不是很亮，因为地板的面积太大了，空旷的黄色地板泛着刺眼的光。这个空间里好像另有一个巨大的光源把整个屋子烤得燥热难当，而墙壁浓烈的红色隐隐透出了一股血腥的味道……一个亮堂堂的封闭环境貌似安静却充满躁动，其实是很瘆得慌的。那么，这个环境里的人会怎么样呢？

《夜间咖啡馆》里一共有 6 个人，除了梵高在信中提到的那个白衣老板，其余 5 个都是顾客——他们在画中散落而坐。

画面最左侧，一个穿紫色衣服的男人正在打盹——估计是个流浪汉。在他后边——咖啡馆的墙角处有一对男女：男的穿制服戴礼帽，女的浓妆艳抹，一袭绿色长裙配一条橘黄披肩，两人正亲昵而坐……但他身后的镜子暗示着二人并非正当男女关系。因为在绘画和电影中，镜子象征着谎言和不真实的情感。

剩下的两个顾客在画面最右侧：一张餐桌前，一个在闷头吃饭，另一个正对着这个吃饭的人神侃。吃饭的这位头戴一顶草帽——应该是梵高自己，畅谈的那位看来是喝了不少。他们俩旁边就是那个白衣老板——他一本正经地站在一张台球桌前。

画面上，这个台球桌偌大而居中，桌上摆着 1 根台球杆和 3 个台球——其中一个颜色鲜红。以摆放的位置来看，如果开球，那个球应该直奔后厨。而后厨里灯光明亮……莫非大师傅还在忙活？

如果稍加细品，就能嗅到这幅画的惊悚气息……所以，那张台球桌真的是一张台球桌吗？虽然看着那么豪华而敦实，但它像不像一口棺材，或者一个非常另类的手术台？或者，一块超级大的切菜板？而旁边的白衣老板就是操刀人，其表情麻木如行尸走肉……《夜间咖啡馆》充满了神经质的安静和恐怖！

这幅画的 6 个人里只有白衣老板是正脸儿。他到底是谁？梵高为什么要突出这个人——准确地说是恶搞？

此人正是火车站咖啡馆的老板：约瑟夫·米歇尔·吉诺。他的妻子玛丽·吉诺就是黄房子的房东。

梵高恶搞吉诺老板皆因黄房子而起。因为他一直没在那儿住却要交两份房租——在火车站咖啡馆还租了个标间要睡觉，这样他的经济压力就很大，所以就觉得：你们应该给我打折！或者那个标间干脆不收钱！吉诺两口子不同意，于是梵高就不停地抗议，最后还跟吉诺老板吵了一架。吵完之后，两边终于达成协议：梵高可以晚交房租，但是要为咖啡馆画一幅油画，画里得有老板本人。吉诺老板本想借这幅画给自己的店提升一下档次、做一下宣传，因为火车站咖啡馆属于大众价位。于是他特意换了件白色外套，一丝不苟且格外自豪地站在台球案子边上给梵高做了三个晚上的模特儿。当然，他绝没有想到自己在这幅画中被"黑"了一把。

　　在那幅《夜间咖啡馆》中，我想表现这样一种感觉：咖啡馆是一个使人堕落、丧失理智甚至犯罪的地方。总之，我尝试用淡粉色、血红色、酒红色与柔和的路易十五绿、委罗内塞蓝、浓重的黄绿色也以及耀眼的蓝绿色形成对比。

　　所有这些都被一种光芒笼罩着，它来自地狱般的火炉，散发着淡淡的硫黄色。

　　这就是下等酒馆的黑暗角落所拥有的一种能量。

——1888 年 9 月 9 日致提奥

　　《夜间咖啡馆》描绘的是地狱景象，梵高以此表达对人性中"恶"的思考。画面中的三大主色——红、黄、绿，在西方传统文化中都与罪恶和死亡有关。它们在梵高的设计下呈现出一种因果关系，即：黄 → 红 → 绿。

　　首先，画面中面积最大的颜色是黄色。这个颜色在西方传统文化里的名声很不好，是低级颜色、最下等色。不过西方人眼中的黄色与淫秽无关，而是代表嫉妒、懦弱、败坏、邪恶、不吉利和背叛。在 10 世纪的法国，叛徒和罪犯的家门都得刷成黄色。这个象征意义来自那个著名的吻：

乔托《犹大之吻》
1305 年，200 厘米×185 厘米，意大利帕多瓦斯克罗威尼礼拜堂内

我与谁亲嘴，谁就是他（耶稣）。你们可以拿住他。

——犹大

1305 年，意大利文艺复兴的开创者、"欧洲绘画之父"乔托·迪·邦多纳（1266—1337）完成了一幅重要代表作——天主教湿壁画《犹大之吻》，画中犹大的衣服就是明晃晃金灿灿的黄色。从此，黄色在欧洲就成了罪恶和背叛的象征，乔托之后的很多画家再画犹大时都如法炮制。当然，那些画家中并不包括列奥纳多·达·芬奇——他的《最后的晚餐》里，犹大穿的衣服就不是黄色。

所以依照欧洲传统主流的创作观念，梵高的《夜间咖啡馆》里既然有了满地的黄色，这些罪恶与背叛势必会催生出更多的负能量……于是，红色出现了——它代表着人类的欲望、暴力、杀戮、血腥和危险，是画中面积第二大的颜色。不过这幅画中的红色似乎在特指两件事：酒能乱性，而夜也能乱性。

那么在梵高笔下，有了"黄与红"做基础，《夜间咖啡馆》里的天花板和台球桌必然就是绿色的。因为在法国的传统意识里，绿色象征着厄运；而在英国，橄榄绿是裹尸布的专用色。

"地狱之景"是《夜间咖啡馆》的中心诉求：在一个非自然的人工世界里，生命会被吞噬。梵高在这幅画中把咖啡馆当作工业文明与商业文化的一种象征。高速运转的现代社会让很多人居无定所，因为灵魂无处安放，唯有夜间的咖啡馆能让他们暂时得以喘息……所以画中的每一位男顾客——无家可归的流浪汉、不正派的绅士、滔滔不绝的醉鬼和吃宵夜的艺术家，其实都是梵高自己。

当然梵高并没有把《夜间咖啡馆》画成一张百分百的"大字报"。除了批判（或者说控诉），这幅画还有一丝其他的味道，比如被恶搞的吉诺老板。在1888年9月9日给提奥的那封信中，梵高谈起了这种味道："不过在表面上，这个地方却洋溢着一种日本人的欢快和达达兰的友善。"

之所以提到达达兰，是因为吉诺老板就出生在塔拉斯孔。梵高在画中对他的一番"设计"让《夜间咖啡馆》微微有了一种戏谑的喜剧效果，这是梵高的狡猾之处，也是他的高明之处。这种狡猾与高明让这幅暗黑题材的作品乍一看不是那么恐怖，而是耐人寻味。

一个艺术家的内心总是挣扎于地狱与天堂之间。在完成了这幅代表"罪"的《夜间咖啡馆》后，梵高马上开始了一幅美好主题的创作。于是，就有了《星空下的咖啡馆》。

而它更常见的名字是《夜间的露天咖啡座》。

《夜间的露天咖啡座》素描
1888 年 9 月，62 厘米×47 厘米，美国达拉斯艺术博物馆藏

　　为了画出阿尔的"最美咖啡馆"，梵高背着画箱、拿着画布从阿尔北城"长途跋涉"来到了南城的论坛广场。之所以叫"论坛广场"，是因为此处有古罗马论坛遗址，从古罗马时代开始这里就是阿尔的繁华之地。这个地方在今天还有一个更为人熟知的名字叫"弗洛姆广场"，这是"论坛广场"的法语音译。虽然在英语和法语中"论坛"都是"forum"，但它的法语读音听着基本上就是"弗洛姆"。

　　1888 年的 9 月，普罗旺斯难得赶上了一段好天气——风吹四季的密斯托拉风终于不再咆哮。在中旬的某个晚上，当阿尔的夜色繁星点点，梵高被论坛咖啡馆的外景深深吸引。他站在咖啡馆附近，通过素描与油画权衡和寻找着"最美咖啡馆"的完美构图：为了让画面看起来更有"日本风"，他去掉了原本入画的古罗马论坛遗址的两根石柱，而石柱的左边就是画中（无论素描稿还是油画）最右侧的那个建筑。处于建筑底部的那间黑色外墙的四方形小房子是一家理发店，叫论坛发廊。

当然，《星空下的咖啡馆》的重头戏还是在露天咖啡座——这个环境里一共有 14 人，其中 12 人落座，两人站立。站立的两人"一黑一白"：黑衣人中等身材，位于画面左侧的门洞处，一部分身体被咖啡馆的外墙挡住；而白衣人位于咖啡座环境的中央，他是个服务生，端着盘子正在为客人服务，但是脸却朝向黑衣人。这名服务生的身材看上去异常高大，一袭白衣在身后那扇橘黄色窗户的映衬下分外耀眼。他的上半身与窗户的十字形骨架构成了整个画面的视觉中心——沿着咖啡馆的外墙望去，服务生的头与窗户里的"十字架"中心正好在同一条透视线上。

14 与 12，多么熟悉的数字啊！对比 1888 年 8 月间的两幅《向日葵》签名作，《星空下的咖啡馆》无疑与之有着相同的初衷。但画中"十字架"与白衣人的出现，又无疑让这幅作品比《向日葵》多了一丝宗教气息。因为无论牧师还是耶稣基督都多以白衣示人，而白色几乎是一切宗教中的正能量颜色。

所以，那高大的白衣服务生就是梵高自己！虽然此时他心中的信仰已经不是基督教，而是那个让他心心念念的艺术家协会，但他愿意像个虔诚的牧师一样为志同道合的伙伴服务，愿意像耶稣基督那样为坚守信念奉献自己！

与素描稿相比，油画《星空下的咖啡馆》里多了三个元素：路边的树、天上的星星以及那个黑衣人。"树"应该代表着成长和信念。"星星"，也许象征着莫奈那样已经功成名就的大咖，也许暗示着他自己的未来——有了坚定团结的协会，"明日之星"一定会冉冉升起……这幅画无疑散发着一股明快、浪漫的气息，它代表着梵高对未来的美好憧憬，但是目前，也只能是憧憬。因为一个最重要的人物迟迟没有出手，此人一直在犹豫、观望，与梵高的梦想始终保持着距离……这个人就是提奥——画中的那位黑衣人。那么如何才能打动那位黑衣人呢？

为了打动这位"黑衣人"，梵高在阿尔马不停蹄地地写信、创作，试图以此换来巴黎的好消息。他也经常在他的作品中传递一些关于巴黎的信息，比如这幅《星空下的咖啡馆》：

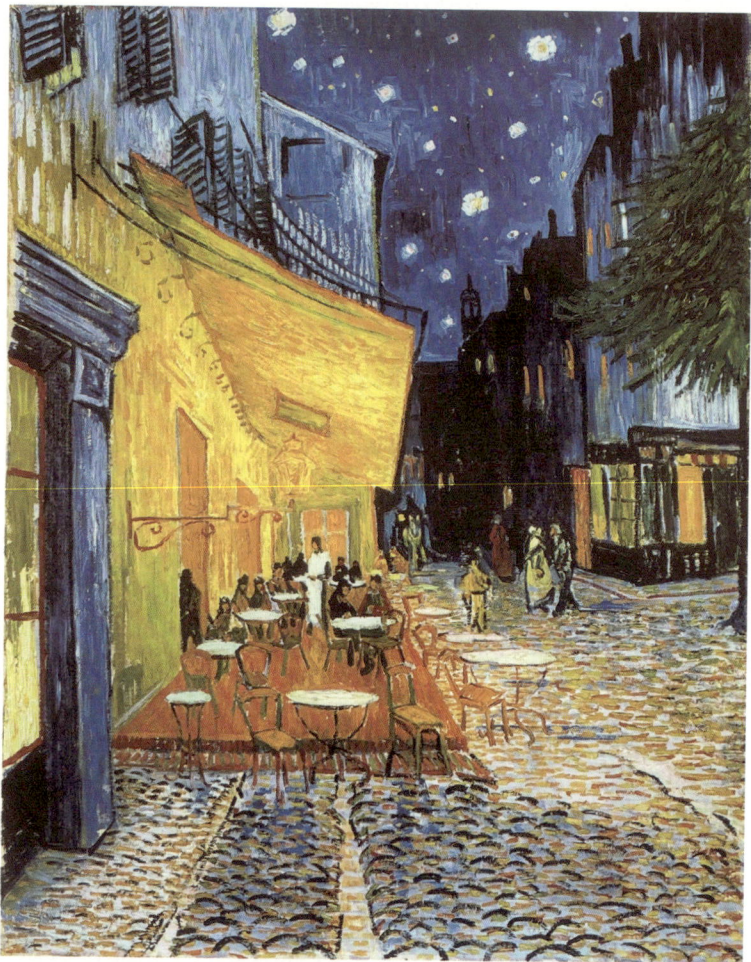

《星空下的咖啡馆》（**《夜间的露天咖啡座》**）
1888 年 9 月中旬，81 厘米×65.5 厘米，荷兰国立库勒-穆勒美术馆藏

露天的咖啡座上点缀着一些喝酒的人——这些人很小。一盏巨大的黄色吊灯照亮了咖啡馆的门脸和人行道，它的光线甚至使街上的鹅卵石蒙上了一层淡淡的粉紫色。在繁星闪烁的蓝色苍穹下，这条街伸向远方……这是一幅没有黑色的夜景……莫泊桑在《漂亮朋友》的开头恰好描述了巴黎的星空和街道上的那些咖啡馆——它们灯火通明，很像我这幅画所描绘的。

——1888 年 9 月 9 日及 14 日致威廉·敏娜

安克坦《下午五点的克里希大街》
1887 年，69 厘米×53 厘米
美国哈特福德沃兹沃思学会藏

　　实话实说，莫泊桑的《漂亮朋友》开头描写的巴黎街边的那些咖啡馆和梵高这幅画里的一点都不像。因为这位大文豪在小说开篇写的是巴黎的一个桑拿天，而且"用花岗岩砌成的阴沟口不时溢出阵阵腐臭"（选自莫泊桑《漂亮朋友》）。所以梵高大师的想象力啊……不过他之所以提到巴黎的那些咖啡馆"灯火通明"——是因为这幅在今天享誉全球、名留青史的《星空下的咖啡馆》在创作之初其实是参考了当时一位巴黎画家的作品，这位画家就是当初柯尔蒙画室的"老大"、劳特累克眼中的"巨人"——路易·安克坦。

　　1887 年冬，安克坦创作了一幅油画《下午五点的克里希大街》。这幅画在今天看来颇有一股王家卫式的小资气息：巴黎的冬日，大都会的傍晚，人群熙熙攘攘，暧昧弥漫在蒙马特高地的上空。中景中间一个提着裙子的窈窕女子好像在赶场，没准儿是要去夜总会跳康康舞；右下角正在出画的金发紫衣美女仿佛正与你擦肩而过——这个人物的设置大大增强了作品的现场感。

　　不过梵高的《星空下的咖啡馆》里既没有暧昧也没有现场感。因为作为一个女人缘一直不好的男性艺术家，他极度缺乏暧昧这种生活体验。此外从阿尔时期开始，现场感也早已不是他在作品中的追求。梵高力图表达的是一种既视感：一种与客观世界故意拉开距离的主观真实，简而言之就是似曾相识，再简而言之就是梦境。而他之所以借鉴安克坦的《下午五点的克里希大街》表现自己的"梦境"，有一个重要原因是基于品牌策略——捆绑式营销：面对同一成名主题，"南法乡村非著名艺术家"梵高以不一样的手法做出了与北方巴黎大都会艺术家不同的诠释，而且"依稀往梦似曾见"……难道，这还不足以吸引那些巴黎的画商和同行们吗？所以他找的"范本"都是已经成名的作品，比如这幅《下午五点的克里希大街》：1887 年底，安克坦凭借此画在独立沙龙展上成为一匹黑马，从此代表了日本艺术在欧洲本土化的新高度。而论坛广场之于阿尔，如同蒙马特之于巴黎。同为当地的繁华所在，梵高在《星空下的咖啡馆》里以三重补色关系让南法阿尔的空气质量明显超越了北方巴黎的灰色天空；他以远中近景里的各种蓝让咖啡馆外墙和遮阳篷的橙黄色看起来分外耀眼。

　　这一片耀眼在今天的阿尔依然可以见到。在弗洛姆广场上，有个咖啡馆特别扎眼，它的外部装修跟梵高画作中的一样：黄色的外墙配黄色的遮阳篷，到了晚上简直是昨日重现……这个咖啡馆就叫"梵高咖啡馆"，《星空下的咖啡馆》的油画印刷品就是他们家的金字招牌。但其实，它并不是梵高画过的地方，而且，当年论坛咖啡馆的外墙和遮阳篷也不是黄色而是白色：是遮阳篷里的煤气吊灯在晚上发出的黄色暖光烘托了周围的色彩，才导致咖啡馆的外观看上去一片橙黄。这橙黄"明晃晃金灿灿"……百年以来，在有些人眼里直接就成了金子——因为能装兜儿里。比如这家"梵高咖啡馆"，其实它的真名叫兰卡珊尔咖啡馆，靠着梵高大师的巨大影响力忽悠四方来客不说，还菜品一般、价格不菲……

　　但是这种事在阿尔并不是今天才有。早在 20 世纪 20 年代，黄房子对面的一个商家就以"梵高咖啡馆"为名打出了巨幅广告，说梵高的两幅关于咖啡馆的油画都是在他们家画的……这个店叫阿尔卡萨咖啡馆，在拉马丁广场 17 号——梵高当年确实去那儿喝过酒（高更也去过），但是只限于喝酒。到 20 世纪 60 年代，阿尔卡萨咖啡馆——这个史上第一家冒牌梵高机构因城市规划被拆除，但是当地打着梵高的名号赚钱的人却越来越多了——而其中的大部分人只是在传播甚至编造一个疯子的骇人听闻……

这世上，总有一群蝇营狗苟之徒，他们只会利用别人的名气为自己谋利，却从不关注那些闪光的灵魂作为"人"的状态……这种贪婪与卑俗、麻木与冰冷令人鄙夷而愤怒！就像对于梵高，他们从未被那颗滚烫的心真正打动过——因为他们永远感觉不到他的温度。

而梵高，他的每一幅画作都饱含着苦难和希望，每一笔色彩都凝聚着幻灭与坚守……那么，《夜间咖啡馆》和《星空下的咖啡馆》作为同一题材而意味完全不同的两幅作品，究竟在诉说怎样的心灵之语呢？

早在创作之先，梵高就为之写下了他的内心映像：

夜间咖啡馆在这个地区很常见，它们通宵营业。有了这个，那些没钱住宿或者喝醉了而被拒之门外的"夜间游荡者"，就能有地方打发一宿。

对于我们这样的人来讲，家庭、故乡——所有这一切在想象中要比现实中更有吸引力。因为现实中我们没有家庭和故乡，过得也不错。我始终隐约觉得自己是个旅行者，要去某个地方，朝着某个终点。

如果我能感知到这个地方——这个现实中根本不存在的终点，那么对我来说似乎更加合理，也更加真实。

——1888 年 8 月 6 日致提奥

梵高是一名艺术家，咖啡馆是他的休闲交友之地；

梵高是一个流浪汉，咖啡馆是他的夜间庇护所；

梵高还是一位行者，咖啡馆是他长途之旅的人生驿站……

为了，再出发！

这就是他心中的——阿尔的咖啡馆。

第十八章　家，梦想 —— 黄房子与卧室

《黄房子》
1888 年 10 月上旬，72 厘米×91.5 厘米，荷兰阿姆斯特丹梵高博物馆藏

　　夜间的咖啡馆是流浪者的庇护所。但每一个游子都渴望有一个家——这个家能让你休息、放松、享受、恢复元气。1888 年春天，颠沛流离已久的梵高终于在阿尔找到了这样一个所在：

　　我在这里的房子，上空是耀眼的蓝天。房子的外墙被漆成了鲜黄油般的黄色，搭配着绿色的百叶窗……房子在一个广场中，沐浴在阳光下。房前是一个绿色花园，里面种着梧桐、夹竹桃和洋槐。在这座房子里，我可以生活、呼吸、思考和作画。

　　　　　　　　　　　　　　　　——1888 年 9 月 9 日及 14 日致威廉·敏娜

　　1888 年 4 月底的一天，梵高在阿尔城北溜达。在经过一个三角形的公园时，他看见公园广场的西北角有一栋二层小楼好像有房间空着，于是就上前询问。那座小楼就是后来大名鼎鼎的黄房子，它的门牌号码是：拉马丁广场 2 号。不过当时黄房子的外墙并不是黄色而是象牙色——这主要是因为 19 世纪末的墙漆比不了现在。梵高随后找到了黄房子的中介想要看房，那个中介名叫贝尔纳·苏雷（也译为贝尔纳·索莱）：62 岁，是个退休的火车司机，同时还是阿尔市议会的议员。看来，老司机就是不一般 。

　　黄房子的整体结构分左右两翼，左边一直住着人，而右边已经空了一年半。左边的一楼是个小卖部，就是《黄房子》油画里有粉色遮阳篷的那间；左边的二楼是小卖部老板克里夫林两口子的住处。梵高在苏雷的带领下走进了黄房子的右翼——两层一共四个房间：一楼一进门是个客厅，客厅往里走是厨房。客厅很大，所以梵高后来用它做了画室。二楼两间房，靠近楼梯的那间稍微大一点，梵高后来拿它当了卧室；另一间小点的其实是个储藏室，后来被梵高布置成了客房（高更来了之后就睡在那儿）。黄房子南北朝向，采光不错，但是户型设计有问题——所有的房间空气都不对流，这就是标准的冬寒夏暖户型。另外这房子虽然外观看着还算高大上，但是里边啥也没有：家具、床、暖气，包括灯（煤气灯）——等一概没有。不过厨房有壁炉，还可以通煤气，梵高后来确实也装上了煤气。当然，厨房也通自来水，可整套房子没有卫生间——在那儿住晚上得用夜壶。好在黄房子隔壁是个四层旅馆，里边有公厕。

　　黄房子的外围环境乍一看还行：三个公共花园、两个咖啡馆、一个饭馆。在《黄房子》的油画里，它后边橘红色屋顶的四层楼就是那个有公厕的旅馆。旅馆一楼是个咖啡馆，24 小时营业，画面里有几个顾客正在用餐。画面最左边的那个粉色小房子是个饭馆，老板范尼扎克是个寡妇老太太。饭馆旁边也是 24 小时营业的咖啡馆，但是它没有出现在油画《黄房子》里。这个咖啡馆就是火车站咖啡馆，梵高 9 月初完成的《夜间咖啡馆》就是画的它的内景（画中的白衣人就是咖啡馆老板吉诺）。火车站咖啡馆的老板娘玛丽·吉诺是黄房子的房东，从小在黄房子里长大。梵高发现黄房子的时候其实已经跟吉诺老板两口子很熟了，因为从 3 月写生开始他就是火车站咖啡馆的常客。都是熟人好说话，所以最后甲方乙方敲定：房租每月 15 法郎。黄房子可是两层楼，这个价钱在当时可是很便宜。为什么这么便宜呢？

地段不行，低端社区。拉马丁广场位于阿尔的城北头，基本快出城了。那地方一大片低端红灯区，其中有三家妓院还离黄房子很近。当然，警察局和宪兵队离黄房子更近——就在马路对面。所以由于这种情况，阿尔的本地人基本不住那儿，因为"闲杂人员"较多。而且到了晚上，附近还经常有人喝醉了撒酒疯，因为黄房子周围的饭馆、咖啡馆不下四五家（那年头的咖啡馆主要卖的不是咖啡而是酒）。所以大名鼎鼎的黄房子其实是坐落在一个"酒色之地"。但是这还不算完，在它以北 30 米的地方还有条铁路——在油画《黄房子》里，画面右侧的远景处一辆火车正飞驰而过……这是梵高后来在那里生活的真实写照。所以黄房子的周边环境其实非常嘈杂。但是，这种嘈杂却丝毫没有出现在他的画作中。

幽蓝的天空，金色的阳光，三三两两的路人……梵高的《黄房子》弥漫着一种静谧而不真实的气息：它是那么远，而又那么近……一个戴帽子的男人在这座金色的房子前匆匆走过——他，就是梵高自己。

为什么画作与现实呈现出如此强烈的反差？

《黄房子"街道"》素描手稿（致贝尔纳的信中）
1888 年 9 月 29 日，13.4 厘米×20.6 厘米，私人收藏

《黄房子"街道"》水彩稿
1888 年 9 月，25.7 厘米×32 厘米，荷兰阿姆斯特丹梵高博物馆藏

　　《黄房子》的整个创作是在 1888 年 9 月底到 10 月上旬。从素描手稿到水彩稿再到油画——在这个过程中，梵高对画中的人数进行了较大调整。其实这个主题还有个名字叫"街道"（实际上叫"街景"更为合适），而画中街道的气氛，从最初（素描手稿）的行人三三两两、略显热闹，到最终（油画）的近景里空无一人——这种空旷不仅加大了空间感，同时也大大增强了既视感，拉开了与现实世界的距离。也许是因为黄房子太美好，才让梵高觉得：一切皆如梦境……在梦境里，他是一个孤独而自由的过客。

　　黄房子对于梵高而言无疑是一个重大发现，这意味着他找到了一个完美的独立空间。所以 4 月底看完房后，他马上给提奥写信——因为交房租还得靠提奥。但是还没等提奥回信，他在 5 月 1 日就把合同签了，而且马上开始装修：加固门窗，粉刷外墙，换百叶窗……如此迫不及待地大把花钱充分彰显了梵高的白羊座特质。不过他这么做倒是也事出有因：在 1888 年 4 月底，他已经和当时的房东卡莱尔老板彻底吵翻，搬家迫在眉睫。

梵高自从来到阿尔就一直住在卡莱尔旅店，但是和店老板卡莱尔却越来越不对付。表面上看好像是因为钱的事：作为长住房客，他认为房租应该便宜便宜再便宜！入住的时候，他已经把每天5法郎的食宿费砍到了4法郎，但是还想砍到3法郎……这其实有点过了。另外，梵高还经常在旅店的公共阳台上搞创作——用他的话（对贝尔纳）说那个地方就是他的工作室，所以他的大批油画也放在那儿，因为要等着颜料干透，但是干了之后他也不往屋里拿，因为数量太多，没地儿放。梵高可是高产画家，平均三天一幅，而阳台一直都是免费的……所以平心而论，卡莱尔老板对他真的是可以了。但是没想到这个北边来的"爷"根本不领情，一天到晚鼻子不是鼻子脸不是脸的，一会儿"这儿不好吃"，一会儿"那儿不舒服"，一会又要吃土豆……所以卡莱尔老板就急了，他让梵高赶紧把阳台上的画拿走，不然就涨房租。梵高一听也急了，马上给提奥写信：

> 我真不知道再住在这里还有什么好处！他们总是在每样事上都多收我的钱……哼！他们再也别想从我身上多捞走一个苏！
>
> ——1888年4月25日致提奥

梵高觉得阿尔人事事都坑他，但其实阿尔人并没有那么过分——这里边有他性格偏执的原因。卡莱尔老板在4月初就对他说了涨房租的事，梵高当即决定：此地不可久留，赶紧找房！当时他在卡莱尔旅店才住了一个多月。

4月底梵高找到了黄房子，一下变得硬气了：马上让卡莱尔给他换个小房间。本以为这么做房租肯定还能再便宜一些——因为黄房子装修要花大钱，省点儿是点儿。但是，卡莱尔老板连一分钱的房租也没降。所以他们俩就铆上了：梵高决定不交房租，卡莱尔决定扣他的东西；然后梵高起诉卡莱尔，两人对簿公堂……最后，梵高败诉。

没辙了，只能搬家。梵高立刻去火车站咖啡馆租了个标间。尽管黄房子的合同是在5月1日签的，但是因为一直没钱买家具，所以那个地方只能当画室不能当卧室。随后他给提奥写信说：

《卧室》素描手稿（致提奥的信中）
1888 年 10 月 16 日，13 厘米×21 厘米，荷兰阿姆斯特丹梵高博物馆藏

　　我又给你写信是为了告诉你，经过再三考虑，我觉得还是在画室的地板上铺上毯子、盖着毛毯睡算了。夏天这里会非常热，打地铺应该就够了。等冬天来了之后，我们再看看是否需要床。

——1888 年 5 月 4 日致提奥

　　5 月初，梵高确实在黄房子打了几天地铺，之后就一直睡在火车站咖啡馆。到 9 月初他终于攒够了钱，于是马上置办了全套家具。经此一番折腾，梵高着实是"大出血"：连装修带购买家具一共花了大约 400 法郎——这个钱数在当时大概是他三个月的全部开销（当时提奥每月寄给他 150 法郎）。不过如此血拼砸钱倒也不是因为贪图享受，梵高是为了那个宏伟目标——艺术家协会：

　　从一开始安排房间的时候，我就不是仅仅为我一个人，而是考虑到将来能给别人提供住宿。当然，这些东西花了很多钱。我用剩下的钱买了 12 把椅子、一面镜子，还有一些小的生活必需品。

——1888 年 9 月 9 日致提奥

　　除了理想，梵高之所以精心打造黄房子还有一个为提奥做的长远考虑：地产投资。

　　从现在开始，你可以认为自己在阿尔拥有了一套乡村住宅。我很想把它布置成你喜欢的样子。如果一年后你来马赛度假，这房子就是现成的……我打算每个月都给这套房子添置点东西。假以时日，这套房子会因为独特的家具和装饰而价值不菲。

——1888 年 9 月 9 日致提奥

　　他在信中还特别提到了 8 月完成的《向日葵》：

　　我打算把这套房子从上到下挂满画。你要住的房间或者说高更将要住的房间，将在白墙上悬挂大幅的《向日葵》。画中的向日葵总共有十二或十四枝……

——1888 年 9 月 9 日致提奥

　　"十二或十四""向日葵""高更"——9 月的黄房子代表着梵高的光明未来。后人喜欢用"南方画室"或"画家之家"来定义这所充满梵高气息的小楼，但是这些概念只是听上去很美，梵高本人从没这么说过。他只说过"画家之屋"——不过这个词也不是他的原创，而是欧洲文学史上大名鼎鼎的龚古尔兄弟。龚古尔文学奖是法国久负盛名的非官方文学奖，而龚古尔兄弟是 19 世纪下半叶浮世绘在欧洲发展的重要推手——葛饰北斋在欧洲的第一推广人就是这哥俩里的哥哥埃德蒙·德·龚古尔（1822—1896），《画家之屋》是他写的一本小说——梵高看过。

　　不过，不管是"画家之屋"还是"画家之家"，黄房子的意义都是毋庸置疑的：它是梵高的画室，他可以安心创作；它是艺术家协会的基地，可以好友相聚；它还是提奥的一个地产，可以待日增值……但这些对梵高来讲都不是最重要的。因为回首过往，让他久久难忘而且痛彻心扉的是无家可归！

我觉察到了父亲和母亲对我的感觉，他们不愿接纳我，就像不愿让一条又大又邋遢的狗进屋一样。因为它是那么邋遢，它的爪子上沾着泥水，它会挡住每一个人的路，而且叫得那么响亮。

它真是一头肮脏无比的畜生。

哦，可这畜生却有着人的经历。虽然是一条狗，却有着人的灵魂……

而我，面对现实必须承认，我就是一条狗。

这条狗唯一后悔的是它回来了……

——1883 年 12 月 15 日致提奥

在很久以前，梵高就已经是一条丧家之犬……

直到现在有了黄房子。于是他终于不用再流浪，不用到了晚上再去夜间的咖啡馆打发一宿，也不用再去面对那么多鄙视和伤害……

因为从此，他有了家。

1888 年阿尔的金秋时分——10 月上旬，黄房子终于全面完工：装修完毕，家具配齐。同时，千里之外也传来喜讯：高更终于决定要在月底来此一聚……于是梵高欣喜万分，又一幅名作横空出世：

我的眼睛依旧疲倦，但脑子里还是有了一个新的构思，所以就有了这幅速写。这一次只画了我的卧室，但色彩一定是重中之重……整幅画能让人联想到休息或睡眠。简而言之，如果欣赏这幅画，大脑会得到放松；或者更确切地说，是想象力能得到休息。

墙壁是淡紫罗兰的颜色，地面是红色的地砖。床架和椅子是新鲜黄油一样的颜色。床单和枕头是非常明亮的柠檬绿。

猩红色的床罩，绿色的窗户，橘黄色的洗手台和蓝色的脸盆。门的颜色是紫丁香色。

就这些——除了关着的窗户，这间卧室再无他物。

稳固的家具也传达着一种意味：不可动摇、不受打扰的休息……

——1888 年 10 月 16 日致提奥

1888 年 10 月 16 日对梵高来说当真是个好日子。因为在这一天，他拿到了法国政府为外国人办理的暂住证，这意味着他可以长期甚至永久地在黄房子这个美好的家生活和工作下去……

世界，好像在一瞬间就美好了！

今后的日子，也许真的可以放松下来了……

于是梵高在跟提奥分享完这份美好后，第二天（10 月 17 日）又再次跟高更分享了一遍（因为他将是黄房子的第一位客人）。在谈到《卧室》这幅画的色彩时，他（对高更）特别强调道："我就是想通过这种迥异的色彩去传达一种绝对的休息意识。"

"休息"——不错，当时梵高在写给提奥和高更的那两封信中，这个词的使用频率是最高的；而在《卧室》这幅画中（无论油画还是速写），这个词也通过一个细节集中地体现着，就是窗户——它是关着的，说明时间是在晚上。10 月中旬的阿尔尚不寒冷，如果是白天，窗户是会打开的。梵高如此安排"这扇窗"，是因为他实在太累了：阿尔时期的疯狂创作固然消耗体能，但 8 年以来艺术上的坚持与挣扎、从 20 岁离开海牙古庇尔——这 15 年来的颠沛流离和形如丧犬的亲情关系，才是令他身心俱疲的根源……这一切，终于要结束了！

因为有了黄房子，有了这间卧室——它是多么安静优雅，充满艺术个性……所有的疲惫和痛苦都会在这里迅速消散，所有的希望都将在这里冉冉升起，一切即将重新开始……

1888 年 10 月 17 日——在给高更写信的同一天，梵高开始了油画《卧室》的创作，"卧室"系列是表现黄房子内景的唯一主题。梵高之所以只画卧室不画画室，因为他太疲惫、太渴望有个家了！用他自己的话说："这算是为我的不能按时休息报了仇。"

《卧室》是 35 岁的梵高对于"家"最深切的期盼。

同"向日葵"和"播种者"一样,"卧室"系列也是梵高生命中的一个重要主题。从 1888 年 10 月到 1889 年 10 月,梵高一共画了三幅油画《卧室》。但是这三幅画中的墙壁和门都是蓝色,并不像他之前在信中说的那样:"墙壁是淡紫罗兰的颜色……门的颜色是紫丁香色。"难道这是油画颜料氧化的结果?或者,他在创作过程中又对色彩做了调整?

二者皆有可能。

但还有第三种可能。因为在 1889 年 1 月,梵高对第一幅《卧室》进行过修改。当时他经历了割耳自残和住院治疗,待出院回到黄房子时,高更已经离开了阿尔。在朋友离去、重伤初愈之际,他很可能把画中的墙与门由原来的紫色改成了蓝色,因为他的生活终于由梦幻归于平静——又回到了孤独的状态……当然,这只是一种可能。

在 1889 年下半年,梵高于 9 月初到 10 月初又仿照第一幅《卧室》创作了第二幅和第三幅。如今,这三幅《卧室》按创作时间顺序分别是荷兰阿姆斯特丹梵高博物馆、法国巴黎奥赛博物馆、美国芝加哥艺术博物馆的重要馆藏品。每一年、每个月、每一天,都有很多人从世界各地赶来参观这座最重要的"梵高故居"——他们在《卧室》前驻足而立,缅怀着这位 100 多年的流浪艺术家……

但是见过三幅梵高《卧室》的人一定会有一种感觉:这三幅作品看起来大同小异、极难区分,因为它们构图一致、画中的陈设也几乎一模一样,除了地面的刻画还算区别明显。

其实,梵高的"卧室"系列在画面氛围上有着比较明显的情绪转变:第一幅偏于温馨宁静、第二幅略显伤感落寞、第三幅则有着强烈的神经质和挣扎感——虽然三幅画的主体调性都是孤独感。

实际上,区分三幅梵高《卧室》的关键在于一个细节,画面右侧墙上的人物肖像是玄机所在。

第一幅《卧室》
1888 年 10 月中旬，72.4 厘米×91.3 厘米，荷兰阿姆斯特丹梵高博物馆藏

第一幅《卧室》完成于高更到来前夕。画中的墙上挂着两幅男子肖像，不过画中人并不是梵高与高更：左边一幅是比利时画家兼诗人欧仁·博希（也译为尤金·博赫），右边一幅是朱阿夫兵团的中尉米利耶，他们都是梵高在阿尔结识的朋友。很显然，这幅《卧室》的主题是友谊。

但是到了 1888 年底，梵高割耳，高更离去。而第二年春天，这幅画因为严重受潮而颜料剥落……当时梵高心痛不已，写信对提奥说："这是我最好的一幅作品。"他让提奥给这幅画加个可调式内框。提奥为了保险，建议他先照原画备份一幅，于是就有了第二幅《卧室》。不过这幅画到下半年梵高才开始动笔，完成的地点也不是阿尔，因为当时他已经去了普罗旺斯的另一个小镇圣雷米。

第二幅《卧室》
1889 年 9 月初, 73. 6 厘米×92. 3 厘米, 法国巴黎奥赛博物馆藏

　　1889 年 9 月 5 日或 6 日, 梵高完成了第二幅《卧室》。这一幅是三幅《卧室》里尺寸最大的, 不过只比第一幅稍微大一点。这一次, 他把墙上的肖像换成了他的自画像和一位女士的肖像, 并写信对提奥说: "我又把《卧室》这幅画重画了一遍, 这无疑是我最好的一幅习作。"

　　当时梵高已经在圣雷米的圣保罗精神病院住了大约 4 个月。

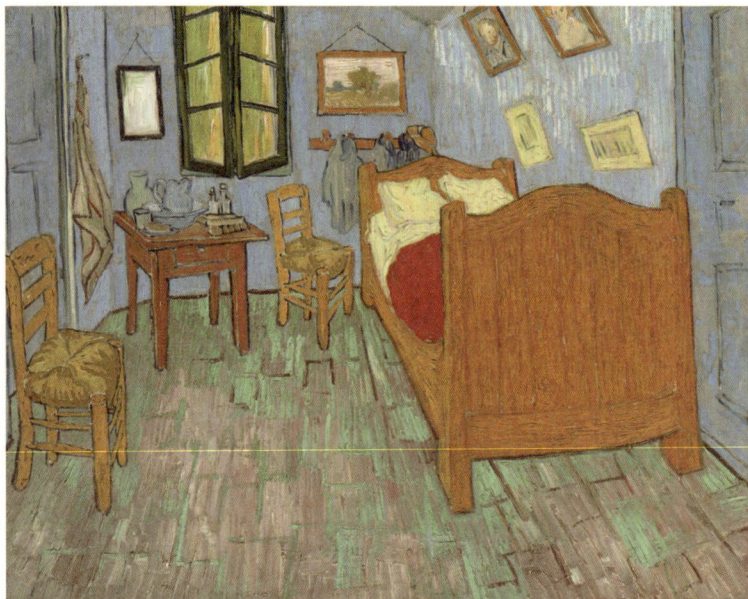

第三幅《卧室》
1889 年 9 月下旬至 10 月初，57.5 厘米×74 厘米，美国芝加哥艺术博物馆藏

　　到了 1889 年 10 月初，梵高又完成了第三幅《卧室》。这是三幅中尺寸最小的一幅，墙上的肖像是他的两位亲人：三妹威廉·敏娜（右）和年迈的母亲（左）——他已经四年半没有见过她们。而在精神病院，梵高越发思乡心切，因为不知何时才能出院回家……可是"回家"，是个多么无法企及的梦啊！就像他一路走来无家可归，就像一年前画的第一幅《卧室》：那时的黄房子是个多么美好的家！但最终，却被命运击得粉碎……

　　而黄房子真正的命运是在半个世纪后。二战期间，阿尔一度被德军占领。当盟军进入反攻阶段，美军于 1944 年 6 月 25 日上午 9：55 空袭了罗纳河沿岸的交通线，阿尔的很多地方因此变成一片废墟，包括卡莱尔旅店、火车站咖啡馆，还有梵高曾经的那个家……几分钟之内，一切都灰飞烟灭。

　　世上再无黄房子。

第十九章　人生若只如初见 —— 高更来了

　　1888 年 8 月到 10 月，从《向日葵》到《卧室》，从创作到买家具……梵高一直极度快乐与亢奋着：因为高更终于要来了！世上还有比这更美好的事吗？梵高当时幸福得就像花儿一样。

　　在今天看来，梵高与高更虽然都是后印象派大师，但梵高在大众心中的名气和地位是超过高更的。可当时却不是这样，梵高的状态自不必说，而高更在圈里基本就是个传说：血统神秘，系出名门，阅历丰富，文武双全……

　　欧仁·亨利·保罗·高更，1848 年出生，17 岁当水手环游世界，20岁加入海军，之后参加普法战争；退役后进入巴黎股票界成为金融新宠，曾经是印象派的重要买家之一，是毕沙罗的高徒，连续参加五届印象派画展（包括最后一届）；他会画画、会雕塑、会拳击、会击剑，还会弹钢琴和吉他；他是青年艺术家心中的领袖，女人眼中的大众情人……不过，其实他长得并不算帅——至少没有拉塞尔和贝尔纳帅，但是浑身上下散发着一股不可冒犯的、高贵的野性气质。曾经有一个英国画家这样评价 38 岁的高更："大多数人都很怕他，即使最粗心大意的人也不敢在他面前放肆。"所以，这是一个狂人，而这份"狂"来自他引以为傲的血统：高更一直以"野蛮人"自居，认为自己的身上流着南美印加人的血；他也一直以贵族自居，因为其母系家族确实是大有来头。

　　高更的母系家族有意大利文艺复兴第二大家族波吉亚家族的血统。波吉亚家族是公元 9 世纪西班牙阿拉贡王室的后裔，16 世纪迁居秘鲁后与当地的印第安人通婚产生了莫斯科索家族——秘鲁独立之前的几任总督都是出自这个家族（时至今日，莫斯科索家族依然是秘鲁的名门望族）。高更的太姥爷唐·马里奥·特里斯坦·莫斯科索是 19 世纪初西班牙驻秘鲁的海军上校，他的女儿也就是高更的姥姥——弗洛拉·特里斯坦是欧洲前马克思主义社会主义者、社会主义女权主义的先驱、19 世纪三四十年代法国著名的工人运动领袖，与当时的众多社会名流私交甚好，比如无政府主义之父蒲鲁东以及浪漫主义绘画大师德拉克洛瓦。

所以，高更其实是个出身名门、拥有传奇色彩和革命基因的非主流前卫艺术家。他让当时巴黎艺术圈的一些年轻人非常仰望，比如贝尔纳和美院的大学生——当然，还有梵高。而梵高对高更除了仰慕之外还有一种特殊的情感：他觉得自己与高更同病相怜、惺惺相惜。因为这位"传奇"高更其实过得并不好，准确地说是境遇很惨。

从1888年2月开始，高更就一直在布列塔尼半岛的阿旺桥采风。阿旺桥既是个渔村也是个画家村，高更在那儿被一帮同行奉为精神领袖。可精神领袖不等于物质富裕——从3月起，他都开始靠借钱度日了……其实以高更的才华和名气，他的日子原本不至于过成这样。因为他的画虽然卖不出莫奈那样的天价，但也一直有人帮着卖、有人出钱买——提奥就是他的经纪人之一，而且他的妻子梅特也工作挣钱。可是，架不住家里孩子多负担重：一共5个。这5个孩子的吃喝拉撒睡再加上报班和上学（学前班和才艺培训班）……高更作为父亲要是不混成个"金领高管"，那日子就没法过，所以他的日子一直是捉襟见肘。而且他当时身体还不好，有很严重的胃病和肝病，肝脏上还长了水疱……贫病交加之时，高更给梵高写了一封信：

> 尽管我在此地总是感到痛苦不堪，钱是唯一能够困扰我的难题；不幸的是，我自觉命该如此，终身遭此磨难。
>
> ——1888年3月17到19日高更致梵高

肺腑之言，见字如面！梵高看罢热泪盈眶，如遭雷击：这个世上竟然有人和自己同病相怜？！于是仰慕之外，他对高更更加另眼相看，所以后来发出邀请和画《向日葵》也就在情理之中，但是让他意料之外的是：《向日葵》都画完了，高更还是迟迟不来……望眼欲穿之际，梵高怒了！

我觉得高更根本不想来！……尽管我们还可以和他做朋友，但我看透了他！

——1888 年 9 月 4 日致提奥

直觉告诉我，他是个很算计的人！

——1888 年 9 月 18 日致提奥

平心而论，要说算计，梵高才是这件事上动心思最多的。因为他如此殷切期望高更来阿尔，首先是为了自己。自从 3 月份向提奥提出了"艺术家协会"的计划，他就一直盼着有人来阿尔，但就是没人来——贝尔纳虽然跟他关系最近，但因为要去服兵役所以来不了。当然，贝尔纳一直也没有去服兵役，后来据高更说他是因为患有鸡胸没通过体检。可梵高在阿尔——左等没人来、右等没人来，好不容易高更说要来，又迟迟不见动静……于是他觉得脊梁骨一阵阵发凉：这样下去，难不成又要回到 1885 年底的安特卫普？

想当年在安特卫普，提奥可是下了逐客令的：回纽南！

梵高当时打死也不愿再回那个荷兰农村！就像现在打死也不愿离开阿尔！往事历历在目，至今心有余悸，所以高更就很重要了：只要他来了，只有他来了，艺术家协会的事才算有了眉目。有他在，提奥一定会对黄房子继续投钱、不断投钱——谁让他也是高更的经纪人呢？况且高更有才华、有名气、有人气，又赶上英雄落难——这样的领袖型人物简直是打着灯笼也难找啊！机不可失失不再来……于是梵高紧锣密鼓地请提奥从中周旋，而且还一再对他说：高更的画能升值，有什么事可以用高更的画做抵押……

所以高更迟迟未到，首先是提奥谈的结果。而梵高之所以把这件事"委托"给提奥，原因有三。第一，一切都是提奥出钱。梵高一个人在阿尔，提奥花钱养着他一个人；高更要是来了，提奥就得养着他们俩。第二，梵高知道自己不善于跟人谈事，而提奥一定不会把这事搞砸——因为他是高更的经纪人。第三，梵高虽然对高更非常仰慕，他也知道高更对自己很是欣赏，但依然对高更这个人没有任何把握。因为他们俩其实并不近，准确地说是并不熟——两人充其量也就是当初在大碗汤餐厅有过一面之缘，之后联系并不多。其实当时他俩的关系也就是互有好感而已，根本谈不上了解。所以对于高更当下的难处，梵高并不完全清楚。而对于来阿尔这件事，高更真的没有跟他耍心眼：他实在是有事走不开来不了——因为背着一身债呢。

到 1888 年 9 月，高更在阿旺桥已经欠了房东一大笔钱。虽然他在那儿的食宿费一直是以画抵账，但是在房东老板娘眼里，他的那些画一直也不值几个钱，所以他的账就越欠越多。终于在 9 月底，老板娘向他摊牌：再不还钱就扣押你所有的画！对于一个艺术家来讲，作品就是生命！于是高更一时抓瞎、江湖告急……有道是：一分钱难倒英雄汉！这件事上，苍天能饶过谁呢？

再说提奥。他对梵高邀请高更来阿尔这件事并不积极。因为多年以来，梵高的一贯表现让他深知：大哥绝对是个省油的灯！所以他对梵高那个"艺术家协会"的伟大构想也一直抱着不冷不热的态度。至于高更这件事，作为一个成熟男人和当时巴黎艺术圈举足轻重的经纪人，提奥不想也不能让个人情感影响到工作，因为他完全知道：高更一旦去了阿尔，每个月他对阿尔的支出就要翻倍——这并不是一个小数目；而且首先，他还要先替高更还清阿旺桥的债务。但即便是这样，就一定会有好结果吗？大哥与高更就一定能相处好吗？就他那个脾气，万一哪天两人闹出事来……后来发生的事证明：提奥并非是杞人忧天。

但是，缘分天注定，半点不由人。梵高与高更的缘分，冥冥之中早已注定：到了 1888 年 10 月，高更在阿旺桥真的待不下去了！当时提奥再三斟酌：大哥性格偏执、经历坎坷，孤身一人在千里之外，也许跟高更在一起会变得踏实一点。毕竟高更见多识广，性格上也成熟冷静……而且看遍巴黎艺术圈，愿意跟大哥长期相处而又让他服气的人，真的除了高更再无他人……也罢！提奥一咬牙一跺脚，给高更汇了 500 法郎让他还债，外加去阿尔的路费。高更还完债，终于，也不得不踏上了阿尔之旅。

而阿尔与阿旺桥，远隔千里。

高更自画像《悲惨世界》
1888 年 9 月，45 厘米×55 厘米，荷兰阿姆斯特丹梵高博物馆藏

　　布列塔尼在法国西北角，普罗旺斯在法国东南角，这两个地方连起来正好是法国版图的一条对角线。高更坐着火车穿山越岭、中途倒车……将近两天以后，终于在 1888 年 10 月 23 日清晨到达了阿尔，进站的时候刚过4 点。高更来到黄房子的时候想着梵高一定还睡着，于是就先去了旁边的火车站咖啡馆，进门落座不一会儿就被人（服务生或吉诺老板）认出来了："您就是那位朋友，我认识您！"阿尔那么个小地方来个高更这样的人是很扎眼的，何况之前梵高给店里的人看过他的自画像。

　　那幅自画像是梵高大约在 10 月 1 日收到的，名为《悲惨世界》。之所以叫这样一个名字，是因为 1888 年大半年的时间里，高更贫病交加而且还欠了一屁股债，再加上长期不能跟老婆孩子团聚……所以他觉得自己简直就是雨果《悲惨世界》那部小说里的主人公——苦刑犯冉·阿让。于是在画中，他赋予了自己一种罪犯气质——尤其那眼神，看上去非常不友好。这幅画的右上角有个小幅侧面头像，绿底红边，那个人画的是贝尔纳。整幅画的背景都是黄色——关于这个黄色，不管高更当初是怎么想的，在梵高眼里只有一种象征：黄房子！再加上背景里的5朵白花（也可以说是6朵或5朵半，高更左肩旁边那半朵——花被挡住了）……那不就是黄房子里的会员吗？

所以这幅《悲惨世界》让梵高很激动！

在梵高心里：自己与贝尔纳、高更就是个"铁三角"，高更要是真的来了，贝尔纳应该也会来……如此，艺术家协会的事就指日可待。可如今"看着"高更活得跟个鬼似的……梵高悲从中来，他觉得自己就是小说《悲惨世界》里的那个大善人米利埃主教！他，要救赎高更！

通常之下，当一个倒霉的人遇到一个比自己还倒霉的人，要么幸灾乐祸，要么大动恻隐之心，梵高当然属于后者。作为回礼，他也给高更寄了一幅自画像，画中的自己：小平头、络腮胡，身形消瘦，穿一件红棕色毛呢外套；他在委罗内塞蓝的背景前表情冷峻、眼神发直——眼白里泛着委罗内塞蓝的绿光……对于这个造型，梵高在9月给威廉·敏娜的信中说："画中的我一副日本人的样子。"

在10月3日，他又写信向高更进一步阐述了这幅画的主题："我更有意去寻求一个僧侣的特征 —— 一个敬奉永世佛陀的纯洁朝圣者。"所以这幅画有时也被称为《日本和尚自画像》。

在给高更写信的同一天（10月3日），梵高还给提奥写了一封信。他在信中说："不知你是否意识到，有了高更，我们将开启一项无比重要的事业，为我们自己开辟一个新的时代。"

《给高更的自画像》（《日本和尚自画像》）
1888 年 9 月 19 日，62 厘米×52 厘米，美国哈佛大学博物馆－福格艺术博物馆藏

　　梵高与高更交换的这幅画，完成时间大约是在 1888 年 9 月 19 日。它的创意来自当时的一本畅销小说《菊子夫人》，里边有关于日本僧人的描写，梵高和高更都看过这本小说。其实一开始梵高并不想给高更寄这幅画——准确地说是不敢。在 10 月 3 日的信中，他还对提奥说："我一定不会和高更交换画像，因为他的画像太美了。但我会请求他把画卖给我。"

在高更面前，梵高卑微如小沙弥仰望方丈，所以高更无疑成了他的希望之光。而 1888 年 10 月 23 日，这道"光"终于出现了……

高更的到来让梵高无比惊喜——准确地说是惊大于喜。因为按之前书信中的印象，他本以为高更应该是病恹恹的，但是看眼前之人：非但不是病恹恹的，而且绝对的精神焕发——双目有神，体格健硕，皮肤为冷棕色，戴了一顶红色贝雷帽……高更比梵高大 5 岁，当时正好四十，精神抖擞，文武双全……梵高顿时明白了：这个人不需要我救赎，他救赎我还差不多。

但无论如何，总是"有朋自远方来，不亦乐乎"！梵高极其兴奋地带着高更四处游逛。10 月下旬，他俩来到了阿尔东南郊的一个古罗马墓园：亚力斯坎。这个名字也译为"阿利斯康"，源自拉丁语，意为"极乐世界"或"伊甸园般的田野"。而金秋十月，风景这边独好。

树叶开始飘落，树木明显变黄，而且越来越黄。这种美绝对不亚于阿尔春天的果园……

——1888 年 10 月 22 日致提奥

《亚力斯坎（“落叶”）》（黄麻布）
1888 年 10 月下旬至 11 月 2 日之前，73 厘米×92 厘米，
荷兰国立库勒-穆勒美术馆藏

高更《亚力斯坎和圣·奥诺拉入口》（黄麻布）
1888 年 10 月下旬至 11 月 2 日之前，73 厘米×92 厘米，
日本东京东乡青儿纪念馆／日本财产保险公司美术馆藏

古罗马墓园也被称作石棺公园。在梵高的时代，那里是年轻人谈恋爱约会的地方：亚力斯坎有法国最负盛名的情侣小道——墓地大道。所以在那个地方总能看到美丽的阿莱城姑娘。

梵高和高更的第一个写生地点就是亚力斯坎。当时他俩每人都用了两种画布：常规亚麻布和黄麻布。黄麻布纹理较粗，是高更到达阿尔几天后买的，一共 20 米。

还记得梵高那幅花落日本的未签名版《十五朵向日葵》吗？它用的就是高更当时买的黄麻布。而今天——在日本东京东乡青儿纪念馆／日本财产保险公司美术馆里，位于这幅《十五朵向日葵》右边的那幅后印象派名作就是当年高更在亚力斯坎画的第一幅油画写生：《亚力斯坎和圣·奥诺拉入口》，圣·奥诺拉是亚力斯坎的一座 12 世纪的教堂。高更那幅画用的也是黄麻布。

亚力斯坎写生是梵高的美好回忆：1888 年的金秋十月，他与高更一起画画、一起看风景、一起聊天散步……但是，对于两位个性都极强的艺术家来讲，相处总是困难的——在高更到达阿尔的 10 天后，二人之间就大事、小情逐一开吵，比如做饭和收拾屋子……这当真是应了那句话：人生若只如初见！

高更和梵高住在一起，生活上是有分工的：高更做饭，梵高买菜。当然偶尔，梵高也会做一两次饭。但是据高更在晚年的回忆录《此前此后》中描述："我不清楚他是如何将食物混到一起去的，可能就像他作画时混合色彩那样吧。" 这是在说当时梵高做的一个汤——可见在做饭方面，他确实是个糙人。但其实，梵高除了做饭糙，在生活上更糙，而且事无大小一概粗糙：大到黄房子经常被他弄得乱七八糟，小到他的油画箱经常乱七八糟得盖不上盖……这些虽说都是小事，但确实让高更很无奈！于是他深刻地认识到：彼此的习性根本不同。

可习性不同的人又怎能一起长住呢？而且，高更不光看不上梵高的生活习惯，连黄房子里的家具和装饰都看不上：他特意托人从巴黎买了新的床单、新的餐具寄过来，包括一个五斗橱抽屉柜……不用说，这一切让梵高很伤心、很沮丧！

所以，两位艺术家虽然是"有房同住，有饭同吃，有钱同花"，但吃饭、睡觉尚不能达成一致，花钱的事就更不用说了：梵高花钱从来不记账；高更——股票经纪人出身，记账属于本能。于是很快，他就想了一个办法：在一楼客厅的桌上放了一个账本、两个钱罐——一个钱罐专门用来买菜，另一个作为其他日常开销之用，比如抽烟、喝酒、买画布……不管谁用钱都得随时记账。可是梵高居然背着他私底下向提奥要钱——这种行为，让高更很伤心、很失望……不过这还不算完，他与梵高在艺术方面的分歧也是越来越大。

　　梵高与我完全不相为谋，他欣赏的人我丝毫没有感觉。而我热爱的安格尔、拉斐尔和德加，他竟嗤之以鼻……他认为塞尚只不过是个骗子，想起蒙蒂切利他又会流泪。

——高更《此前此后》

在西方美术史上，拉斐尔、安格尔、德加和塞尚都是光照千秋的巨匠。但现存的梵高书信中并没有诋毁这四位大师的言辞，尤其对于塞尚——梵高在信中明确表达过对这位前辈与长辈的崇敬之情……那么——

高更为什么要这么说呢？难道是故意抹黑梵高不成？

高更其人，一生孤傲，蔑视群雄。以性格和水准而言，他犯不上也不可能用这种方式来诋毁梵高。但之所以这么写，应该是梵高的一些话让他在多年之后依然记忆犹新，因为梵高的性格一聊就急、一急就吵、一吵就胡搅蛮缠……巴黎时期连提奥都躲着他，可阿尔时期的高更怎么躲？所以，梵高就把这种"特质"全都倾泻到了他的身上。不过他们俩因为蒙蒂切利的事吵应该是真的，因为高更确实看不上蒙蒂切利：他不待见蒙蒂切利的厚涂法，认为那种效果很粗糙——这主要是因为高更的油画画得并不厚。可是厚涂法属于梵高的艺术风格，那是他向蒙蒂切利学到的精髓。所以，聊大师如果都聊不到一块儿，那也就没啥可聊的了——这是搞艺术的人的特点。而除了这个特点，他们俩在具体的艺术创作中还经常产生"爆点"。当然，这主要是因为高更。

首先，他看不上梵高的创作方式，因为他鄙视依靠写生进行创作。高更认为油画创作就应该凭记忆和想象，这种状态说得通俗点就是"主要靠编"——从造型上就开始编；但梵高不是这样，色彩上主观想象没问题，但造型得依靠素描写生。他们俩搞艺术虽然都是"半路出家"，但二人的起步完全不同。高更学画是从石膏像画起，然后是印象派老前辈毕沙罗教了他三年色彩写生，而且他还会雕塑——这就是标准的学院派流程。再看梵高，从一开始就抵触学院派，从来也没有跟哪位前辈或老师长期地学过，他的艺术完完全全是靠自己摸索。拿二人画的同一主题来说：梵高注重画景，高更注重画人。画油画的人都知道：人，是最难画的。而高更那种"以人为主"的特点在他的很多作品中都有所体现，比如他在阿尔期间创作的一幅油画《阿尔的洗衣妇》。梵高的"朗卢桥"系列中不是也有洗衣妇吗？但那是为了烘托环境。而高更的《阿尔的洗衣妇》可真的是在画人：那些人的造型充满了坚实的雕塑感。不过他给那些阿尔洗衣妇"穿"的却是布列塔尼的服装。值得一提的是：这幅画虽然是以人为主，但它的景也毫不逊色，尤其河水画得极其精彩——清冽而沉静……这就是高更的功力。

高更看不上梵高创作的第二点，是他的创作状态——作画时激情四射、张牙舞爪、颜料翻飞……这在高更看来实在是闹心，因为他自己画画是很安静的。其实，谁画画都没那么热闹。可谁让梵高是梵高呢？

高更看不上梵高创作的第三点，是他引以为傲的速度。尽管梵高对速度有着非常深刻的认识，无奈高更就是不屑一顾。理由很简单，他在给妻子梅特的信中说："文森特是想把自己累死。"

高更《阿尔的洗衣妇》（黄麻布）
1888 年 11 月 , 75.9 厘米 ×92.1 厘米，美国纽约现代艺术博物馆藏

所以因为这三大"看不上"，梵高在创作时，高更总是对他吼："用你的头脑作画！"梵高吵归吵气归气，但内心深处还是把高更敬为导师的。因为他知道：高更确实艺高一筹！所以在导师高更的"教导"下，他在油画创作方面做出了三大调整：

1."编"着画——向高更学习，完全凭记忆和想象去创作。

2.以人为主——但这一点做得一直不太够，因为很少有人愿意给他做模特，虽然他也付模特费。

3.用黄麻布画——因为这种粗纹理的画布能让作品显得更加质朴厚重。

当然，它也更贵。

　　1888 年 11 月中下旬，梵高用黄麻布开始了一个非常重要、到今天也非常著名的主题创作——"椅子"系列，因为那是《高更的椅子》和《梵高的椅子》。这两把椅子：一红一黄；一个豪华版，一个经济版；一个是夜晚，一个是白天……

　　其实，这是两幅油画肖像：梵高与高更。

　　导师的座椅当然要先画。《高更的椅子》画的是一把高档座椅：灰绿色的背景前，一把看似红木材质的座椅"矗立"在地毯上——构图显得顶天立地、异常饱满，一条椅子腿都伸出了画面。椅子上有两本小说和一支点燃的蜡烛，这就象征着智慧和明灯。椅子腿和扶手上几条极亮的冷色反光使原本一把木质座椅呈现出了一种金属感——这种感觉，让它看起来更冷峻。

保罗·高更

《高更的椅子》（黄麻布）
1888 年 11 月中下旬，90 厘米 ×73 厘米，荷兰阿姆斯特丹梵高博物馆藏

　　这把椅子的本色是赭石或土红，而实际上，那是高更的肤色：冷棕色。它的流线造型不光看上去很有档次，而且还带着高傲甚至嚣张……真是画如其人，像极了它的主人！

　　画面的左上角，一盏小小的煤气灯散发着微弱的光。它低调、渺小、卑微、黯然失色……远远地凝望着这把豪华而高贵的座椅——因为它是主人，而自己是仆人。

　　那盏灯也是画如其人，正如梵高画的自己的座椅。

《梵高的椅子》（黄麻布）
1888 年 12 月至 1889 年 1 月，93 厘米 ×74 厘米，英国国家美术馆藏

　　《梵高的椅子》无疑是质朴的，一切都粗拙无雕饰：草垫做成的椅垫、寻常而朴素的木本色造型、土红色的地砖和破损的白墙……这把椅子放在门口，它后边的小木箱上有"Vincent"签名，箱子里发了芽的葱头使整幅画的生活气息更加浓郁，就像椅子上放着的烟丝和烟斗——那是随手放下的，让人一下能想到：主人就在屋里，也许刚进门……

　　这幅画的主体完成于 1888 年 12 月，但烟丝和烟斗是梵高在 1889 年 1 月中旬才画上去的——当时他刚经历了割耳住院，而高更已经离开了阿尔。

　　所以，梵高抽的真的是烟吗？

　　不，他抽的是寂寞……还有孤独。

百年以来，"梵高与高更"一直被人们议论和传说。每每谈及二人，除了梵高的"椅子"系列，还有一幅画多半会被提起——因为据说那是他俩的联袂之作，这幅话题作品叫《阿尔的舞厅》。

在梵高的年代，"阿尔的舞厅"是一个真实存在的娱乐场所。它是阿尔地区一家规模很大的音乐咖啡厅，全名叫"阿尔姑娘的疯狂"。1888 年 12 月 1 日晚，那里举行了一年一度的冬季舞会——这种娱乐活动当然少不了梵高和高更。

那天晚上，两位艺术家玩得还是很尽兴的。于是回来后不久便诞生了这幅《阿尔的舞厅》，但是画中却没有狂欢舞会的光色变幻和香艳四射。这幅画给人的第一印象首先是一个字：挤！人满为患，根本跳不起来。

而且这幅画很奇怪：它既不像梵高的作品，也不像高更的作品。它没有梵高那浓如烈火、璨若宝石的色彩，也没有高更那神秘而冷静的画面氛围。在《阿尔的舞厅》中，高更一贯擅长的"冷静"变成了压抑，"神秘"变成了诡异；画中每一张看得见五官的脸都表情麻木、昏昏欲睡……这哪里是什么纵情的狂欢之夜？分明是一个封闭的空间里，大家挤在一起梦游。

《阿尔的舞厅》
1888 年 12 月，65 厘米×86 厘米，法国巴黎奥赛博物馆藏

这幅《阿尔的舞厅》乍一看喧嚣无比，但仔细端详却好似音量为零，要是细品起来……其实是有点瘆得慌。画面右侧中景的位置有一张脸很是醒目，画的是梵高在阿尔的一个朋友（邮差鲁兰）的妻子：黄色的头发，表情古怪而惊恐……但这张脸其实是梵高自己，如果与后来发生的事相关联，它的表情则意味深长……

作为一幅所谓的"梵高与高更的联袂之作"，这幅画里当然要有一些东方元素，比如远景处的二楼——那些红色边条无疑透着浓浓的日本风；还有画面上空那些悬浮着的黄色发光球体——好像 11 个圆圆的月亮，其实那画的是中国灯笼。不过 1888 年的阿尔并没有中国的大红灯笼。如果有的话，以梵高的性格一定会在信中提及，而且应该不会把它们画成黄色的。所以这个"圆月灯笼"的创意点非常古怪。

实际上，这幅画之所以古怪、奇怪、压抑、诡异……是因为所谓的"联袂之作"不过是"梵高的手配合高更的脑子"，它其实是高更留给梵高的一个作业——这位"导师"想以此对他的"学生"进行人物群像的训练。所以那些黄色的"圆月灯笼"——这个如此天马行空、不接地气的创意其实是高更一个人的想法。因为高更阅历丰富、见多识广，对中国文化有一定了解，比如他还知道孔子和科举制。

但如此一来，梵高就很痛苦了：作为一个"创意执行者"，他非常别扭而憋屈地表现了一场充满"高更意识"的想象中的舞会，这幅回忆式作品全部由他一人执笔完成。可是，绘画创作原本是一种非常个人而主观的行为，何况是对于本身就极具个性而主观的梵高？

所以客观地讲，《阿尔的舞厅》其实是一幅失败的作品。因为它没能体现出两位大师应有的水准——无论梵高的风格，还是高更的想法。但此画对于了解和探究 1888 年二人在阿尔的关系以及梵高精神病的发展状况却颇有意义。所以到了 20 世纪，随着两位大师的身价一路飙红，这幅画还是先后被卢浮宫和奥赛博物馆收藏。

2010 年，这幅《阿尔的舞厅》曾在上海世博会展出。

高更《画向日葵的人》（《画向日葵的文森特》）（黄麻布）
1888 年 11 月底至 12 月初，73 厘米 ×92 厘米，荷兰阿姆斯特丹梵高博物馆藏

　　1888 年《阿尔的舞厅》——12 月 1 日的狂欢之夜，压抑和诡异流淌于梵高的笔端，弥漫在他心头。但是，这并不只是一种情绪。今天，人们都知道阿尔时期的梵高是一个精神病患者；而当时，在梵高割耳之前，全世界只有一个人把"病人"这个词与梵高联系起来。这个人，就是高更。

　　一切要从一幅画说起。

　　"向日葵"是梵高与高更的"友谊之花"——也许是因为这个原因，1888 年 11 月底到 12 月初，高更创作了一幅梵高的肖像：《画向日葵的人》。这幅画是迄今为止高更在阿尔期间最为人熟知的作品；而同时，它也是两位大师正式激化的导火索。因为当时梵高看了这幅画后，一下变得呼吸急促、脸色铁青……

　　突然，他大吼道："这确实是我，但那是疯了的我！"

这是高更万万没有想到的！他怎么也不明白：自己的这幅画怎么就刺激到了眼前的这个画向日葵的人……

当天晚上，他们俩去了一家咖啡馆喝酒。突然，梵高抄起酒杯，连杯带酒朝着高更的脑袋砸了过来……高更身手敏捷摇头躲过，然后上前一步将其拦腰抱住，随即出门直奔黄房子……

回到黄房子后，高更把梵高安放在床上。一会，梵高睡着了。

第二天早晨，梵高醒了之后温柔地对高更说："亲爱的高更，我隐约记得昨晚我冒犯了您。"当时，高更向他陈述了事态的严重性。

> 如果我被击中，可能我会无法自控而将您掐死。请允许我写信告知您的弟弟：我要回去了。
>
> ——高更《此前此后》

"打架事件"的全部过程都记录在高更晚年的那本回忆录里。虽然如今看来书中对整件事的描述颇有不实之处，但"梵高在咖啡馆用酒杯砸人"——这一情节却是情况属实，绝非杜撰。而这件事导致的第一结果就是：高更去意已决！

他真的仅仅因为这件事就要走？

若真是这样，就略显小气了。喝酒动手在男人之间原本不是什么稀罕事，何况高更这种文武双全、走南闯北的成熟男人？要是为了这点事就拂袖而去，那他之前的那点名气基本上也是浪得虚名。况且，在这次"打架事件"大约 14 年之后——1903 年，高更在南半球的塔西提为了当地土著人的利益跟殖民政府和天主教会针锋相对、抗争到底而导致自己最终命丧海岛……可见，这是一个有血性的汉子！所以当初——他应该不会因为一顿酒、一场架就跟一个朋友彻底翻脸。何况那位朋友是梵高！

所以此事绝非一幅画引发的一场架那么简单。而梵高与高更的关系，也绝不是梵高书信里描述的那么单纯。

我要挑明的首要条件是要有一位像神父一样的长者来维持秩序，那个人无疑就是高更。

——1888 年 10 月 3 日致提奥

人生若只如初见，只缘当时还未见。在没见面和刚见面的时候，梵高确实是把高更奉为导师。但是高更到阿尔还不到两周，情况就不一样了：两人在一起的时候，不只是高更对梵高指指点点，梵高也一样——他也经常说高更"这画得不对、那画得不好"。其实朋友之间互相挤兑一下本来也没什么，但是关键和要命的是：梵高那种性格动不动就很激动，东一榔头、西一棒槌、热血沸腾、胡搅蛮缠……不知道哪件事就会让他激动起来，而且经常是没来由的。为此，高更极为苦恼：

有一次他发怒，竟然是因为不得不承认我充满智慧。虽然我前额窄小，看起来不像是个聪明人。

——高更《此前此后》

梵高这种异常独特的发散性无逻辑思维与无限狂热的表达方式时常让高更深感生不如死……所以，他能当面对梵高提出"要走"——因为实在是受不了了！而回首那些两人吵架的日子，其实他一直在理性地克制。通常情况下，只要察觉到梵高苗头不对，高更就会主动选择沉默：实在烦得不行，他就大喊一声："队长，你是对的！"

这句话是那个年代的一句歌词。每当高更说出这句歌词，只要当时梵高的心情还不算太糟，他就自嘲一两句然后去做自己的事，这样两人就相安无事。但是从 1888 年 12 月初开始，形势完全不同了：梵高的情绪持续低落，动辄就絮絮叨叨、咄咄逼人、喋喋不休、斗志昂扬、气急败坏、没完没了，直到最后自己没了力气……

面对失控的梵高，高更无语了。到 12 月 11 日，他给提奥写了一封信：

"考虑再三，我必须回到巴黎。"但是因为没有足够的路费，他只能窝在阿尔等着提奥的下一笔画款。在收到画款之前，高更心心念念的只有一件事：别再出什么幺蛾子了。为了实现这个目标，他在 12 月 15 日向梵高提出：别在黄房子里憋着了，出去走走换换心情。于是大约 12 月 17 日，二人来到了阿尔向西大约 100 千米处的一个中世纪古城蒙彼利埃。

蒙彼利埃坐落在地中海沿岸，全年温暖、日照充足，是法国著名的避寒圣地，被称为"阳光之城"。现在那里是法国南部重要的工商业中心；而中世纪时，它被誉为"知识之城"：1289 年，世界上最古老的大学之一——蒙彼利埃大学在此诞生。当然，1888 年 12 月中旬高更带着梵高远道而来肯定不是为了去参观那所大学，他们是要去另一个地方：蒙彼利埃著名的法布尔博物馆。很多年前，高更曾经到此一游。

法布尔博物馆之所以著名首先是因为它的两位重要捐赠者——他们都生于蒙彼利埃：一位是与贝多芬（1770—1827）同时代的法国画家弗朗索瓦·泽维尔·法布尔（1766—1837），他的老师是 18 世纪下半期法国新古典主义画派的奠基人雅克·路易·大卫（1748—1825）；另一位是 19 世纪中期法国的著名收藏家阿尔弗雷德·布吕亚（也译为阿尔弗雷德·布鲁亚斯，1821—1877），此人是个银行家的儿子，热爱艺术但天赋有限所以没当成画家，不过却成了一位超有眼光的艺术收藏家和艺术赞助人，所以这座博物馆里专门有一个布吕亚画廊。从布吕亚画廊到整个法布尔博物馆，此间名作满满（虽然少有大师们的第一代表作）：从波提切利、拉斐尔、委罗内塞、鲁本斯，到雅克·路易·大卫、安格尔、德拉克洛瓦，再到柯罗、米勒、库尔贝、印象派——基本上就是欧洲美术史一条线。库尔贝那幅著名的《你好，库尔贝先生》就收藏在那里。

库尔贝《你好，库尔贝先生》
1854 年，129 厘米×149 厘米，法国蒙彼利埃法布尔博物馆藏

　　《你好，库尔贝先生》也译为《偶遇》或《路遇》，画中那位红胡子、绿上衣的绅士就是布吕亚——而他，就是第一个力捧库尔贝的人。布吕亚其人非常了不起：第一，懂艺术；第二，有慧眼；第三，心不黑。他把很多没出名的大师捧成了出名的大师，所以被称为"艺术家之友"。布吕亚画廊挂着好多著名艺术家为他画的油画肖像，其中最吸引梵高的一幅是德拉克洛瓦所作的《阿尔弗雷德·布吕亚肖像》。

在这个充满温度的画廊里，梵高异常兴奋，当场与高更开始了亲密交谈。回去之后，他立刻给提奥写了一封信：

> 昨天我和高更去蒙彼利埃参观了那里的一座博物馆，尤其是博物馆里的布吕亚画廊——收藏的作品非常漂亮……高更和我大谈德拉克洛瓦以及伦勃朗。我们的讨论异常激烈，电光四射。到结束的时候，我们的大脑彻底放空，就像电力耗尽的电池。
>
> ——1888 年 12 月 17 日或 18 日致提奥

这是梵高在 1888 年给提奥寄出的最后一封信。需要注意的是：信中说的"就像电力耗尽的电池"并不是指他和高更聊完以后感觉有多么愉快和尽兴。因为在法语里，"电力"这个词意味着无限负能量。所以这封信在结尾落款之后还有一段话："或许你会认为高更或者我可以轻轻松松地展开工作，但我要说的是，我们工作起来并不那么一帆风顺。但愿我们的荷兰朋友还有你，在面临困难的时候不会像我们这么沮丧。"

梵高说的"荷兰朋友"是当时提奥在巴黎正在接触的两位荷兰画家。但他用"沮丧"来形容和高更在一起的状态，看来这次聊天又从"开聊"发展成了"开炮"。所以，高更苦心安排的蒙彼利埃之行再次变成了一颗"雷"，把彼此炸得满脸漆黑……

高更彻底崩溃了。

他写信给贝尔纳说："我的神经一直紧绷着，一刻也不能放松。"

他又写信给舒芬尼克尔：

> 我在这里的处境非常艰难……但我不能放弃一颗病了的、不凡的心。这颗心饱受折磨，它需要我的陪伴……无论如何，我必须待在这里，但离开只是时间问题……
>
> ——1888 年 12 月 22 日高更致舒芬尼克尔

在 1888 年 12 月 23 日之前，所有认识梵高的人都觉得他性格不好，但是没有一个人认为那是一种病症反应，除了高更。而高更——他本想和这位病人朋友好说好散，可万万没有想到，就在他给舒芬尼克尔写信的第二天，一件可怕的事发生了：其鲜血淋漓、众说纷纭，真伪莫辨、传说至今……

这件事，就是著名的梵高割耳事件。

而百年以来，无论当时的巴黎艺术圈还是今天的芸芸众生，很多人都认为：梵高割耳自残，高更难辞其咎！

但是，真的是这样吗？

第二十章　割耳之谜 —— 画作中的秘密

梵高的割耳事件是个年代久远而又令人熟悉的传说：一个精神病画家割掉了自己的一只耳朵，然后把它送给了一个妓女……今天，这个故事梗概的流传之广称得上脍炙人口，其传播率与普及率远胜于梵高当年。但艺术家在任何时代都属于小圈子，梵高生前又是那样的默默无闻，那么这件事究竟是如何走向大众的呢？

此事要从 20 世纪 20 年代说起。20 世纪早期，梵高在欧洲已经被尊为大师。1927 年春天，一个美国文学青年在巴黎的卢森堡博物馆偶遇梵高画展。虽然没有看到任何一幅《向日葵》，但是梵高的自画像以及在阿尔、圣雷米还有奥维尔的几十幅传世之作依然让他如醉如痴，那梦境中的流光溢彩让他迫不及待地想探究这位大师的生命之旅……这个年轻人就是欧文·斯通（1903—1989）。当时，他还不到 24 岁。

年轻的心，总是容易燃起一团火。于是接下来，欧文·斯通花了两年时间阅读梵高书信、一个人重走梵高之路……终于在 1929 年完成了传记小说《渴望生活：梵高传》。1934 年，此书在美国出版；1956 年，好莱坞八大影业公司之一的米高梅将其改编成电影在全美上映，欧文·斯通是编剧之一。

在互联网还没有诞生的时代，纸媒和影视就是最强大的媒体。所以欧文·斯通当仁不让地永远成为了推广梵高的第一人——虽然不是第一个，因为是他让这位苦难的大师走进了大众视野：《渴望生活：梵高传》不光是他的成名作和代表作，还是全球第一部完整记述梵高生平的文学作品，而米高梅出品的电影《渴望生活》则是全球第一部梵高电影。所以从 20 世纪 30 到 50 年代，一本书和一部电影让梵高的故事面向大众、广为流传，包括他的割耳事件。在欧文·斯通的笔下，这件事可以概括如下：

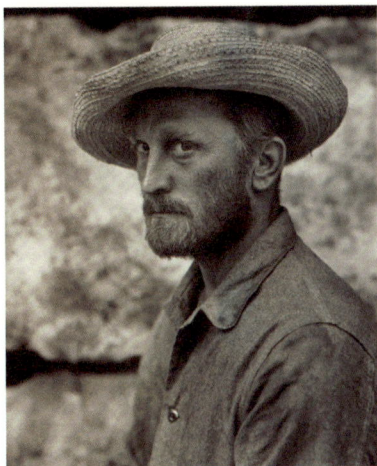

第一个"梵高"银幕形象
好莱坞电影《渴望生活》
柯克·道格拉斯主演
1956 年上映，米高梅出品

1888 年 12 月 23 日晚饭后，高更独自在拉马丁广场溜达。突然，他发现梵高在跟踪自己，手持一把剃刀冲过来……黑暗中，两人的距离只有半米左右。谁都没有说话……僵持片刻之后，梵高转身回家——一个人回到了黄房子。在卧室里，他感觉"末日已到"，于是举起剃刀"胡乱地斩下耳朵""只留下了一点点耳壳"，随后洗净用纸包好，戴上帽子出门……

梵高穿过拉马丁广场来到一家名为"1 号妓院"的门口，叫出了一个名叫拉歇尔的妓女。他把那个用纸包着的耳朵交给了她，并嘱咐说："小心保存好。那是我的纪念品。"

"是什么呀？"拉歇尔拆开一看……立刻昏倒在地。

梵高转身离去，回家睡觉。

作为一部小说，《渴望生活：梵高传》无疑是精彩的，它是欧文·斯通 26 岁完成的作品。但是由于年龄和年代的局限，书中硬伤不断、疑点重重。比如欧文·斯通说梵高割耳的当天风很大，而实际上那天并不是风大而是雨大：1888 年 12 月下旬，阿尔暴雨连连，仅 21 日到 23 日——三天的降雨量就超过了 75 厘米。还有，关于割耳事件——有一个重要信息在小说里并没有交代：梵高割掉的到底是哪只耳朵。而欧文·斯通作为一个传记文学作家，他对割耳事件的史实考证又是来自何处呢？

　　高更晚年的回忆录《此前此后》。按今天的说法，那就是一部口述历史。所以不管是欧文·斯通——还是在他的此前与此后，自从那本书正式出版以来，所有写"梵高的《向日葵》""梵高在阿尔"以及"梵高和高更"的人都会将其视为最重要的参考资料之一。书中是这样描写梵高割耳的：

> 　　梵高回到家之后，立马齐根割下自己的一只耳朵……他径直去了一家妓院，因为没有同乡人，他在那结识了一个相好，他把清洗干净的耳朵装在一个信封里交由看门人。"拿着"，他说，"做个纪念"。然后，他又跑回家上床睡觉……
>
> ——高更《此前此后》

　　《此前此后》在 1918 年出版，《渴望生活：梵高传》的出版比它晚了16 年。所以《此前此后》里没说梵高割下的是哪只耳朵，《渴望生活：梵高传》也没说。除了这点，两本书关于这件事的细节描述存有诸多不一致，比如关键问题之一：耳朵到底给了谁？

　　欧文·斯通说是给了拉歇尔，高更却说给了妓院的看门人，而且他还说梵高"在那结识了一个相好"——关于这件事，梵高在书信里从未提及。以梵高之憨厚朴实、热烈率真，如果真有，他一定会说。至于他的那只耳朵究竟给了谁，高更从梵高割耳到送人——全程都不在场，说不出名字倒也正常，但他的观点却提供了一个重要线索：耳朵虽然被送到了妓院，却未必是给了一个妓女。那么欧文·斯通当初在构思梵高割耳事件的时候，拉歇尔——这个女一号又是从何而来的呢？

　　媒体！媒体的力量是巨大的。19 世纪下半叶，欧洲的纸媒已经蓬勃发展。在梵高割耳后的一周内，阿尔地区的多家报纸报道了这件事，但是说的内容五花八门：有的说他把那只耳朵给了一个妓女，有的说那个人在妓院工作但不是妓女，有的说那是个在咖啡馆工作的女孩，还有的报纸把梵高说成了波兰人……

　　尽管在任何时代都有某些媒体为了某种利益而歪曲事实，但是把梵高说成波兰人倒也不是当时的法国纸媒在故意胡说——这仅仅是因为：在法语中，"荷兰"和"波兰"的发音极其相似。不过发音这个问题后来却在最大程度上干扰了梵高割耳事件的大众传播，拿中文译本来讲，这件事的女一号至少变成了三个人：瑞秋、拉歇尔、拉切尔。

但其实，她们是同一个人——这个人的名字最初就是来自当时报道梵高割耳的一家阿尔地方报：《共和论坛报》。这家报纸说当天晚上梵高把耳朵给了一个叫"Rachel"的人，但没说那个人一定是妓女。而"Rachel"作为西方女性的一个常见名，其英语拼写与法语拼写相同，其英语和法语的中文音译名称也相同——都叫"瑞秋"。不过在英语中，它的中文名还可以被译成"拉切尔"；而法语中，它的中文名也被翻译成"拉歇尔"——这就是欧文·斯通敲定割耳事件"女一号"的由来。而且根据高更的说法，他还把拉歇尔定位成了梵高在阿尔认识的那个"相好"——两人在高更来之前就好上了。欧文·斯通这么写当然是为了吸引眼球，不过在梵高割耳这件事上，他与高更似乎有一种默契：谁都没有说到底割的是哪只耳朵。于是后来，总有人想解开这个谜底：梵高到底割的是左耳还是右耳？是整体割掉还是局部切割？那只耳朵最后到底给了谁？到 2010 年，又有一个人带着这些疑问踏上了征程……终于在 2016 年破解了梵高割耳之谜。

此人是一位爱尔兰裔英国女士，名叫贝尔纳黛特·墨菲（法语名叫：伯纳黛特·墨菲）。她曾在伦敦读艺术史，之后在普罗旺斯地区生活了 30 多年。和梵高一样，墨菲也是一名"南漂"。之所以要去深入了解梵高，是因为她看到阿尔早已成了一个"梵高旅游区"：太多的人利用大师去挣钱，太多的人拿大师来猎奇，但很少有人关注梵高这个人和他当年真实的生活状态。经过 6 年的努力，墨菲终于找到了"一人一物"，从而得到了梵高割耳的真相。

所谓"一人"就是瑞秋的一位男性后代。从那位老人那里，墨菲了解到："瑞秋"这个名字实际上是个艺名，其真名叫加布丽埃勒，昵称加比。当年的加比是一个 19 岁女孩，梵高割耳之后确实是把耳朵给了她。

所谓"一物"是指一份医疗手稿。2016 年，墨菲在美国加州大学伯克利分校班克罗夫特图书馆找到的一份作于 1930 年的医生签名手稿，而签名者正是当年梵高割耳住院后亲自为其包扎和治疗耳伤的雷伊医生。

据雷伊手稿显示：梵高当时割开了耳后动脉，几乎割掉了整个左耳，只剩下半个耳垂。手稿下方的一段话能看出雷伊医生对当年这位病人和故人的怀念之情："……真心希望你能赞颂这位才华横溢的绘画天才，因为他值得。"

这段话是雷伊医生在 1930 年 8 月 18 日（手稿上的日期）写给欧文·斯通的。那一天，欧文·斯通专程去拜访了他。雷伊医生为这个热爱梵高的年轻人画下了这份珍贵的医疗手稿。但不知为何，关于那只左耳，欧文·斯通却没有在小说里完全采用手稿的信息（当时《渴望生活：梵高传》距出版还有大约 4 年时间，如需修改补充肯定来得及）。以致在雷伊手稿诞生 86 年后——2016 年，梵高的割耳事件在大众面前才真相大白。

但梵高为什么要把那只左耳送给加比呢？

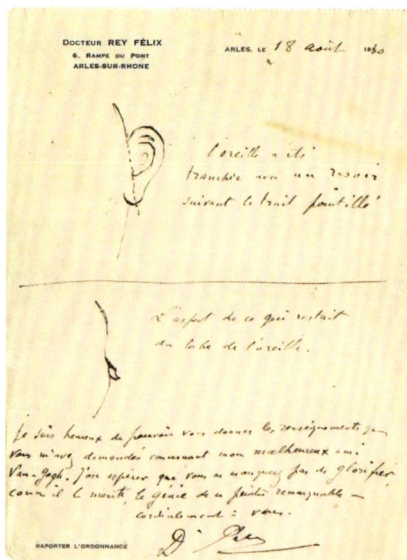

雷伊手稿， 1930 年 8 月 18 日
美国加州大学伯克利分校班克罗夫特图书馆藏

据墨菲的调查，是因为一道深深的疤痕。

1888 年 1 月的阿尔。加比在一次聚会中被邻居家的疯狗咬伤了左臂，伤势严重，于是当地医生帮她联系了远在巴黎的巴斯德研究所。随后加比在母亲的陪同下来到了巴黎。

经过巴斯德研究所的治疗，加比脱离了生命危险。她在 1 月下旬回到了阿尔，但是左臂却留下了很大的疤痕。因为看病花了很多钱，所以她开始努力工作打好几份工：既在妓院做保洁，也在拉马丁广场的商店和咖啡馆工作。所以她和梵高经常见面，算是熟人。对于梵高在割耳之后把耳朵送给了她，墨菲认为：这是因为梵高的宗教情结、极端性格以及他所心仪的女人类型所致──加比在他的眼里是一位"受伤的天使"。

是的，梵高爱过的所有女人都是不幸福的：寡妇凯表姐、妓女西恩、大龄女子玛戈特和流落异乡的铃鼓咖啡馆老板娘塞加托丽。但是墨菲的观点只能解释梵高赠耳，却不能解释割耳与赠耳之间的必然逻辑关系。因为梵高割耳并非为了加比──那是病情发作所导致的不智之举，事后他并不认为割耳是一件正确的事；而赠耳，以宗教的角度看却体现了救赎的意义。那么由割耳到赠耳，梵高为何能从"错"转为"对"呢？

因为他是个寻找意义的人。他想让自己的一切痛苦和失败都变得有意义：梵高不是一直在失败、一直被视为家族耻辱，但又一直在努力证明自己是个有价值的人吗？比如曾经那么狂热地想做一名牧师。

所以在割耳之后，也许他想到了一幅与宗教有关的传世名作……

达·芬奇《最后的晚餐》
1498 年，420 厘米×910 厘米，于意大利米兰圣玛利亚·格雷契修道院食堂的墙壁上

我实在告诉你们：你们中间有一个人要卖我了。

——耶稣

　　1498 年，文艺复兴大师达·芬奇完成了以这句话为核心创意的重要代表作——《最后的晚餐》，画的是耶稣说出这句话时的情景。虽然西方美术史上有很多画家画过这个题材，但达·芬奇的这一幅堪称是最完美的。

　　不过有个重要问题：那顿饭究竟吃的是什么？

　　从画中看，桌上摆的主食好像是面包。其实，按基督教的传统来说应该是无酵饼——耶稣在说完那句话后把这种饼分给了在座的十二门徒。

无酵饼在常人看来并不是什么稀罕物，它就是俗称的死面饼。但是在这顿旷世晚餐中，这种饼的意义非比寻常：它象征着耶稣的身体，门徒们吃了它代表着对耶稣的纪念，因为已经被救赎。

而梵高——

应该是把那只被割下的左耳当成了耶稣手中的饼，

因为他希望自己的血能为救赎而流。

因为，加比的身上有一道真真切切的疤痕……

而他，要效仿耶稣基督！

所以多年以后，高更在《此前此后》里这样描述这场救赎的结尾：

"'拿着'，他说，'做个纪念'。"

不过遗憾的是，梵高未必真的说过这句话，因为高更当时并不在场。而加比——作为一个正常人，她应该不会喜欢梵高这样一种方式。但是，她一定需要祝福。因为在巴黎治疗期间，有一天她为了跟母亲看演出而少打了一针疫苗。于是这少打的一针就成了她漫长的遗憾和担忧——对于这份担忧，梵高也许知晓，也许不知，但无论如何，他都用自己充满赤诚的疯狂为加比送上了一份深深的"祝福"！

加比最终活到了 82 岁。

也许冥冥之中，她真的得到了救赎。

左耳，彰显着梵高人性中崇高的一面——虽然在割耳的时候动机并不崇高。不过这件事却让另一个人背了个百年"大黑锅"。

此人就是高更。

时至今日，依然有人认为梵高割耳是因高更而起，更有甚者认为他是为了高更而割……这种论调一如当年的巴黎艺术圈。谁让高更性格孤傲，在同行里人缘那么不好呢？

但是，他真的该为梵高割耳负责吗？

在高更背负百年骂名的背后，到底又隐藏着怎样的真相呢？

此事还是要从一幅画说起。

《洋葱》（《盘子、洋葱、卫生年鉴和其他》）
1889 年 1 月，50 厘米×64 厘米，荷兰国立库勒-穆勒美术馆藏

　　在世界第二大梵高艺术博物馆——荷兰国立库勒-穆勒美术馆里有一幅油画叫《洋葱》，属于 1889 年 1 月梵高出院后完成的第一批作品，其创作时间在最后两幅阿尔的《向日葵》之前。当然，这幅画画的不只是洋葱，画面里有一堆东西：一张桌子上放着一块绘图板，绘图板上有洋葱、盘子、烟丝、烟斗、蜡烛、火柴以及一本家用医疗手册（或称卫生年鉴）等，桌子的两边分别放着一个酒瓶和一个带提手的绿色陶壶。这些零零碎碎的东西稍显凌乱地被安置在一幅画里……其实，那就是梵高当时的生活状态。在这幅画的右下角有一个关键性细节：画着一个信封，信封上的邮戳是"67号"——这个数字是当时巴黎的一个邮局编号，那个邮局就在提奥的住所附近。根据信封上的邮戳和邮票判断：这是一封带着钱来的挂号信。而梵高收到这封信的时间是 1888 年 12 月 23 日上午 11 点过后……

　　看来，这封信无论如何都跟割耳事件有关。

其实按理说这是一封喜报，里边有提奥寄来的 100 法郎和一个非常重大的好消息：1888 年 12 月 21 日，他和女友乔·安娜订婚了。

兄弟订婚，大喜之事！何况提奥！梵高应该为此欢天喜地、送上祝福，于情于理于公于私他都该借此机会向提奥大大地表示一下，这叫人之常情。

但是梵高没有。直到 1889 年 1 月 9 日，他才给提奥和乔·安娜送上了一份迟到的祝福，而之前他在 1 月里已经给提奥写过三封信。

所以很显然，1888 年 12 月 23 日的这个"飞来之喜"在梵高看来并不是喜，因为，兄弟难做，未来堪忧！

多年以来，提奥不光是梵高唯一的经济来源，还是他唯一的市场信息来源和人脉来源。梵高在巴黎艺术圈所有的朋友归根结底都是因提奥而起，无一例外。所以提奥无疑成了他的希望之光和生命之柱。但是现在，这个"支柱"马上就要结婚了……

那以后还能有希望之光吗？

他还会像以前一样给我寄钱吗？

还愿意听我说黄房子的未来吗？

就算愿意，结婚以后有了孩子，他还有那个经济实力吗？

还有他的另一半——那个女人到底是个什么样的人？

她会接纳我吗？

会像提奥一样支持我吗？

或者像其他亲戚们一样，鄙视我！讨厌我！

……

梵高的这些顾虑、担忧和恐惧并不能在他的书信中直接找到，但是从他对提奥和乔·安娜订婚一事的态度可见一斑。其实这些负能量并非没有来由：一则，他与未来的弟媳乔·安娜从未谋面；二则，关于那个艺术家协会，提奥与他从未真正达成过一致——他的这位金牌画商兄弟从来就没有对黄房子的未来明确表过态，所以梵高一直在努力。一周前，他还跟提奥聊起这件事：

德拉克洛瓦《阿尔弗雷德·布吕亚肖像》
1853 年，116 厘米 89 厘米，
法国蒙彼利埃法布尔博物馆藏

布吕亚是画家们的恩人，这就是我要告诉你的。在德拉克洛瓦为他画的肖像中，他是一位留着络腮胡子的红头发绅士，这同你我惊人地相似，由此我想到了缪塞的诗：无论身在何方，一个穿黑衣的苦命人总会坐到我们身旁。他注视着我们，相像如兄弟。我相信你来到这里也会有相同的感受。

——1888 年 12 月 17 日或 18 日致提奥

1888 年 12 月中旬的蒙彼利埃之行让梵高格外激动，很多画面一直在他的脑海中挥之不去：布吕亚的肖像、名垂千古的大师、红头发的绅士以及穿黑衣的苦命人——这些形象相辅相成而又相对而立。在梵高的眼里，它们是绝望与希望、现在与未来。而一切的一切，都只基于一种关系——兄弟！

但是现在，"画家们的恩人"就要结婚了，而那个"穿黑衣的苦命人"依然存在……那么，兄弟还是以前的兄弟吗？

谁能扭转乾坤，留住我的兄弟？

……

高更！

只有高更！

因为提奥一直看好高更！他为高更办画展，为高更卖画，为高更还债……高更刚到阿尔，提奥就给他寄了一笔 500 法郎的画款！

看着这笔钱，梵高该是怎样地羡慕和沮丧啊！——作为提奥的亲哥哥。所以，他与高更的争吵多少有些嫉妒的成分在里边。不过梵高心里很清楚：有高更在，提奥就会继续为黄房子继续投钱！一直投钱！而且，会不断有人来到阿尔，比如贝尔纳——10 月初的时候，他还跟提奥提起贝尔纳会在下一年春天来（虽然贝尔纳一直都没来，永远都没来）……而这一切，全都是因为有高更在！但是现在，他却要说走就走……

所以一定要留住他！无论如何！

其实在黄房子这件事上，从一开始，高更就成了梵高的筹码。

……我一直想着和别人联手。因此，此处附上写给高更的信的草稿……当然，措辞还需要修改，但我先那样写上。把它看成一项简单的生意协定，这样对大家都最好不过了……我们提出的条件已经是仁至义尽了，其他人是做不到的。

——1888 年 5 月 28 日或 29 日致提奥

梵高这封信写在地中海之行的前夕。不过信中提到的那份"写给高更的信的草稿"后来被提奥否决了，所以出发之前他又写了一遍——那是他向高更发出的第一封邀请函。而高更，不知道的事太多了！但他终其一生都没有怀疑过梵高的人品，可是——却因为梵高背负了半世骂名、直至今日仍遭到非议……而这一切都仅仅因为：他当时死活要走。

于是，天塌下来了……"他提到了哥特式小说里愤怒的英雄和妓女凶杀案，还有《圣经》里大祭司的仆人被人割掉了耳朵，耶稣受到了背叛。而且当他质问我：你是要离开吗？我回答：是的。然后他就从报纸上撕下一句话放到我手里：凶手逃跑了。"高更记录了当时的状态。

12月24日是平安夜，但是1888年阿尔的平安夜前夕注定不平安。高更的崩溃其实从12月23日下午就开始了：对于离开阿尔的决定，他虽然慎之又慎，但无论如何也想不到这件事会被梵高如此上纲上线……

"他太奇葩了，我可受不了了！"这是高更的原话。

所以晚饭后，他借口散步躲了出去。而梵高，与其说跟了出去不如说是追了出去。因为当时高更在他眼里已经不是往日那个艺术家和导师，而是一个背叛者和凶手。而1888年12月23日，"凶手"应该是在法国被谈论得最多的一个词。因为当天早晨，阿尔的一家报纸刊登了一则新闻：在首都，一个19岁男孩被刺伤，凶手潜逃。新闻的标题叫《巴黎割喉者》，"凶手逃跑了"是这篇报道的最后一句话。现在，这句话被梵高用在了高更身上——应该是在高更出门的一刹那，梵高从报纸上撕下那句话放在了他手里，之后就拿着一把剃刀追了出去。

当时外面正在下雨……

接下来的事记录在高更的《此前此后》里：

在差不多过了维克多·雨果广场的时候，我听到身后响起一阵急促的小碎步，时断时续，清晰可辨。当我回头看时，文森特正冲向我，手里拿着一把打开的剃刀。当时我的表情一定十分可怖，以至于他停下了脚步，耷拉着脑袋，转身朝着黄房子的方向跑开了。

除了高更，没有人知道当时两个人之间到底发生了什么。不过他对这件事的描述（或者说记忆）存在着两个关键性错误。

首先：地点不对。当时的阿尔根本没有什么"维克多·雨果广场"——那是一条街的名字，梵高与高更在12月1日晚上去的那个阿尔的舞厅就在维克多·雨果大街4号。而高更散步、梵高追踪——之所以能追上，说明当时高更走得并不远。所以事件发生地点其实是在拉马丁广场，因为那是整个阿尔地区离黄房子最近的广场。

　　第二，天气错误。当时阿尔正在下雨，但《此前此后》里对这件事完全没有提及。相反，高更说他那晚出去散步是想顺便"闻闻盛放的月桂花香"，可连续几天的暴雨还会有花香？虽然阿尔是地中海式气候。

　　还有，按高更在《此前此后》里的说法：此事发生的前一天爆发了他们俩的打架事件。没错，1888 年 12 月 22 日晚，梵高确实是在一家咖啡馆用酒杯砸过高更，事发地点也是在拉马丁广场，那家咖啡馆就是后来在阿尔第一个冒充"梵高咖啡馆"的阿尔卡萨咖啡馆。不过事情的起因并非像高更说的那样——"由一幅画引发的一场打架事件"，因为《画向日葵的男子》创作于 11 月底到 12 月初。这两件事之所以被他如此安排，想必是因为时过境迁加之当时他的身体极度衰弱，所以只能靠记忆的碎片拼凑出一个逻辑关系。《此前此后》作于 1902 年下半年到 1903 年初——那个时候，高更已经命不久矣。

　　其实，导致高更形成错误记忆的或许还有一个原因——而且，这应该才是最根本的原因：就是他到死也不清楚那天上午 11 点过后梵高收到的那封信在整个事件中究竟起了什么作用。第一，高更并不了解梵高与提奥之间的微妙关系，因为那对兄弟是绝不可能让家丑外传的；第二，或许高更根本就不知道那封信是来自提奥。所以最终，他只能把梵高的疯狂全然归结为一个病人的不可理喻……但是无论如何，在 1888 年平安夜的前一晚都绝对不能再回黄房子了！于是高更在附近找了一家旅店，住了一宿。

　　那一晚，梵高一个人走了回来。

　　雨一直在下，一直在下……

　　黄房子的卧室里，一股巨大的孤独包围着他，如同漫无边际的黑色；

　　它们跳跃着，闪烁着，狂笑着，从四面八方咆哮而来……

　　将他淹没！穿透！撕碎！

　　于是他对着镜子举起了剃刀……

　　1888 年 12 月 23 日的夜里，梵高的心被一个巨大的黑洞吞噬了。

　　雨，一直在下，一直在下……

　　而那个黑洞又是什么呢？

　　高更在阿尔期间有个素描本，上面主要用讽刺画的方式记录了一些他在当地的见闻，不过有一页却写着梵高说过的一句话：我是圣灵。这一页还写着一些其他词：潜逃的杀人犯、黑色的狮子、蛇、苍蝇……也许，这是他与梵高吵架时的记录吧（只是猜测）。但是其中一个词很特别：奥尔拉——那是莫泊桑笔下的一个名字。高更，为什么要写下这个名字呢?

　　《奥尔拉》是莫泊桑的一部小说，讲的是一个 42 岁的法国单身成功男士遇到了一种来自巴西的不明生物，他将其称为"奥尔拉"——它无影无形，爱喝牛奶和水。起初，奥尔拉只出现在夜里：在单身男士的梦中，它骑到他的身上要掐死他，还趴在他的身上吸元气（吸累了还会起身歇会儿喘口气）。单身男士想反抗，但是动不了也喊不出……后来，奥尔拉在白天也出现了：它在房间里看书、照镜子，在花园中摘下玫瑰闻花香……单身男士想抓住它，但是一把抓去却什么都没有! 于是他恐惧了，最终放火烧掉了房子……因为他疯了。单身男士最后得到的结论是：奥尔拉不是人，而且也是人类无法战胜的，因为它无处不在也永远不会死。所以唯一的办法，是杀死自己。

　　1886 年到 1887 年，莫泊桑的《奥尔拉》在巴黎的几家杂志上发表，当时正值梵高的巴黎时期。但那小说里的单身男士是不是与梵高有些相似? 而要真说相似，在 1888 年的阿尔，在高更眼里，梵高更似奥尔拉。《此前此后》里还提到了一件事：好几个夜里高更猛然惊醒，发现自己的床边总是站着个人，定睛一看是梵高!

　　"怎么了，文森特? "他厉声问。

　　梵高也不吭声，转头回屋上床睡觉。

　　这件事最早发生在 1888 年 11 月。

　　梦游，对于旁人来讲着实是件瘆得慌的事——纵然高更文武双全。不过在梵高那儿，这事却成了创作状态和创作灵感，还记得那幅《阿尔的舞厅》吗? 那种静谧而诡异的感觉正是来源于此。而梵高的"那种状态"其实早在高更还没到阿尔的时候就已经出现了——在 10 月 17 日向这位同道高人大谈黄房子与《卧室》的那封信里，他还说了一句话：

……我在作画时近乎梦游，常常不知道自己在做什么。

——1888 年 10 月 17 日致高更

　　不过这句话在当时的语境下并不会让人多想，那似乎是梵高对自己激情创作时的一种自夸。但是大约一周后，在 10 月 25 日——也就是高更到达阿尔的第三天，他在写给提奥的信中说："我一度隐约觉得自己就要生病了，但是高更的到来让我分了心，使我确信这种感觉会消失的。"

　　也许高更刚到阿尔的时候，梵高的"那种状态"确实是减轻甚至消失了，但是后来的诸多因素又将其诱发。除了两个人在性格、习惯、观点上的差异，天气也绝对是一个不可忽视的诱因。因为 1888 年，梵高几乎所有的油画名作都是诞生在春夏两季至深秋之前，而夏季绝对是他的创作盛期——实际上他在其他年份也是如此。所以梵高会那么疯狂地迷恋阿尔的太阳，这与他的病应该大有关联。而阿尔从 11 月中旬开始进入了雨季，几乎每天都是风雨交加，到了 12 月天气就更加恶劣——开始下暴雨……于是梵高的情况就日益严重——割耳事件正是发生在暴雨之后。所以到了 12 月，让高更觉得瘆得慌的就不只是梦游了：从月初开始，梵高屡屡产生幻觉——高更素描本上写的那些"吵架记录"十有八九就是他的幻觉。所以，当真不是那些鸡毛蒜皮的事儿让高更想一走了之——他对梵高实在是怕了！

　　可是，谁让梵高是个病人呢？

　　割耳事件让梵高真正拥有了病人的身份，他在第二天就住进了医院，他的极端之举被院方诊断为"精神崩溃"。不过他的"崩溃"其实早在一周前就有了前奏，就是 12 月中旬的蒙彼利埃之行。

　　梵高与高更在法布尔博物馆的那次"电光四射"看似是因为艺术，实则并非如此，甚至这一点根本就不重要——真正的原因是精神病潜伏期为梵高带来的强烈的负面自我投射，比如缪塞诗篇中的"穿黑衣的苦命人"。而他的自我投射还不止于此：法布尔博物馆中德拉克洛瓦的那幅《阿尔弗雷德·布吕亚肖像》让他想到了另一个人——意大利文艺复兴时期的最后一位诗人托尔夸托·塔索。

德拉克洛瓦 1839 年所作的《狱中的塔索》
（《塔索在费拉拉的圣安妮医院》）

　　塔索（1544—1595），文章盖世，才华横溢。他是文艺复兴末期的畅销诗人，代表作火爆意大利——曾经一天就卖出 2000 本。启蒙运动时期，"欧洲的良心""思想之王"伏尔泰（1694—1778）喜欢他的诗篇甚于《荷马史诗》里的《伊利亚特》。但是这样一位天才在后半生却抑郁而疯，因为他的性格太敏感了：遇事容易想不开，而且非常想不开。1579 年，35 岁的塔索因其代表作《被解放的耶路撒冷》（长篇叙事诗）遭到友人和同行们的质疑而极度郁闷，最后居然出现了幻觉：看到了魔鬼撒旦、地狱以及最后的审判……后来他就精神失常了。塔索在疯人院里被关了 7 年，出来之后继续在意大利流浪，所到之处多受礼遇，50 岁那年住进了罗马的梵蒂冈宫。当时的教皇克莱门特八世打算加冕他为"桂冠诗人"——这个头衔相当于官方第一诗人，地位堪比"文艺复兴之父"兼"诗圣"彼特拉克以及"英国诗歌之父"乔叟，而且年金丰厚……怎奈塔索在第二年病逝，死后葬于罗马。从此，他的墓地成了无数文艺青年的朝圣之地，至今仍如是。

才华横溢，一生孤苦，癫狂错乱。塔索一生未婚没有妻子儿女，也没有稳定的收入和住所，甚至没有一个知心的朋友——他是除了才华一无所有的人，但是死后光照后世，受人敬仰……这不几乎就是文艺复兴时期的梵高吗？

就像今天人们传颂梵高一样，塔索的代表作和他的经历也被后世诸多文化名人所传颂，如歌德、拜伦、波德莱尔以及"钢琴之王"李斯特。而梵高——一个酷爱文学的疯狂画家，他对塔索当然不陌生，何况德拉克洛瓦还画过一幅著名油画《狱中的塔索》。1888 年 9 月，梵高向提奥谈起过这幅画：

但我的画与德拉克洛瓦在《狱中的塔索》（以及其他许多作品）里所试图表达的是一致的，我们都想在画中展现一个真实的人。啊！多么生动的描绘，描绘着一个有思想的形象——因为那才是模特儿身上的灵魂。这就是我认为应当体现的。

——1888 年 9 月 3 日致提奥

12 月中旬从蒙彼利埃归来后，梵高立刻让提奥去买德拉克洛瓦这幅油画作品的石版画。他在信中对提奥说：

我认为德拉克洛瓦笔下的这个人物肯定同布吕亚这幅精美的肖像画有关联。

——1888 年 12 月 17 日或 18 日致提奥

是啊！只有提奥真正成为布吕亚，才能彻底解救这位 19 世纪末的"狱中的塔索"，因为他无限孤独。就像德国的歌德（1749—1832）大师曾在他的剧作《托尔夸托·塔索》中感叹："广阔的人世，并不能代替和你最亲近的人在一起。"

而 1844 年，为了纪念这位孤独的天才，波德莱尔（1821—1867）为德拉克洛瓦那幅画作献上了一首诗：

　　这天才被囚禁于龌龊的牢狱，

　　鬼脸、尖叫，还有幢幢鬼蜮

　　似群蜂般在他耳后盘旋聚集，

　　恐怖铁窗惊醒梦幻者的呓语，

　　梦魇的灵魂，此乃尔之寓意，

　　四壁高墙中，现实已被窒息！

　　　　　　——波德莱尔《题欧仁·德拉克洛瓦〈狱中的塔索〉》

　　1849 年——歌德诞生 100 周年之际，"钢琴之王"李斯特（1811—1886）为纪念歌德和塔索而创作了交响诗《塔索，悲伤与胜利》。

　　名作经典万古传颂，生前悲苦死后不朽。但歌德与波德莱尔、德拉克洛瓦与李斯特，他们的作品真的仅仅是在缅怀塔索吗？

　　不！那些作品更是预言——在 19 世纪末的一个恐怖雨夜，在 1888 年平安夜的前夕，梵高与那位 300 年前的孤独天才相遇：

　　是谁在嘲笑我？

　　谁想淹没我？

　　谁要害死我……

　　难道天才必要遭此厄运？！

　　孤独隔绝，癫狂错乱……

　　若为救赎，我甘愿承受。

　　你们一起来吧，

　　我无所惧！

　　因为——

　　我是圣灵！

　　当对着镜子举起剃刀，梵高已经不是梵高，镜子里的人也不是他自己：黄房子里的持刀者是幽灵奥尔拉，是魔鬼撒旦！而镜中的受难者，是狱中的塔索和十字架上的耶稣……一瞬间，鲜血喷涌而出！

割耳，让梵高流了很多血。

但鲜血和剧痛却在瞬间让他恢复了清醒。他立刻想办法给大动脉止血，包括去一楼的厨房清洗伤口——当然，也包括那只被割下的左耳。在晚上11:30 左右，他把那只左耳送给了加比，之后回到了黄房子。他在一片血迹中硬撑着上楼，来到自己的房间，然后爬上床，不知不觉地睡去……

而那一夜，高更在旅店里到凌晨 3 点才睡着……醒来的时候已经将近7:30。之后，他回到了黄房子。对于那天早晨的情景——多年以后，高更依然记忆犹新……

"先生，您对您的同伴都做了些什么？"

"我不知道……"

"不会吧，你应该清楚得很。他死了。"当时黄房子里有两个警察，其中一个很像领导的人站在一楼的厨房里盯着他说。

"好吧，先……先生，上……上楼再谈。"高更绝没有想到自己会成为一名嫌疑犯！他的确很紧张。因为不光是警察，在场还有很多人，而所有人的目光似乎都在向他说一句话：就是你干的！

在极力保持镇静的状态中，高更和警察一起来到了二楼。他看见梵高"躺在床上，身上严严实实地裹着床单，像条被打中的狗一样蜷缩在那里，死了的样子"。

高更摸了摸梵高的身体，还有体温，于是低声对刚才那个警察说："先生，麻烦您务必费心唤醒这个人。如果他问起我，就请转告他我已经回巴黎了。要是让他见到我，对他来讲可能是个致命的打击。"

在割耳事件的十几年后，高更在《此前此后》里把这天早晨的经历写成了一场虚惊。但是当时——在那场虚惊之后，他在 1889 年 1 月 1 日写信对贝尔纳说的却是：他是先被警察逮捕，然后又被释放……这两个版本究竟哪个是真实的，无从知晓。也许，他对贝尔纳说的才是真相吧。但无论如何，1888 年的平安夜总算让梵高与高更都获得了平安。

在黄房子现场盘问高更的那个警察是当时阿尔警察局的局长约瑟夫·多纳诺。他见梵高还活着，就立即叫来了医护人员和救护车（准确地说是救护马车）。随即，梵高被送往医院。高更在黄房子看着众人散去，之后到邮局给提奥发了电报。但他一定想不到：梵高在苏醒后大喊着他的名字，要去阻止他通知提奥来阿尔……因为这个画商弟弟一旦来到此处看见自己做下的蠢事，也许、一定就不会再为那个艺术家协会投一分钱！哪个画商会为一个割耳自残的疯子投钱呢？哪怕是提奥！

一个受伤的人到底和亲人疏离到何种程度才会这样一个人自苦啊？！

但提奥又怎么能不来呢？1888 年圣诞节当天，他在下午将近 1:30 的时候从千里之外赶到了阿尔。在医院里，他和梵高一边聊天叙旧一边谈起自己的结婚计划。没想到梵高甩出一句："婚姻不该被看作是人生的主要目标。"

……

所以，提奥的压力是不言而喻的。

最终，他在阿尔只待了不到 12 个小时，在第二天就返回了巴黎。

1888 年 12 月 26 日凌晨 1 点刚过，一列火车从阿尔缓缓出站。这是一班特快列车，提奥和高更在车上不时地交谈着……而当时，梵高在干什么呢？

也许，他睡着了。

第二十一章　**病人、好人、亲人** —— 割耳后的画像

《医院的病房》
1889 年 4 月底 5 月初，72 厘米 ×91 厘米，瑞士温特图尔 - 奥斯卡·莱因哈特博物馆藏

　　从平安夜开始，梵高终于算是平安了。他在 1888 年 12 月 24 日住进了阿尔的圣灵主官医院，直到 1889 年 1 月 6 日。这座医院是由一所建于 1573 年的孤儿院改造而成，在梵高的时代已经破旧不堪，不过直到 1986 年才关闭。之后，这里成为一个多媒体资料中心，其名为：梵高空间。在今天的阿尔，它是唯一真正的梵高旧址。

　　当年的医院里只有一个男病房——房间大而狭长：约 40 米长、8 米宽、5 米高。一条长长的大通道将病床分成两排，一共 28 个床位，每个床位间隔不到 1 米——都挂着薄棉布帘。通道的尽头是病房门，一个天主教十字

架高悬其上。平安夜当天，这里的人很少，因为整个医院的人基本上都去过节了。梵高在 4 个月后画下了这个地方——《医院的病房》纪念着 1888 年这个孤独的圣诞节和冰冷的冬天。当时的他伤病在身却孤苦无依，如身处冰窟之中……

幸好，有雷伊医生。

菲利克斯·雷伊（1865—1932），梵高住院期间的主治医生，当时只有 23 岁，业务非常好，虽然还是个实习生。梵高在割耳后能够遇到雷伊是极其幸运的，因为这位年轻的医生不光治疗了他的耳伤，还在非常认真地观察他的另一个症状：精神病。梵高住院后经常陷入巨大的负面情绪而不能自已，他总是不时地沉默、暴怒、懊悔、蒙着被子哭泣……此外，他还钻别人被窝、穿着睡衣追女护士以及钻进煤箱说要洗澡甚至要吞食煤块……鉴于以上种种表现，院方决定：对文森特·梵高进行隔离治疗。医院的隔离室是一间 10 平方米大的小屋子，阴冷潮湿，有一扇很小的栅栏窗，房门上有个小滑门供外边的人观察病人的情况。屋子里有一张被固定住的铁床——12 月 27 日，梵高因精神病发作被牢牢地绑在了这张床上……这听起来虽然有些残忍，但院方确实是不得已而为之，而且给他开了一份《精神错乱证明》。这份证明一经市长签字立即生效，梵高立刻会被送往艾克斯－普罗旺斯精神病院（艾克斯是塞尚的故乡），但是再想出来可就难了。12 月 31 日，阿尔市长就此事专程来到医院主持会议……

不过幸运的是，梵高没有被送往塞尚的故乡。因为 1889 年 1 月 3 日，远在巴黎的提奥收到了一封电报：梵高，康复了。

这真是一个奇迹！因为光是割耳割到大动脉——这种伤放在一般人身上起码也要一两个月才能好，别说还有精神病，而梵高 10 天左右基本康复！看来，他身上的任何一种能量都很强。

于是 1 月 4 日，梵高获得院方批准回家看看，他在黄房子里给提奥和高更分别写了信；之后 3 天病情没有反复，到 1 月 7 日他就办理了出院手续，同时还邀请雷伊医生和两位医院领导来到黄房子看了他的画作。其实梵高这么做是有目的的：要想继续安心地画画以及打造那个梦寐以求的艺术家协会，就一定不能再回到医院！所以，得先跟主治医生和医院领导搞好关系。

　　"解放"了的梵高心情大好，马上又全力投入到创作当中。大约从 1889 年 1 月 8 日或 9 日一直到 17 日，他完成了两幅至今在大众眼里最有代表性的自画像：《包着耳朵叼着烟斗的自画像》和《包着耳朵有浮世绘的自画像》。这两幅画角度一样，给人展示的都是包着绷带的左耳——虽然猛一看感觉好像是右耳，因为梵高是照着镜子画的。两幅画中耳朵的轮廓都大体可见，所以这也让很多人一直认为梵高割下的不是整只耳朵。其实，这正是他的目的所在：提醒众人——我不过是受了点儿伤，此乃小事一桩。因为我依然是一个完整的正常人。

　　两幅自画像中，梵高先画的是叼着烟斗的一幅。由于当时身体还很虚弱，所以画中的他看上去面色苍老而苍白，而且肌肉松弛；背景是两大块暖色——橘红和大红，这应该象征着刚刚发生的过去：血总是热的，而且流了很多。

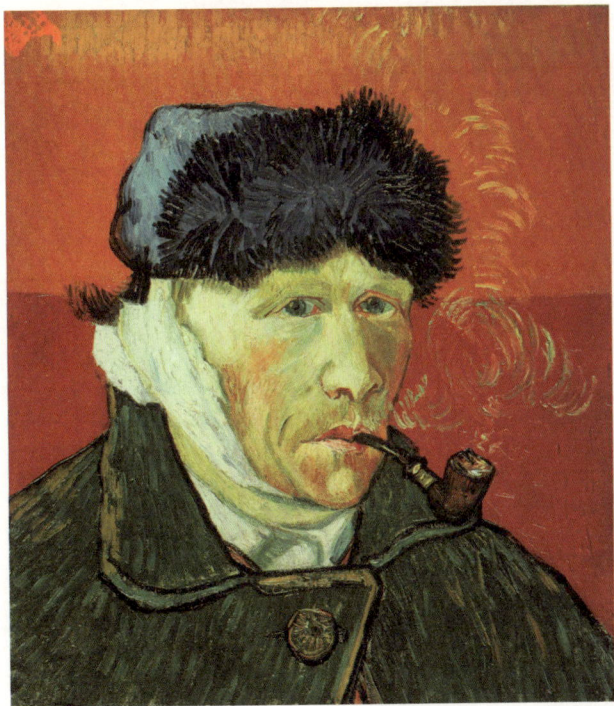

《包着耳朵叼着烟斗的自画像》
1889 年 1 月上中旬，51 厘米×45 厘米，私人收藏

《包着耳朵有浮世绘的自画像》
曾被法国伯爵安托尼·德·拉·罗什富科收藏
1889 年 1 月上中旬，60 厘米×49 厘米，英国伦敦考陶尔德美术馆藏

　　在叼着烟斗的自画像完成后的一周左右，梵高又画出了这幅有浮世绘的自画像。从画面上看，在创作这幅画的时候，他的气色明显好了些：面色不再苍白，人也看着年轻了，脸上的肌肉也更加紧实——这反映了大病初愈后的消瘦。

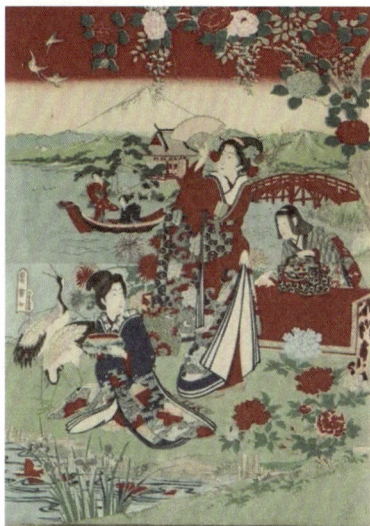

佐藤虎清《艺伎与富士山》
（《艺者与富士》《风景中的艺伎》）
1870—1880 年，荷兰阿姆斯特丹梵高博物馆藏

　　同巴黎时期一样，这幅画背景中的浮世绘依然是梵高的临摹，它的原作叫《艺伎与富士山》（也译为《艺者与富士》或《风景中的艺伎》），是日本浮世绘画家佐藤虎清在 19 世纪七八十年代的作品。

　　这两幅自画像中最耐人寻味的是眼神。虽然梵高的自画像眼神都比较直，但是叼着烟斗的那幅，眼神只是若有所思，画中的他完全沉浸在自己的世界里；而有浮世绘的这幅，眼神不光若有所思，而且还明显有了目标感，这说明当时梵高的体能比之前好了些。他的这种眼神配上画面的背景，好像在说一句话：将浮世绘进行到底！

两幅割耳后的自画像中眼神的对比

《菲利克斯·雷伊》
1889 年 1 月中旬，65 厘米 × 54 厘米
俄罗斯莫斯科普希金造型艺术博物馆藏

　　1889 年 1 月 17 日，梵高完全拆掉了耳伤的绷带。他在那天还完成了一幅重要作品《菲利克斯·雷伊》。不过其实，这个雷伊画得并不像。首先，画中的这位医生是白净斯文、尖下颌，但实际上雷伊长得很敦实——他的脸型也很敦实，下颌比梵高画得要圆。其实雷伊是那种外形和气质都很厚重的人，绝没有一丝画中的苍白感。还有，画中的他——西服只系了最上边一个扣子，这是普罗旺斯牧羊人的穿法，却和梵高那两幅包着耳朵的自画像中的一模一样。而这幅画里最值得注意的是雷伊的左耳（虽然在画中是右边）——被梵高画得特别红……难道，这不是暗示？梵高真的是在画雷伊吗？

　　当然，他和雷伊医生的医患关系还是不错的。当听说雷伊医生也喜欢绘画，梵高立刻撺掇他进入收藏界，说提奥可以帮他，后来还送了他一幅伦勃朗《尼古拉斯·杜尔博士的解剖学课》的版画（委托提奥寄过来）。不过此举既有感恩之意也有讨好之嫌：那份"精神错乱证明"之所以没被市长签字，梵高之所以没被送往疯人院，全在雷伊对他的评价。所以要想永远不去疯人院，首先得打通雷伊这关。而雷伊医生也确实是一位好医生和好人，他在 1889

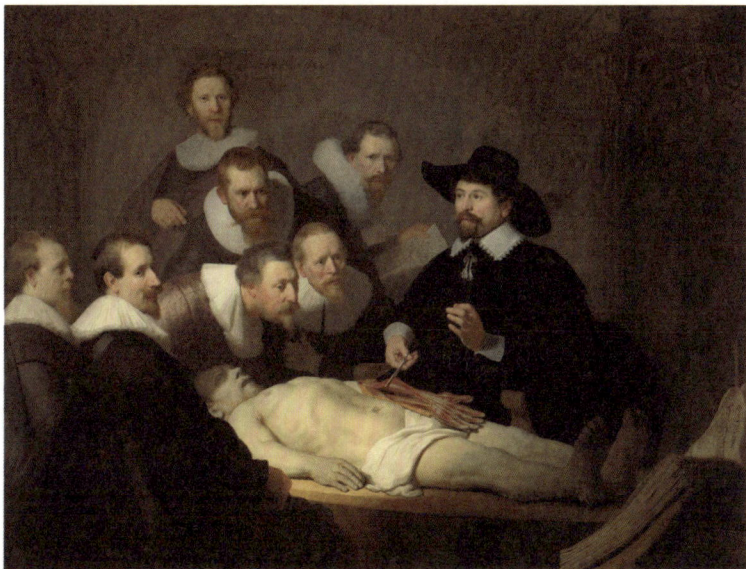

伦勃朗《尼古拉斯·杜尔博士的解剖学课》
1632 年，169.5 厘米 × 216.5 厘米，荷兰海牙莫瑞泰斯宫皇家美术馆藏

年上半年帮了梵高很多很多。后来梵高在离开阿尔之前写信向三妹威廉·敏娜大赞雷伊，说他"是世上最高尚、最敬业、最勇敢的人，有着男子汉的热心肠"，所以那幅雷伊肖像自然也就送给了这样一个年轻的好男人。

不过遗憾的是：雷伊并不喜欢这幅画。他在 1901 年以非常便宜的价钱把这幅作品卖给了马蒂斯的一个朋友（据说雷伊拿卖画的钱给爱人买了个灯罩）。后来这幅画辗转到了巴黎当红画商安布鲁瓦兹·沃拉尔（1866—1939）的手里，这个人是印象派和后印象派作品在 19 世纪末 20 世纪初的重要代理商。他是高更晚年的签约画商，为塞尚举办首展并一手捧红了毕加索。到 1909 年，这幅梵高名作被俄罗斯大收藏家谢尔盖·楚基尼收藏——此人非同小可，就是他一手捧红了马蒂斯。从此，这幅雷伊肖像就成了俄罗斯的藏品，后来被莫斯科普希金造型艺术博物馆收藏，馆藏至今。

关于雷伊医生，当初梵高对他的感觉非常准：一个有理想的医生。后来他成了阿尔医疗界的领军人物。他在 1932 年去世，享年 67 岁。雷伊医生毕生都珍藏着梵高送给他的那幅《尼古拉斯·杜尔博士的解剖学课》。

《约瑟夫·鲁兰》
1888 年 8 月，81 厘米×65 厘米，美国波士顿艺术博物馆藏

　　雷伊医生是一个好人。其实，他更是梵高生命中的一位贵人：让大师命不该绝，也让他在生命最黑暗的时刻感受到了一丝温暖。实际上，当时梵高在阿尔本地人里还有一位重要的朋友，他在书信里曾大赞其为好人——此人堪比巴黎时期的唐吉老爹，与梵高肝胆相照，尤其在割耳事件发生后一直为他忙前忙后。这个人在今天被大众称为"邮差鲁兰"，但其实他并不是一个送信的邮差。

约瑟夫·艾蒂安·鲁兰（1841—1903），身高 1.98 米，当时在阿尔火车站负责邮政包裹的装卸工作，算是个头头儿。他一年四季不分寒暑、不论上下班总穿着那身蓝色的邮政制服，所以"鲁兰"这个中文名翻译得不错：像鲁智深一样的"蓝巨人"。鲁智深在没出事之前是鲁提辖：公家人，身高力大、性格豪爽、充满正义感。鲁兰也是这种人。而且他们俩还有一点很像，就是都爱喝酒。在阿尔，鲁兰一直是梵高的酒友。

梵高虽然一直在"吵"在阿尔——在邮局也吵，不过由于工作岗位的原因，鲁兰并不跟他直接接触，但是对他很是留意。因为他们俩其实算是街坊，梵高住在卡莱尔旅店的时候，鲁兰的家也在附近。后来两人混熟了是因为酒，因为总能在火车站咖啡馆里碰上。慢慢地，鲁兰发现：这个北方外地佬艺术家其实人不错，挺实在。于是 7 月底，他开始给梵高当模特。

> 我正在画一个邮差，他穿着带金色花边的蓝制服，一脸的大胡子，很像苏格拉底。和唐吉老爹一样，他也是一个狂热的共和主义者。这家伙比谁都要有趣。
>
> ——1888 年 7 月 31 日致提奥

梵高之所以觉得鲁兰"比谁都要有趣"，是因为在他眼里：鲁兰和唐吉老爹属于同类。唐吉老爹没事就骂政府，鲁兰也一样——见多识广、滔滔不绝、针砭时弊、善于雄辩，而且说着说着还能唱起来……梵高说："有一次我听他唱起了《马赛曲》，我好像看到了 89 年——不是明年，而是 99 年前的 1789 年。"

能把梵高大师带入情境，这得多有激情啊！

到 8 月初，梵高完成了两幅鲁兰肖像，他继续向提奥汇报：

> 一幅是头像，一幅是带手的半身像。这个好人，不收我的钱，只让我请他喝酒，不过这就更贵了。
>
> ——1888 年 8 月 6 日致提奥

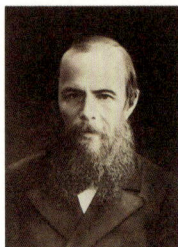

陀思妥耶夫斯基

1888 年鲁兰 47 岁，7 月 31 日他心情极好，荣光焕发——用梵高的话说：他觉得自己仿佛站在了世界之巅，满足之情溢于言表。因为在那天鲁兰又添一女，虽然开始他和梵高认为应该是个男孩。梵高当然也很高兴，当时就想"画一画那个初到人世的婴儿"。鲁兰为这个女婴取名为玛塞尔。后来，梵高不光画了小玛塞尔，还画了鲁兰全家。

我给整整一家人画了肖像，就是之前我画过的那个邮差——他本人、他的妻子、刚出生的宝宝，还有一个小男孩和 16 岁的儿子。他们全都很有特点，虽然都是地道的法国人，但长得却像俄国人。
——1888 年 12 月 1 日致提奥

其实这一家子只有鲁兰像俄国人，这主要是因为他的胡子。鲁兰的胡子形状很奇怪：垂下来一片，两边长中间短，长的那两块看上去有点像两条腿。所以他长得不光像苏格拉底，还像 19 世纪俄国的伟大作家费奥多尔·米哈伊洛维奇·陀思妥耶夫斯基（1821—1881）。

陀思妥耶夫斯基被鲁迅先生称为"人类灵魂的伟大审问者"，极其擅长病态心理描写——这应该和他从小患有癫痫有关。而且他和鲁兰一样：都是秃顶。虽然鲁兰一直戴着帽子。

《阿尔芒·鲁兰》
1888 年 11 月末至 12 月，65 厘米 ×54 厘米，德国埃森弗柯望博物馆藏

梵高在信中说的"16 岁的儿子"是鲁兰的长子阿尔芒·约瑟夫，他就是电影《挚爱梵高·星空之谜》里调查梵高死因的那个穿黄衣的年轻人。当然，真实的阿尔芒并没有调查过梵高之死，在 1888 年他也不是梵高信中说的 16 岁而是 17 岁。当时，他正在一个铁匠铺做学徒。在梵高为他画的这幅肖像中，阿尔芒明显看着成熟而且文艺，但那英俊的容貌与忧郁的气质却仿若提奥。

《卡米耶·鲁兰》
1888 年 11 月，40.5 厘米 ×32.5 厘米，荷兰阿姆斯特丹梵高博物馆藏

　　梵高信中说的"小男孩"是鲁兰的次子卡米耶·加布里埃尔。在鲁兰的孩子们中，梵高似乎对他很是偏爱，为他画了三幅油画肖像。这三幅肖像的眼神，或纯净痴迷，或乖张恐惧，每一幅都那么目不转睛……卡米耶当时是个 11 岁的学生，不知真实的他是否如梵高描绘的那样，但是 11 岁——梵高就是在那个年龄被送往第一个私立学校（普罗维利私立寄宿学校）。从此，他开始不断地、被迫地离开亲人……那么梵高笔下这个充满神经质的小男孩真的是卡米耶吗？

对于很多人来讲，鲁兰一家的油画肖像并不是梵高画作中那么耀眼的作品。但实际上，这个系列在梵高整个艺术生命中占有极其重要的地位：它是梵高阿尔时期的年度巨制、跨年巨作，一共23幅之多；如果不是以单一主题重复创作来计算的话，其数量位居梵高一生创作的主题系列之首。这个系列从1888年7月底开始到第二年4月才完全结束，不过梵高在12月1日给提奥写信的时候已经画完了十几幅，时间只用了一周左右——他曾经一天画出过6幅油画肖像……如此战绩绝对堪称"速度之魔"！

不过在鲁兰一家中，梵高最爱画的还不是小男孩卡米耶，也不是邮差鲁兰，而是鲁兰的妻子奥古斯蒂娜·鲁兰（1851—1930）。奥古斯蒂娜在1888年37岁，比鲁兰小10岁，年龄与梵高相仿。1888年11月下旬，梵高和高更一起为她画过油画肖像写生。除了那幅写生，从割耳事件的前一周到1889年4月初，梵高又创作了5幅鲁兰妻子的肖像。这5幅肖像是一个系列，都是在1889年完成，梵高为这个系列取名为"摇篮曲"。在离开阿尔之后，他还计划把其中一幅跟1888年夏天画的《十二朵向日葵》和《十五朵向日葵》放在一起组成一个三联画——"摇篮曲"在中间，足见他对这个"摇篮曲"有多看重。对于邮差鲁兰，梵高最终完成了6幅油画肖像，不过前三幅都是作于1888年，并且是在12月之前。在这一年的最后一个月，梵高在鲁兰一家中只画过鲁兰的妻子。

从1888年12月到最后离开阿尔——在大约半年的时间里，梵高一共创作了11幅油画肖像。这其中的9幅——1幅画的雷伊、3幅画的鲁兰、5幅画的鲁兰妻子，加上两幅自画像，它们是梵高在阿尔时期画的最后一批人。而这9幅"别人"的肖像有个共同点：背景相似，很像墙纸。

其实，何止是很像？

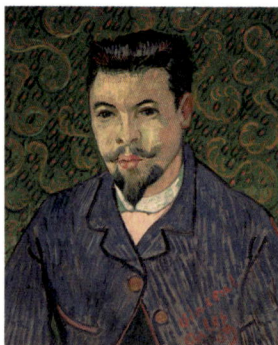

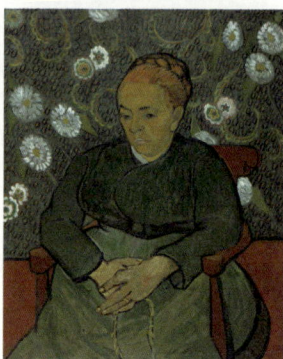

左上：《菲利克斯·雷伊》　右上：第六幅《约瑟夫·鲁兰》
左下：第三幅"摇篮曲"　右下：第四幅"摇篮曲"

　　在这些画的背景里，梵高画的根本就是墙纸：普罗旺斯著名的帕拉杜墙纸，以花卉图案远近闻名。但是他的这个创意实际上是因提奥而起：1889年1月到4月，提奥为了结婚正忙着选房、买房、搞装修，光房子就看了100多套……所以墙纸，是家的一种象征——对梵高来讲，画面背景中的那些花儿代表着他对画中人的一种特殊情感：在他心里，雷伊医生和鲁兰夫妇仿若亲人。

尤其是鲁兰。他是梵高在阿尔最好的朋友，没有之一，而且与梵高也真的是缘分颇深。1888 年，当梵高在 9 月 16 日正式入住黄房子，这位"蓝巨人"也在这个月把家搬到了黄房子附近。鲁兰和梵高虽然是始于酒友，但绝不是酒肉朋友。在梵高割耳住院的患难之时，他不光去医院看望，还主动担任了梵高的病情汇报人——提奥在 1889 年 1 月 3 日收到的那封关于梵高康复的电报就是他发的。1 月 4 日梵高回到黄房子，是鲁兰陪着他待了4 个小时——这 4 个小时很关键，否则梵高触景生情会发生什么呢？ 1 月 7日梵高出院，也是鲁兰陪着他从医院回来，而且还和他共进晚餐表示庆祝。鲁兰还给提奥和梵高的三妹威廉·敏娜写信，告诉他们梵高回家了并且一切顺利……

一个朋友做到这个份儿上，就不仅仅是朋友了：鲁兰不光是好人，他更是梵高在阿尔的亲人。但是很不巧——1 月 20 日，他却离开了阿尔。

梵高为此伤心欲绝，不由得想起了高更……

鲁兰接到了去马赛的调令，刚刚离开这里。在最后的几天里，看着他和小玛塞尔一起玩、逗着她笑，把她放在大腿上摇来摇去，我的心都快碎了。他被调走，就意味着同家人分离……现在，目睹了分离这一幕和其他令人伤心的事，我的心情也跌入了谷底。

——1889 年 1 月 21 日致高更

当时鲁兰一家五口只有他一个人挣钱，每月薪水是 130 法郎——合现在的人民币不到 4000 元。之所以选择离开，是因为年初的阿尔正在闹水灾：上一年 12 月下旬几乎下了 1888 年将近半年的雨……满街的水漫金山，很多单位因此停工。于是为了养家糊口，鲁兰选择了去马赛工作。临行之前他与梵高告别，两人一起吃了午饭。梵高不由得触景生情、伤感万千……因为上个月高更刚走，而"摇篮曲"系列有一半原因是为高更而作。

第三幅"摇篮曲"（《奥古斯蒂娜·鲁兰》）
1889 年 1 月 30 日至 2 月 1 日左右，93 厘米×73 厘米，美国纽约大都会艺术博物馆藏

今天我又重新开始画鲁兰夫人肖像……如果这幅画真的能挂在一艘船上，就算是冰岛渔船，也会有人能从中听到摇篮曲的旋律……这是一种抚慰心灵伤痛的艺术。然而与你我有共鸣的人却寥寥无几！！！

我的弟弟非常了解你，他说，你和我一样，都是苦命人……

——1889 年 1 月 21 日致高更

　　在梵高的心里：他与高更同病相怜。所以在 1889 年 1 月 21 日，他向高更承诺：再画两幅阿尔的《向日葵》。他在信中提到的"冰岛渔船"来自他们俩都看过的一部小说：19 世纪后半期法国著名小说家皮埃尔·洛蒂 (1850—1923，本名：路易-玛丽-朱利安·维奥) 的《冰岛渔夫》——1886 年出版。高更初到阿尔时戴着的红色贝雷帽就是那部小说的男主角水手扬恩戴的帽子。小说里的扬恩，来自布列塔尼；而现实中的高更，也是来自布列塔尼，并且也去过冰岛——早年在海军服兵役的时候。那么对于梵高来讲：高更，难道不是那个冰岛渔夫吗？

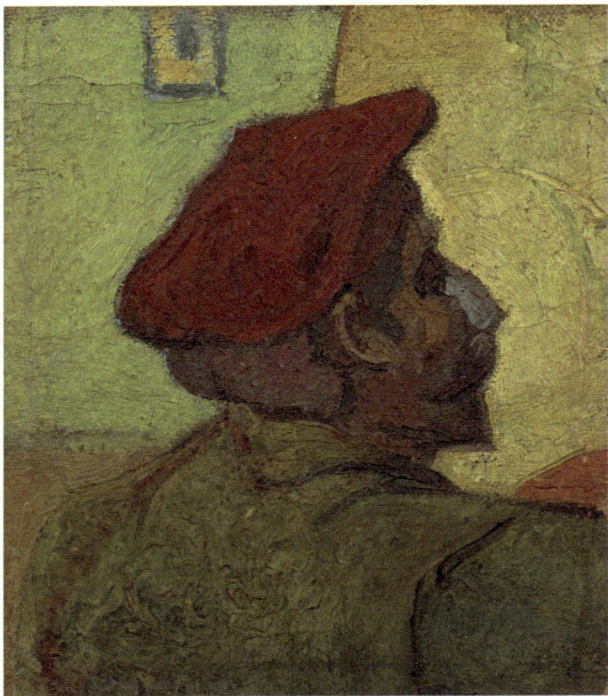

《高更》（黄麻布）
1888 年 12 月，38 厘米×34 厘米，荷兰阿姆斯特丹梵高博物馆藏

　　这并不是梵高第一次从小说中获得灵感，也不是他第一次从皮埃尔·洛蒂的小说中获得灵感——他在 1888 年 10 月与高更交换的那幅《日本和尚自画像》就是因为看了这位作家的另一部小说《菊子夫人》。而高更，与其说是崇尚这位作家小说中的人物，不如说他崇尚的是作家本人。因为他与皮埃尔·洛蒂有着相似的人生轨迹，不过命运却是天壤之别：皮埃尔·洛蒂只比高更小两岁，此人先当水手后当海军军官，顺便还当了畅销作家（他还来过中国，他的纪实随笔《北京的末日》在 1902 年出版，讲的是英法联军火烧圆明园）；再看高更，先当水手后当股票经纪人，可一路走来却混成了一个落魄艺术家……其实，他是做梦都想成为皮埃尔·洛蒂那样的人啊！这一点虽然在任何史料中都没有记载，但是以高更的生平来看，在艺术与生存和生活完美结合的这个层面——皮埃尔·洛蒂绝对是他心中的偶像。因为后来他远赴塔希提的重要原因之一也是因为看了这位偶像的一部小说《洛蒂的婚姻》。所以 1888 年的阿尔岁月注定只是高更生命中的一段过往，即使梵高没有吵吵闹闹和割耳自残，他终究还是要远走高飞的……而梵高，自从高更走后，连做梦都想着如何让这个"冰岛渔夫"再回到阿尔！在最后两幅《向日葵》完成的当天，他在信中还对提奥的说起了"摇篮曲"：

　　我刚刚对高更说，就是跟他的亲密交谈让我有了灵感，想画这样一幅画：当那些既是孩子也是殉道者的水手们在一艘冰岛渔船的船舱里看到它时，会感受到一种被摇动的感觉，他们会想起儿时的摇篮曲。

——1889 年 1 月 28 日致提奥

　　在梵高心里：艺术家就像水手，既是殉道者也是孩子。
　　所以高更为了艺术，要被迫离开自己的家；
　　而他自己，为了生存要像鲁兰一样——被迫与亲人分离……
　　但从小到大，有多少次这样的离开与分离啊！
　　于是他，再也没有家。
　　哪怕现在伤病缠身，像个孩子一样无助……
　　但是，没有家！

可黄房子，曾经多像一个家啊……

而现在，只有一个孤独的孩子守候在这里，

画着"摇篮曲"……

因为那是"一种抚慰心灵伤痛的艺术"。

因为对梵高而言："摇篮曲"这个名字，来自荷兰语。

从 1888 年的平安夜前夜开始——不到一个月以来的种种变故让梵高惊魂未定、心痛不已。但是，后来发生的事却让他更加始料未及：就在鲁兰离开后不久，就在他为高更完成了那两幅阿尔的《向日葵》之后，就在他继续创作"摇篮曲"的时候——从 1889 年 2 月开始，他的心情连同他的人生真的再一次"跌入了谷底"，准确地说是濒临绝境。

因为，一场运动来了。

第二十二章　打倒梵高 —— 请愿书和小人

鲁兰走后，梵高的心情陷入了黑暗之中，因为身边再没有一个人可以亲近。于是他想到了那位姑娘——加比。1889 年 2 月 2 日，他又去 1 号妓院见了加比。但是回来后过了一天——在 2 月 4 日，他的精神病又发作了，于是被警察强行带往圣灵主宫医院关进了隔离室……这一次被关的时间是两周。直到 2 月 18 日，梵高才回到了黄房子。他在那一天给提奥写了信：

今天我刚回家，希望不用再去医院了。很多次我都感觉自己已经完全正常了。不过在我看来，如果我得的只是在这个地方才会发作的一种怪病，那就应该安静地呆在这里直到痊愈。

——1889 年 2 月 18 日致提奥

梵高，多么爱他的黄房子啊！所以他竭力想说服提奥让他"既来之则安之"；对于精神病，他也做好了长期抗争的准备。但是大约一周后——在 2 月 26 日，他的病再次发作，于是再度被警察拖到医院关进了隔离室……

而这一次，他受到的"惩罚"格外严厉：

1. 黄房子被封。

2. 在隔离室里被关了很久，足有三周时间。

从 1889 年 2 月 26 到 3 月 19 日应该是梵高一生中最痛苦的日子：他经常接近全裸地被绑在那张铁床上，不能作画，不能看书，不能写信，没有人说话，此外还要不断遭受失眠、噩梦以及耳伤疼痛的折磨……但是，他的病真的有必要接受这样的"待遇"吗？

雷伊医生对此是愤怒的：这简直是暴行！因为这位病人从始至终没有伤害过任何人！

与雷伊医生站在同一阵线的还有一个人：阿尔地区的新教牧师路易·弗雷德里克·萨勒斯（1841—1897）。萨勒斯牧师当时48岁，是一位性格温和、内心温暖、博学多识、充满正义感、会说多种外语的神职人员。与雷伊医生一样，他也是一个好人：在梵高危难之时，帮了他很多很多。比如从最初梵高割耳住院到这次被关隔离室，萨勒斯牧师一直去探望他，也一直及时地向提奥汇报着梵高的病情。梵高曾经在信中这样谈起这位牧师：萨勒斯先生是一个很善良、很诚实的人。其实梵高跟这位好人早就认识了——从1888年5月开始，因为萨勒斯牧师负责拉马丁广场的教区事务，梵高还去他家吃过饭。

所以面对梵高的遭遇——尤其是这一次，萨勒斯牧师还有雷伊医生都为他据理力争：以梵高的病情没有必要在隔离室里关那么长时间。但院方就一句话：这是市长的意思。

梵高在今天是一位大名人，但是当时他在阿尔的身份不过是个非常普通的精神病患者以及一个持有暂住证的外地画家，市长那样的大人物怎么会如此关注他？而且还做了特殊指示。

因为群众的反映不能不重视。

就在梵高这次被关进隔离室的前一天——1889年2月25日，一封由阿尔居民联名签署的请愿书递交到市长手里，主要内容是：荷兰画家伍德·文森特是酒鬼、疯子加流氓，其行为影响极其恶劣，极端危害公共安全，导致邻居们非常没有安全感。为了阿尔百姓的安全感，尤其是妇女儿童的健康成长，请市长大人明察以绝后患，把这个外地佬遣返原籍或送进精神病院。

出于对群众呼声的高度重视，当时的阿尔市长雅克·塔迪厄（1834—1897）马上下令：

1. 鉴于该肇事者是精神病患者和外地人，有危害公共安全之隐患，故责令阿尔警察局马上将其送往医院妥善管理并查封黄房子。

2. 鉴于该请愿书疑点重重，故责令阿尔警察局立即就此事展开调查。

塔迪厄市长认为的"疑点"首先是梵高的名字：既然请愿书的签名者大多自称是肇事者的邻居，怎么会把他的名字写成"伍德·文森特"呢？因为两个月前，他亲自去阿尔的圣灵主官医院为梵高的事开过会——对"文森特·梵勾"这个名字是有印象的……所以此事必有蹊跷。

于是在市长指示下，阿尔警察局局长约瑟夫·多纳诺开始约谈请愿者，这位多纳诺局长就是当初在黄房子现场盘问高更的那个警察。但是，调查结果对梵高非但很不利，而且还很恶心。

比如，有个42岁的女街坊，是个裁缝。她说自己就是受害者，几天前在黄房子一楼小卖部的门口曾被梵高一把抱起……

再比如，有个32岁的女街坊说自己跟梵高非常熟、曾经亲眼见到梵高在黄房子的小卖部里骚扰客人，还跟踪女街坊回家企图行为不轨……

看来梵高的女人缘真是不好啊！

但是，为什么一定要说他"耍流氓"？！

在有些地方，在有的时代，打倒一个人最好的办法就是先把他搞臭，而且最好再带上有关儿童的话题。比如他们说梵高"危害少年儿童健康成长"，说他总是追赶那些对他起哄的小朋友，所以小朋友们对他就非常害怕，因为非常有可能被他伤害到……但其实，这件事的真相是：梵高自出院以来，走在街上总有小孩向他扔石头，他家的黄房子一楼总有小孩爬窗户；而成年人则是对他指指点点或者公开嘲笑他是疯子……梵高对此怒不可遏，破口大骂……当然，他也经常喝得醉醺醺地在街上大骂。虽然在出院的时候，雷伊医生提醒他要戒酒。

不过说到梵高的种种"危险"行为，有一点很奇怪：为何他两次耍流氓都与黄房子一楼的小卖部有关？如果真是那样，开小卖部的克里夫林两口子岂不成了目击者？

原本就子虚乌有的事当然不可能有目击者。但是，克里夫林夫妇却是廿当目击者：说梵高"跟踪女街坊回家"的就是小卖部老板娘玛格丽特·法维耶（1856—1927），而在请愿书上第一个签字的就是她的丈夫、小卖部老板弗朗索瓦·达马兹·克里夫林（1844—1903）。

作为一个精神病患者，梵高确实跟踪过女街坊回家。因为以他的病情，别说女街坊，就是跟踪个男的也不奇怪。但他绝对没有耍过流氓——这一点谁心里都明白，尤其克里夫林两口子。但他们之所以要这样无聊无耻无节操地对梵高进行恶毒陷害，主要是因为钱：梵高影响了他们家做生意。

自从 1889 年 1 月 7 日梵高出院回家，黄房子就经常被人围观，男女老少皆有之。当梵高的家变成了拉马丁广场的一个"景点"，隔壁小卖部的门口自然也就经常堆满了人……这让克里夫林两口子心里极为恼火，于是对梵高渐起歹心。他们把请愿书摆在小卖部的柜台上：来者签名。而没来的或者来而不签的，他们就代签。克里夫林把周围几个店老板的名字代签了一遍，比如：黄房子旁边开饭馆的那个寡妇老太太范尼扎克、火车站咖啡馆的吉诺老板以及阿尔卡萨咖啡馆的老板弗朗索瓦·希尔托……当然，他代签的更多的是自己的顾客——这些顾客基本都住在拉马丁广场附近，名义上也算梵高的邻居，但是其中有些人根本就没见过梵高……

最终，请愿书上签了 30 个名字。

1889 年 2 月阿尔居民的请愿书
阿尔公共档案馆藏

好一个瞒天过海！

克里夫林和玛格丽特，好一对龌龌龊龊的狗男女！

但是，他们哪来的胆子？因为弄不好是要承担法律责任的。

古往今来，敢于昧着良心知法犯法的，原因不外乎两个：或位高权重，一手遮天；或一介草民，背后有人。而克里夫林夫妇背后的"那个人"又是谁呢？

刚刚有人告诉我，房东趁我不在的时候和一个卖烟草的家伙达成了协议，要把我赶出去，而把房子让给那个烟草商。

——1889 年 1 月 9 日致提奥

黄房子的房东是吉诺夫人，但是这件事并不是吉诺夫人干的，也不是她丈夫干的。因为就在 1 月 2 日，她们两口子还和鲁兰以及萨勒斯牧师聊起梵高，大家都在为梵高能迅速康复而感到高兴！重要的是：后来吉诺夫人和吉诺老板并没有在请愿书上签字。

所以，梵高在书信中说的"房东"其实是当初租黄房子的时候认识的那个中介——是他跟一个烟草商达成了协议。

黄房子中介贝尔纳·苏雷（1826—1903）——阿尔市议会议员兼退休火车老司机，当时已经年过六旬——论岁数比梵高的父亲小不了几岁。8 个月前，就是他带着梵高找吉诺夫人谈的租房一事；但是 1888 年 12 月底，这老家伙居然偷偷摸摸地把梵高的黄房子租给了别人。当时梵高正在住院，而且因为提奥没有及时汇款也没来得及交下个月房租。然后在 1889 年 1 月 9 日，苏雷找到梵高，一是为了收房租，二是通知他房子已被转租。梵高之所以说房东要赶他走，可能是因为两种情况：第一，当时他们把中介也叫"房东"；第二，苏雷把此事嫁祸给了吉诺夫人，旨在挑拨甲方乙方的关系——其实他就是想试探一下，看看梵高到底愿不愿意走。

梵高当然不愿意走！但他哪里知道：苏雷这个老家伙不只是想把他赶出黄房子，其真正目的是要让他永远滚出阿尔！请愿书事件完全是苏雷一手策划——为了上面的签名，他一个个找人，最先找到的就是黄房子一楼小卖部的老板克里夫林。克里夫林与他私交甚好，于是二人一拍即合……当然，除了克里夫林，苏雷还找了其他人，比如他的朋友和同事，那个自称被梵高非礼过的女裁缝就是他的一个朋友的妻子。

拉帮结伙，蛊惑人心！看来苏雷这老小子也真的是神通广大啊！但他为何非要对梵高赶尽杀绝呢？

有钱能使鬼推磨。苏雷不择手段、甘愿做鬼，只因梵高的黄房子真的很值钱。

苏雷打上黄房子的主意是从梵高割耳住院开始的。当时他合计：这真是个好房产啊！精装修、带家具、通煤气……闲着绝对是浪费！再找个租户，价钱肯定翻倍！那个疯子伤成那样，估计是回不来了，正好他还没交房租……天助我也！于是，他就把梵高的黄房子租给了一个烟草商。

但是让苏雷没有想到的是：梵高不光在1月初回来了，而且还坚持不走！死活不走！！就是不走！！！

这时候，这个老司机就琢磨上了：这个疯子原来这么不好说话……看来得想想办法了。可是有什么办法呢？

到了2月初，梵高再度发病被警方强制送往医院。苏雷眼前突然贼光一闪：敢情这疯子病得这么勤啊……这不就是最好的办法吗？还有比这更好的理由吗？！真是天助我也！对，就用这事搞一场运动，彻底搞臭他！而且斩草除根以绝后患！只此一招，让你个臭疯子永远别想再回来！马上开始搞点儿证据……

于是，就有了那封请愿书。

好阴毒啊！苏雷与克里夫林夫妇，一个中介议员和一对狗男女，狼狈为奸无耻下流，就为了点儿钱！

因为，他们是小人。

其实梵高在2月初发病的时候，对身边的危险似乎有所预感。2月7日，萨勒斯牧师在给提奥的信中说："三天来，他一直觉得自己被人下了毒，到处都是投毒或者中毒的人……他拒绝进食，从昨天到今天早晨几乎没有说过话……"

1889 年的春天，梵高周围确实有一群"毒人"！只是以他的善良，想不到人心竟能如此之毒。所以即便是身处隔离室万般痛苦、生不如死……他也完全没有想到自己会成为众矢之的。直到 3 月 16 日阿尔警察局的多纳诺局长专程前来与他面谈请愿书的事，并告知他：黄房子已被查封，他务必继续待在医院里……梵高，彻底愤怒了！

这里的某些人向市长提交了一份请愿书（上面有 80 多人的签名），指控我无权自由生活。接着，在没有证明我有罪或者甚至根本无法证明的情况下，警察局下令把我再次监禁！……在灵魂深处，我有很多话要说！……当我发现他们像懦夫一样沆瀣一气地去对付一个人、而且还是一个病人的时候，那种感觉就像是胸口上结结实实地挨了一记重拳。

——1889 年 3 月 19 日致提奥

这是 3 月 19 日梵高从隔离室出来后给提奥写的第一封信。他之所以说"有 80 多人的签名"，或许是记错了，或许那完全是他自己的猜测，因为三天前那位警察局长跟他谈话的时候有可能根本就没有说具体数字。而最有可能的是：巨大的冤屈与愤怒让梵高口不择言……但 1889 年 3 月 16 到 18 日——

这三天的夜里，他该如何度过？

有口难辨，欲悲难明；

伤病之躯，身心俱疲；

长夜漫漫，只有黑暗相伴……

可那黑暗到底是什么呢？

有些时候，高贵的人性反而会遭遇更多危险，因为周围有太多的人与他不同。

第二十三章　**别了，阿尔** —— 1889年春的画作

致西涅克——《桃花盛开的克罗风光》
1889 年 4 月，66 厘米×82 厘米，英国伦敦考陶尔德美术馆藏

三周的黑暗结束了！

1889 年 3 月 19 日，梵高终于走出了隔离室。阳春三月的阿尔，花海果园、阳光、空气、朗卢桥下的河水，包括恼人的密斯托拉风……

这一切，久违了！

但是这一切，也似乎与梵高无关。因为他的天空依然布满阴霾……

我原本有些担心，如果在外面自由行动的时候遇到了挑衅或者侮辱，自己却不能一直保持克制……这样就会给人以可乘之机。但实际上，他们已经向市长递交了请愿书。对此我严正回应，我真的可以投河自尽，如果那些人能满意的话！但是无论怎样，我都没有做过任何伤害他们的事，即使我已经伤害了自己。

　　　　　　　　　　　　　　　　——1889 年 3 月 19 日致提奥

　　关于请愿书事件，虽然在三天前梵高就向阿尔警方的多纳诺局长表明了自己的态度，可是现在他该怎么办呢？

　　黄房子还被查封着！

　　屈辱和愤怒依然在胸中燃烧！

　　而此时此刻他除了给提奥写信，没有任何办法……

　　因为没有一位关系亲密的朋友在身边，

　　也没有一位亲人从远方赶来看望他。

　　而且——

　　他只能待在医院里！

　　必须待在医院里！

　　继续待在医院里！

　　所以 1889 年 3 月 19 日梵高虽然"重见天日"，但并未感到一丝快乐；阿尔的一片春色也未带给他任何惊喜。他的心，继续在极度焦虑与孤独中挣扎着、等待着、盼望着……

　　终于到了 4 月，鲁兰归来！

　　这位"蓝巨人"从马赛回到阿尔是来看望老婆孩子的，但他当然不会忘了梵高。4 月 4 日，老友相聚，梵高感动良久。之后，他创作了最后一幅关于鲁兰的肖像。

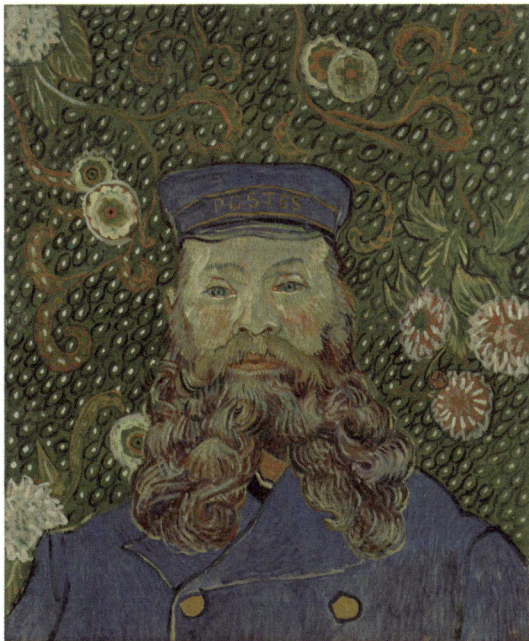

第六幅《约瑟夫·鲁兰》
1889 年 4 月，64.4 厘米×55.2 厘米，美国纽约现代艺术博物馆藏

　　尽管鲁兰在年龄上还不够当我的父亲，但他就像一个老兵对待新兵一样，默默地关心我、爱护我，没有任何言语，但好像一直在对我说一句话：我们无法预料明天会怎样，但无论发生什么，你一定要想着我。这句话从一个不痛苦、不忧伤、不完美、不幸福，也不总是无可厚非的人嘴里说出来，是多么有分量！他是一个多么善良、睿智、富有情感和值得信赖的好人！

　　　　　　　　　　　　　　　　　　——1889 年 4 月 4 日致提奥

在梵高所有的书信里，他对鲁兰的评价是绝无仅有的。因为这位"蓝巨人"在他眼中不光是一个好人，在其心里更是被视为父兄，不然他不会把鲁兰比作"父亲"和"老兵"。而这种"父兄战友"般的情感其实是梵高心中关于成熟男人理想人格的一种投射，就像对于巴黎时期的唐吉老爹。鲁兰和唐吉老爹骨子里是一类人：脾气火爆，性格粗犷，内心温柔，充满正义感，一副侠骨柔肠。实际上在梵高的生命中，所有能带给他正能量而且只带给他正能量的都是这个类型的人。比如这次从隔离室里"出来"，就在他欲哭无泪、欲悲难明、最低落无助的时候，一位故友从远方赶来赴他一面之约……这个人就是 1887 年春天和他一起"点彩塞纳河"的那位"少侠"：保罗·西涅克。

1889 年 3 月 23 日是个周日，西涅克在这一天来到了阿尔的圣灵主宫医院。其实他是受提奥委托顺路而来，因为他正要去马赛东南方向的一个渔村采风——那个地方叫卡西斯。在医院得到雷伊医生的许可后，西涅克陪着梵高回到了黄房子。当时，黄房子还贴着封条，门锁也被人毁了，而周围的邻居见梵高归来则如见瘟神——他们立刻叫来了警察……但西涅克居然在众目睽睽之下撬门而入却没有跟任何人发生冲突……这事可办得太漂亮了！

因为按理说，此事绝非易事，无论如何都不可能这样完美收场。请愿书事件让梵高跟那帮邻居已经势同水火，而西涅克出身富家、脾气火爆、拳击玩得相当棒——就是冲突起来，以他的身手也能毫发无损、全身而退。可是，打一架容易，他可以一走了之，但之后梵高怎么办……这个道理，西涅克心里明镜似的。所以在黄房子前，他展现出了超人的冷静和成熟：不光撬了门，而且还安抚了众人……用梵高的话说：

> 他表现得非常和气、直爽和淳朴。他们一开始不愿意让我们动手（撬门），但最终我们还是进去了……我发现西涅克是个非常安静的人，尽管人们都说他性格暴躁，但他给我留下的却是一种自信、稳重的印象……
>
> ——1889 年 3 月 24 日致提奥

人，真是不可貌相！

西涅克上兵伐谋不战而胜——这么一个有智慧的人，当时还不到26岁。多帅的一位少侠！

而最可贵的是：他是梵高在3月19日从隔离室"出来"后见到的第一个可以倾诉的人。1889年的春天，梵高大难不死后，他乡遇故知！黄房子里，他滔滔不绝地诉说着他的热爱、他的委屈、他的忧虑、他的恐惧：从文学、艺术、印象派到请愿书事件邻居的陷害、隔离室的痛苦以及住院的费用和黄房子的未来……他时而狂喜，时而愤怒，时而焦躁，时而沮丧，说到动情之处更是随手抓起一瓶松节油狂饮不止……西涅克见状一把夺下，这时他才知道：自从1月份出院以来，梵高就经常"以油代酒"；何况在3月，黄房子的事已成定局——这个曾经代表家与梦想的地方，梵高无论如何都不能继续住下去了……

西涅克静静地听着梵高倾诉，不时地安抚着他、劝慰着他……这是一个多么让人心痛的朋友！因为他历经苦难，却留下了感动和震撼：黄房子里那些辉煌的画作啊，是"一片艳丽的色彩汹涌而来"！

多年以后，西涅克对这一天的色彩依然记忆犹新。

1889年3月23日，黄房子里充满了晴朗和感动。那是自割耳事件以来梵高最快乐的一天，因为西涅克的到来。第二天，这位"少侠"与他依依惜别……这一别，从此天各一方，无缘再见。

但西涅克一直没有忘却这位故友。在梵高生命的最后一年里，他两度邀请梵高（通过提奥送作品）参加独立沙龙展。而阿尔一别的10个月后，他为了梵高的名誉和艺术又拍案而起、挺身而出，因为在1890年1月布鲁塞尔的"二十人展"上，有个比利时画家竟公然说梵高是江湖骗子！当时愤怒的不只是西涅克，还有梵高曾经的那位贵族同学劳特累克——他差点儿跟那个人决斗……

这就是真正的男人，真正的友谊！

无论相见或是怀念，一片挚情总会长留于心。

　　而西涅克一生都在怀念这位故友。他在梵高去世多年之后还故地重游回到阿尔，直到 1935 年的——那一年的春天，西涅克在 4 月最后一次来到了黄房子，当时他已经将近 72 岁。遥想当年故友相聚时，那一片青葱岁月如细雨蒙蒙，又如雪花飘落……

　　大约 4 个月后——1935 年 8 月 15 日，西涅克在巴黎去世，遗体安葬在巴黎公社最后的阵地：拉雪兹公墓。

　　黄房子，是梵高一生中最大的希望与寄托。但是从 1889 年 2 月 26 日开始到最后离开阿尔，梵高一直被警方强制要求住在医院里。所以即便是在 3 月 19 日那天走出了隔离室，他的心情也没有因此而感到轻松。相反，他越来越焦虑：首先，住院是笔很大的开销，这笔钱还得由提奥来承担；而医院里，不要说自由地画画，对于他来讲连自由走动都不可以，弄不好还要再进隔离室……但是黄房子啊，永远都回不去了！他已经被通知：4 月 19 日是最后的搬家期限。

　　未来，该住在哪儿呢？

　　未来，到底在哪儿？

　　梵高不知道。

　　面对梵高的遭遇和无家可归，萨勒斯牧师表现出了一个神职人员应有的慈悲。实际上，他从 3 月中下旬开始就向提奥建议梵高未来的安身之地：如果因病情的原因必须去精神病院，那就选择一所私立医院——他可以负责联系，因为公立的基本上进去了就很难再出来，虽然费用便宜；如果不去精神病院，还是继续留在阿尔，那就搬到拉马丁广场以外的地方住——虽然这个想法实现起来有一定难度。

　　的确，谁愿意把房子租给一个得了精神病的人呢？何况梵高这样一个刚出了事的"三种人"：话题"名人"、危险病人、北欧来的外地佬。所以萨勒斯牧师又开始帮他找房……找房这种事在任何时代都不容易，何况对于梵高？但幸运的是：在 4 月上旬，终于有一个房东愿意接纳他，而那位房东不是别人正是雷伊医生——他有两间房可以租给梵高。雷伊医生真是妙手仁心！梵高看了房子觉得还行，还去那儿待了几天，但是临到签合同却突然变卦：

到了月底我还是希望去圣雷米的精神病院……

我肯定无法重新租个画室自己一个人住，不管是在阿尔还是别的地方……

为了让自己和别人都能安心，我暂时还是希望把自己关起来。

……

重新开始一直以来的这种画家生活——时不时地关在画室里，除了去咖啡馆和饭馆就没有别的消遣，还要遭受邻居的各种指责，等等——我再也无法忍受！和另外一个人一起生活，即便是和一位艺术家——都是困难的——非常困难这对于一个人而言是个非常沉重的负担。我简直连想都不敢想。

——1889年4月21日致提奥

其实自从3月19日走出隔离室，梵高对于租房这件事一直在犹豫。大约一个月前，他就跟提奥说："对我来讲，最好是不要一个人自己住"。艺术家大都喜欢孤独，但梵高却不愿一个人住……因为他害怕一个人。因为，他太孤独了！所以，才有了当初的黄房子和高更的到来。但是割耳事件以来的种种变故、4个月以来的4次病情发作让他丧失了像普通人一样独立生活的信心和勇气——他知道：自己，已经不能算是一个正常的普通人……

于是接下来就只剩下一件事：面对最后的黄房子。

"独自留在这座黄色的小房子里——或许这就是我的责任，一定要坚持到最后再走……"这是1889年1月21日梵高在给高更的那封回信中说的第一句话。现在，他终于坚持到了最后。从4月19日前后到5月初，他把所有的物品都搬出了黄房子：画作、画材、生活用品包括家具……一概都存放在火车站咖啡馆。到了4月30日，他给提奥写了一封信："今天，我打包好了一箱油画和习作。其中一幅画上的颜料已经开始剥落，我在上面垫了一些报纸——这是我最好的一幅作品；我想，在你看到它的时候会更加明白，我那被毁掉的画室本来可以达到何种成就。"

梵高在信中说的"最好的一幅作品"是他在 1888 年 10 月完成的那幅《卧室》，因为那不仅仅是一幅画！

洪水没过了房子几英尺，更糟糕的是，我回来时墙壁上已经渗出了水和硝石，因为我不在的时候屋子里一直没有生过火。

这简直要了我的命！不但屋子被淹，就连原本可以留作纪念的那些画也毁了，毁得如此彻底，而我多么渴望建立一个简单实用但却可以长久存在的画室啊！我在进行一场必输的战斗，更确切地说，是我性格本身的怯弱导致了这个结果，所以我仍然深陷在一种难以名状的懊悔当中。也许，这就是我发病时常常大哭的原因——我想要保护自己，却无能为力。这间画室并不是为我自己而建，而是为了那些可怜的画家们——它本来可以为他们所用的。

——1889 年 4 月 30 日致提奥

黄房子是梵高的一个伟大理想！但是从 1888 年 5 月 1 日租下这个"梦想之家"到最后离开，他真正在那儿生活的时间总共只有 4 个月零一周左右（睡觉和画画都在那里）。

从豪情壮志到无力回天……

梵高，终于又和失败这个老朋友重逢。

而且这一次，他输得很彻底！

但他究竟在懊悔什么？

是与高更的争吵导致了这位同道高人的离开？

还是这个春天的种种厄运全部是因割耳自残的一时糊涂而起？

或者，是他善良高贵的灵魂让他无法对人性之恶睚眦必报、奋起一击！

……

梵高，孤独而弱小。

但他没有做错，

因为他没有伤害任何人！

他，只伤害了自己。

潮湿发霉的环境毁坏了梵高很多作品。他在黄房子里一点点整理着、筛选着，把它们分类、晾干……然后装箱，在 4 月 30 日或 5 月 1 日送到阿尔火车站发往巴黎。5 月 2 日，他给提奥写信说："我刚寄走了两箱画……里面很多都是乱画的涂鸦之作，但我还是寄给了你。留下那些你觉得还看得过去的，把不要的都销毁吧。"

大约一周之后——5 月 9 日左右，提奥在千里之外收到了两个来自阿尔的大木箱，里边装着高更的一些作品和他的击剑护具，还有三十几幅梵高的油画画作：《夜间咖啡馆》《红色葡萄园》《高更的椅子》《梵高的椅子》《约瑟夫·鲁兰》，还有"摇篮曲"系列……当时为了节省运费，这些日后的传世之作大部分是卷起来只寄的画布，连内框都没有——包括 5 幅阿尔时期的《向日葵》！

但是有十几幅却被加上了绷纸框——那是梵高特别看重的作品，其中有：高更的自画像《悲惨世界》、贝尔纳以及两位友人的自画像、梵高的两幅《亚力斯坎（"落叶"）》和 1888 年 10 月的《卧室》，还有 1889 年1 月底最后的两幅《向日葵》。

当黄房子的"后事"终于处理完毕——1889 年 5 月 8 日上午，梵高在萨勒斯牧师的陪同下登上了开往圣雷米的火车……

　　1889 年阿尔的春天是黑色的。不光对于梵高，其实当时每一个生活在阿尔的人或多或少心里都会有些阴影。因为不只是年初的水灾，在上一年 10 月这个地区还爆发了天花——到 1889 年 4 月才结束。不过那场瘟疫似乎不是特别严重，否则以梵高的习惯一定会在书信里提及。但是，从年初开始的天灾人祸却变相地加重了他个人的灾难：水灾，导致了他的作品被大批毁坏（尤其是素描）；疫情，让他的隔离期延长（梵高的病情原本不至于被隔离三周）；而请愿书事件，除了利欲熏心、小人作乱，他的"外地佬"身份恐怕也是诱因之一。在水灾和天花造成的全民焦虑中，有些本地人会大大释放出他们的刻薄与狭隘……

　　1889 年的那个春天，梵高的命数似乎在劫难逃：天地人——三才一起向他发威！但他的画作中却没有因饱受伤害而留下仇恨。而且，与上一年春天的创作相比，此时梵高笔下的春日更加温柔、广袤和平静……

　　因为受天花疫情的影响，梵高 1889 年的写生季大约从 4 月 4 日才开始。他的第一幅创作《桃花盛开的克罗风光》（见本章开篇插图）在整个阿尔时期的油画风景中都堪称翘楚，它似乎是一幅向西涅克的致敬之作——在 4 月 10 日给西涅克的信中，梵高画下了这幅创作的速写。

　　……蓝白相间的天空下，阿尔皮耶山的蓝色线条，最大的区域是一片贫瘠的乡野——上面点缀着小屋。前景四周是芦苇篱笆和一片盛开的小桃树——所有的一切都是小巧玲珑的，果园、田野、树木，甚至连那些山都是，仿佛在日本版画里一样，这就是这个题材吸引我的原因。

——1889 年 4 月 10 日致西涅克

　　他在这封信的结尾说："我仍然以为，最好的慰藉是最深厚的友谊——虽然它并非唯一的良药……在心里紧握你的手。"

　　梵高在阿尔的最后一批画作中，有一幅作品应该最为大家熟知——《医院的庭院》。这幅画与《医院的病房》是个姊妹篇，创作时间都是在1889年4月底到5月初，但《医院的庭院》应该是后画的一幅。

　　另外一幅是作为姊妹篇的内院。它是一个刷成白色的拱顶走廊，很像阿拉伯建筑。拱廊前面有一座旧花园，花园中央是一个池塘和八个花坛，种着勿忘我、圣诞玫瑰、海葵、毛茛、贵足香和雏菊，不一而足。而拱廊边上种着橘树和夹竹桃。所以画里都是春天的花花草草。

——1889年约4月28日到5月2日致威廉·敏娜

《医院的庭院》
1889年4月底5月初，73厘米92厘米，瑞士温特图尔奥斯卡·莱因哈特博物馆藏

当时梵高在医院拱廊二层的阳台上完成了这幅"春意盎然"的作品：花园里，色彩斑斓；池塘里，鱼儿游来游去……拱廊外墙是明快的黄白两色，而内墙的蓝色与地面的红色又好似普罗旺斯的蓝天大地。这幅画也是梵高阿尔时期最后一批作品中人物最多的一幅：画面左上角被近景树枝挡住的是女病房；女病房右边过了拱廊拐角，整个二层都是男病房——梵高从隔离室出来后一直住在那里。男病房下方的拱廊一层里正走着一个男人，他是医院的园丁路易·奥伦；庭院里，一位修女迎面走来，她是药剂师助理玛利亚·耶稣圣心；整个二层，病人们都在休闲晒太阳……庭院里一片阳光明媚、岁月静好，仿佛能听到鸟叫声……但是，真的是这样吗？

但有三棵枯黑衰败的树干像蛇一样交错着穿过画面，前景里还有四簇修剪过的黄杨灌木丛，阴沉而凄凉。

这儿的人估计不会注意到这么多，但我一直渴望着为那些不懂绘画艺术的人作画。

——1889 年约 4 月 28 日到 5 月 2 日致威廉·敏娜

这封信让人隐隐感觉到：在《医院的庭院》中，那醒目的三棵树与四簇灌木丛似乎都是不祥之兆！因为梵高将它们比作了蛇。不错——在《圣经》里，蛇代表罪的来源；而这幅画中，梵高用"蛇"隐喻着自己的疾病、不幸和痛苦——这些厄运凶猛、狠毒、隐蔽，就像蛇一样防不胜防而又迅速地吞噬着他……

所以这个"阳光花园"真的是意味深长！看似一片春光，实则却释放着死亡的信号……而代表"蛇之喻义"的三棵树其实也并非这幅画的原创，早在 4 月中旬梵高就对其进行过一次完美诠释。

作为一个焦虑基因异常强大的人，梵高的生命本来就充满了紧迫感，何况在 1889 年这个黑色的春天——从一开始，他的人生计划就被严重干扰和耽搁……所以一旦能重拾画笔，他就更加快马加鞭、分秒必争：大约在 4

月14日到17日，他一下完成了6幅作品，其中以《盛开的果园和阿尔的风景》最为著名——这幅画里，只有一个人。

在一片盛开的果园中，一个农夫在默默耕耘。

他如此勤劳，又如此孤独……

他的前方，有一座醒目的"黄色的小房子"，

但近景中的三棵树，扭曲缠绕硬如金属——

好似一道铁窗，隔断了他回家的路……

这个农夫，难道不是梵高自己吗？

而回到北方的路又有多远呢？

画面远景左侧——那座巨大的建筑是阿尔的圣·特罗菲姆教堂，

但是难道，它不是梵高心中的巴黎吗？

而教堂右侧——那座尖顶的钟塔是阿尔小镇上的拉玛约尔圣母院，

可它，却在北方以北，在更远的地方……

那是梵高心中的荷兰故乡。

关于这幅画的构图，梵高应该是参考了浮世绘最高杰作《富岳三十六景》（实为四十六景）中的一景：《甲州三岛越》。此景所在的日本山梨县号称果树王国，所以北斋大师画的就是一幅合抱之木、参天大树——这"好大一棵树"象征着岛国地震带民族的敬畏自然、艰苦奋斗和生生不息。当然，梵高借其构图的用意显然不在于此，但其用法之妙却超越前人。

《盛开的果园和阿尔的风景》，其构图之绝可用一句话概括：一木两世界，铁窗三棵树。这幅画的近景中间，一棵树将画面一分为二；中景里，一黄一白两座房子分别位于这棵树的一左一右，梵高在视觉上有意弱化了右边的白房子——那不正是他不想再去的那所医院吗？再看那位农夫：他正朝着黄房子和远景教堂的方向努力，但是却被这棵树挡在面前……天地虽大，无奈却绕不开这棵顶天立地的铁树！这是一个灵魂的两个世界：理想在左，现实在右。梵高用这幅画诉说着他的无奈与挣扎：我的理想在那儿，我的身体在这儿……

《盛开的果园和阿尔的风景》
1889 年 4 月中旬，72 厘米×92 厘米，德国慕尼黑新绘画陈列馆藏

葛饰北斋《甲州三岛越》（选自《富岳三十六景》）
1831 年初，英国大英博物馆藏

毫无疑问，这幅画的构图之绝在于近景：一棵树是点睛之笔，三棵树是神来之笔。一棵树让画分两半，营造了两种时空；而三棵树让画面有了镜头感与既视感，从而创造了第三种时空——让观众从观者变成了目击者。当面对这幅画的时候，观众仿佛透过这道"铁窗"看着里面的世界，看着那片天地、那个果园、那位农夫……画中的色彩如春风拂面、花香飘溢，而一切却恍若梦中……

《盛开的果园和阿尔的风景》就是梵高的一场梦。

1889年的春天，他终于梦断阿尔。

从1888年2月20日到1889年5月8日，梵高在阿尔一共待了444天，创作了大约180幅油画画作。在这将近15个月的时间里，他的生命如四季一般变化起落：1888年的春天，阿尔的山花果树和他的梦想一起自由生长；夏日的阳光里，地中海的蓝色以及麦田、向日葵的金属交响乐让他的能量燃到爆点；十月金秋收获美好，但是高更的到来却也带来了"秋风秋雨愁煞人"；而年底的割耳事件、高更的离开以及第二年的厄运连连——隔离室里的冰冷黑暗、请愿书事件的欲悲难明……难道这些，不是漫漫冬夜里的死寂与绝望吗？

阿尔，让梵高经历了一个生命的轮回。阿尔最后的画作是他对这个轮回的告别。之后，梵高的人生开始了下一站……

但是如果把一个人的生命比作一天的话——从巴黎到阿尔，无疑是梵高的"白天"，而那些《向日葵》画作就是一天中最灿烂的阳光！

它们温暖、耀眼，唤醒无数生命……因为缪塞说：

"最美丽的诗歌是最绝望的诗歌，有些不朽的篇章是纯粹的眼泪。"

（完）

■ 后记：梵高，一直在我面前……

这本书首先是写给我的听众的。2018 年 3 月 28 日——梵高大师诞辰 165 周年前夕，我的音频节目《大师故事烩》在喜马拉雅开播，那是我第一次讲述这位向日葵画家。之后因大家的厚爱，我于 2019 年初决定重写梵高，于是接下来的将近 1000 个日夜，他几乎无时无刻不和我在一起……

我总是看到他：看着他支起画架肆意挥笔，激情四射而又状若癫狂；看着他伏案疾书写下万语千言，时而气急败坏，时而欣喜若狂。我看着他在发呆，痴痴地对着一片草或一朵云而不知时日；看着他睚眦必报或者憨憨地傻笑，为了那些触动神经的恶意与美好——当然，还有他对高更的喋喋不休和那个雨夜举起剃刀的一刻……

梵高，一直在我面前。我还看到他在哭，很多次，那么伤心、委屈、无助和绝望……那种痛苦，就像他临终前对提奥说的那句话：悲伤永驻！

这究竟是个怎样的灵魂啊！到底多少苦难、多少勇气才能成就那一幅幅不朽之作？！

所以，我还要继续写下去。因为故事到此并未讲完，因为关于梵高还有太多画作未曾来得及在本书提起：圣雷米的星夜与丝柏，奥维尔的教堂和麦田，满目苦涩的阿尔老园丁以及纽南的肖像、海牙的素描……每一幅作品都是痛苦羽化而成，每一个笔触都燃烧着生命的分分秒秒！而 1890 年的夏天，这个滚烫的生命终于止步于 37 岁……

当一代大师魂归星夜，他的灵魂在空中遥望：从普罗旺斯到巴黎，向北，再向北，直到荷兰故乡……这条来时路与回家的路，究竟是一场怎样的生命之旅和心路历程？

在下一本关于梵高的书中，我会用那一幅幅画作讲述这条路上发生的事……

因为，他一直在我面前！

对于这本书，我也会推出同名音频节目，敬请关注：森晓炅。

本书在撰写过程中有关梵高生平的内容参考了以下书目：马丁·贝利的《我心如葵：梵·高的画语人生》和《南方工作室：凡·高在普罗旺斯》、肯·威尔基的《我们有一样的孤独：梵高的爱和秘密》、贝尔纳黛特·墨菲的《梵高的耳朵》、扬·布朗的《梵·高：化世间痛苦为激情洋溢的美》、冯骥才先生的《巴黎，艺术至上》、欧文·斯通的《渴望生活：梵高传》以及译林出版社出版的《梵高传》等书籍。本书中的梵高书信、高更书信参考或引用自以下书目：上海书画出版社出版的《凡·高书信全集：典藏版》、北京联合出版有限公司出版的《梵高手稿》、天津人民出版社出版的《亲爱的提奥——梵高传》。本书中有关高更回忆录的内容参考和引用了江苏凤凰文艺出版社出版的《此前此后》，有关贝尔纳的回忆内容参考和引用了金城出版社出版的《亲爱的贝尔纳》。

最后，我要感谢在艺术道路上带我入门的两位恩师：著名油画家、理论家、艺术教育家李天祥先生（已故）和赵友萍先生！感谢多年来一直帮助我的恩师：中央戏剧学院吉淑芝副教授和首都师范大学美术学院博士生导师李福顺教授！感谢在本书出版过程中给我巨大支持的张芳女士、陈芳颖女士！感谢《大师故事绘》的忠实听众和群友们……是你们陪我一起走过！

当然，还有梵高大师：谢谢你！是你，让我看到了生命之光！

森晓炅

2021 年 9 月于北京